CRIADA

Trabajo duro, sueldos bajos y la voluntad
de supervivencia de una madre

STEPHANIE LAND

CRIADA

Trabajo duro, sueldos bajos y la voluntad
de supervivencia de una madre

STEPHANIE LAND

Prefacio de
Rafaela Pimentel Lara

Prólogo de
Barbara Ehrenreich

Traducción de
Mireia Bofill Abelló

Capitán Swing

Título original:
*Maid: Hard Work, Low Pay, and
a Mother's Will to Survive* (2020)

© Del libro:
Stephanie Land

© De la traducción:
Mireia Bofill Abelló

© De esta edición:
Capitán Swing Libros, S. L.
c/ Rafael Finat 58, 2º 4 - 28044 Madrid
Tlf: (+34) 630 022 531
contacto@capitanswing.com
capitanswing.com

© Diseño gráfico:
Filo Estudio - filoestudio.com

Corrección ortotipográfica:
Victoria Parra Ortiz

ISBN: 978-84-123903-0-8
Depósito Legal: M-26788-2021
Código BIC: FV

Impreso en España / *Printed in Spain*
Artes Gráficas Cofás, Móstoles (Madrid)

Queda prohibida, sin autorización escrita de los titulares del *copyright*,
bajo las sanciones establecidas en las leyes, la reproducción total o parcial de esta
obra por cualquier medio o procedimiento.

Índice

Nota de la autora 07
Prefacio, de Rafaela Pimentel Lara 11
Prólogo, de Barbara Ehrenreich 19

Parte I

01. La cabaña 27
02. La caravana 41
03. Alojamiento transitorio 49
04. El apartamento junto al parque de atracciones 61
05. Siete modalidades distintas de ayuda pública 71
06. La granja 85
07. La última oportunidad de empleo 97
08. La Casa Porno 107
09. Limpieza de una casa desocupada 117
10. La casa de Henry 133

Parte II

11. El estudio	147
12. Minimalismo	155
13. La casa de Wendy	165
14. La Casa de las Plantas	175
15. La Casa del Chef	183
16. La casa de Donna	193
17. Dentro de tres años	201
18. La Casa Triste	209
19. La casa de Lori	221
20. «No sé cómo te las arreglas»	237
21. La Casa de los Payasos	249
22. Vida apacible con Mia	261

Parte III

23. Hazlo mejor	273
24. La Casa de la Bahía	285
25. La más trabajadora	293
26. La Casa Abarrotada	301
27. Nuestro hogar	315

Agradecimientos	325

Nota de la autora

Compuse estas memorias con la ayuda de mis diarios personales, fotografías, blogs y escritos publicados en Facebook. La mayoría de los nombres y otras características identificativas se han modificado a fin de proteger la identidad de las personas. El marco temporal se ha comprimido. Los diálogos son aproximados y en algunos casos se han adaptado al contexto. He estado muy atenta a contar mi verdad. Esta es mi historia tal como yo la recuerdo.

PREFACIO

Rafaela Pimentel Lara

PREFACIO

Empiezo a leer el libro *Criada. Trabajo duro, sueldos bajos y la voluntad de supervivencia de una madre*, de Stephanie Land, y me sale título para este prólogo: «Las casas que limpiamos y gestionamos las trabajadoras del hogar y cuidadoras y en las que no podemos vivir».

Las trabajadoras de hogar y cuidadoras nos encargamos de cuidar a personas mayores, dependientes o enfermas, niños y niñas, mascotas, y hasta de las plantas. También hacemos de psicólogas, maestras o lo que se tercie.

Quienes hacemos este trabajo tan importante, que sostiene la vida y, por tanto, el engranaje del mundo, lo realizamos, por lo general, en condiciones precarias. Pero para este sistema, que tan bien funciona, gracias a nuestro imprescindible trabajo, continuamos siendo invisibles y nuestros derechos están recortados si los comparamos con otros sectores.

El trabajo doméstico es un trabajo que a lo largo de la historia casi siempre se ha asignado a las mujeres. Las sociedades capitalistas, patriarcales y racistas siguen sin resolver la reorganización de los cuidados; unos cuidados donde los hombres siguen siendo los grandes ausentes. Por su parte, las mujeres tienen la tarea pendiente de solucionar el conflicto de quién pone la lavadora, quién gestiona la casa... Las familias que pueden permitírselo aparcan la discusión y el trabajo y lo resuelven contratando a una empleada de hogar. Estas familias se aseguran de poder continuar con su trabajo asalariado y conseguir una vida digna, sin dobles jornadas. Las empleadas de hogar se convierten en el «seguro» de su «estilo de vida».

También vuelvo a confirmar que este trabajo —que realizamos Stephanie Land y millones de mujeres en todo el mundo— tiene coincidentes características, da igual en qué parte del planeta trabajemos. O bien lo realizan las mujeres en el seno de sus familias de manera no remunerada, solo por amor, o lo hacen las mujeres más pobres o, en los últimos años, migrantes que somos, de alguna u otra forma, expulsadas de nuestros países de origen.

Después del apropiamiento de tierras, aguas, recursos naturales, instalaciones de empresas que dañan el medio ambiente y que hacen que no podamos vivir en nuestros países, en nuestros hogares, muchas mujeres tomamos la decisión de salir en busca de una vida mejor para nosotras y nuestras familias. Lo más difícil es que cuidamos aquí de otras personas, de otras familias, al tiempo que tenemos que dejar a nuestros menores y mayores en manos de los cuidados de otras mujeres en nuestros países; es lo que denominamos «cadenas globales de cuidados».

Cuando llegamos a estos países en Europa, donde las condiciones de vida son, en principio, mejores, una de las salidas que nos «deja» el sistema es realizar tareas de cuidados y trabajo doméstico, tomando el relevo de muchas otras mujeres que conquistaron algunos derechos, como trabajar fuera de casa remuneradamente. Muchas mujeres migrantes y pobres, y con una situación de vulnerabilidad a flor de piel por no tener papeles, trabajan en las condiciones que sea por su compromiso de enviar remesas (bien en recursos, bien en dinero) a sus familias, para seguir «sosteniendo allá».

Muchas de estas mujeres que «sostenemos», trabajamos en grandes ciudades donde intentamos sobrevivir con salarios ridículos aunque trabajemos todos los días y a todas horas y empleamos los salarios, en su mayor parte, en pagar una vivienda que cuesta más de lo que ganamos.

Necesitamos sociedades donde los derechos básicos como la vivienda, la salud, la educación, el derecho al cuidado y al ocio estén cubiertos.

Cuando leo la historia de Stephanie Land, a través de las casas que limpia cada día, y las peripecias que tiene que hacer para cuidar a su hija, bajo el temor de que le nieguen la ayuda para poder llevarla a la guardería y así poder trabajar, leo la historia de miles de migrantes trabajadoras domésticas: la búsqueda constante de un hogar que reúna unas mínimas condiciones y que le permita estar con su hija sin dejarla de lado, el miedo a que el padre le quite la custodia o le diga, día sí y día también, que es él quien merece tener a la niña.

Stephanie Land no cuenta con el respaldo de una familia o de redes amigas. En su ensayo cuenta estrategias para encontrar gente solidaria en determinados momentos, aunque la mayoría de la gente le mira, nos mira, con esas miradas, porque no son solo palabras, que nos recriminan por ser pobres, por ser mujeres solas con nuestras hijas e hijos y por realizar trabajos para poder sobrevivir. Miradas, entre otras cosas, que nos devuelven que no somos mujeres «normales», como dicta la sociedad, cuando no tenemos un hombre a nuestro lado, aunque sea violento, aunque no te valore o te vaya bajando tu autoestima cada día.

Como trabajadora de hogar y cuidadora, mujer migrante, activista feminista con casi treinta años en España, me organizo junto a otras iguales para sostenernos, apoyarnos, escucharnos, querernos y cuidarnos. Desde estos espacios, creados por nosotras mismas, escuchamos historias tan duras como la de Stephanie Land, pero también abrazamos historias de vidas tan hermosas que nos dan fuerza y valor y hacen que sigamos organizadas.

Nos organizamos para conseguir derechos y condiciones laborales dignas en igualdad de condiciones con cualquier otra trabajadora o trabajador; para conseguir que se reconozca socialmente que el trabajo doméstico y de cuidados es un trabajo importante y que es de justicia que estemos, de una vez por todas, en el caso español, dentro del Régimen General de la Seguridad Social con todos sus derechos.

También exigimos que se ratifique el Convenio 189 de la Organización Internacional del Trabajo (OIT), que se termine la esclavitud que muchas compañeras trabajadoras del hogar internas tienen que sufrir en pleno siglo XXI. Es imprescindible acabar con las violencias y abusos de poder que sufren muchas trabajadoras, especialmente las internas, por parte de empleadores, y que quedan silenciadas entre las paredes de la casa que es también centro de trabajo.

Reivindicamos, asimismo, la regularización de muchas trabajadoras migrantes sin papeles que sabemos que están trabajando en España sin condiciones laborales ni derechos de ningún tipo. Lamentamos que nuestro país, al igual que hicieron otros Estados europeos, no regularizase a quienes se encontraban trabajando, con o sin contratos, aquí durante la pandemia de la COVID-19.

Que se pongan en marcha, de una vez por todas, políticas públicas para que las familias con pocos recursos puedan tener acceso a cuidados dignos para sus mayores, al tiempo que quienes les atendemos tengamos trabajo digno y con derechos. Que no haya vidas que valgan menos que otras por el hecho de ser empleadas de hogar, limpiadoras, cuidadoras o migrantes. Las instituciones han de asumir su papel y tomar cartas en el asunto.

Soñamos con sociedades donde no te juzguen, donde no te hagan sentir culpable de la situación en que vives; porque nosotras no somos culpables de no poder vivir en casas que reúnan todas las condiciones de habitalibidad por no poder pagarlas; no somos culpables de tener que trabajar en varios lugares o en uno solo con jornadas de veinticuatro horas, aceptando salarios bajos y miserables para poder pagar los recibos.

Como pone por escrito la protagonista de este libro, en un anuncio reivindicativo y de denuncia: «Trabajo 25 horas a la semana como limpiadora profesional, pero no me alcanza para pagar las facturas».

Limpiamos casas donde no podemos vivir, por no poder pagarlas. Nuestras casas deberían parecer normales, con habitaciones para cada miembro de la familia o compartidas, pero con dimensiones apropiadas, con ventanas selladas, que no dejen entrar el frío, que no se tenga que estar dentro de la casa con abrigos o tener que poner mantas en las puertas, porque el frío también enferma, como le ocurre a la protagonista de este libro.

Limpiamos casas con grandes salones, con calefacción, con jardín, con amplias cocinas, con varios cuartos de baño, con espacios para relajarse. Nosotras también deseamos tener momentos de ocio, leyendo o escuchando música en espacios similares, sin sentirnos culpables, sin que nos llamen holgazanas o vagas. Reivindico los cuidados para las cuidadoras, porque pareciera que el cuidado no estuviera al alcance de las personas pobres. Reivindico tiempo de ocio y derechos laborales básicos, como el derecho a la prestación por desempleo, el derecho a tener vacaciones, a disponer de bajas laborales, a tener un contrato por escrito, derechos que, en nuestro sector, no se cumplen. El derecho a tener vacaciones, aun siendo un derecho ya conseguido sobre el papel, no siempre se respeta, muchos empleadores y empleadoras aún dicen: «Bueno, ya hablaremos de las vacaciones. Ahora no es el momento». Igual sucede con quienes deciden «quitar de tu salario» el tiempo que empleaste en ir a una cita médica o a resolver una gestión.

Pero, además, en el Estado español aún existe la figura del «desestimiento», que quiere decir que tu empleador te puede echar a la calle sin explicarte ningún motivo, algo que no sucede en ningún otro sector laboral. Por eso, las trabajadoras nos vemos obligadas a denunciar y aunque los juicios no son fáciles, gracias a la autoorganización y el apoyo mutuo, sacamos fuerzas y estamos consiguiendo algunas sentencias favorables para las mujeres. Una de nuestras tareas es animar a la denuncia, luchando contra el miedo.

Muchas mujeres se quedan literalmente sin nada. Se han dado casos de despidos después de más de veinte años trabajados, como le ha pasado a muchas compañeras que son limpiadoras y cuidadoras profesionales.

Muchas trabajadoras del hogar y de cuidados nos hacemos expertas en gestiones de ayuda pública, rellenando papeles para que nos concedan becas para estudiar, conseguir atención médica o viviendas dignas. Aunque bien sabemos que ser pobre no te garantiza el acceso a ayudas sociales, aun teniendo un trabajo con bajos salarios. El ejemplo de la vivienda es claro. Tras la crisis económica del 2008, los bancos, que fueron rescatados con dinero público por el Estado, se quedaron con muchas viviendas y desalojaron a muchas familias. Muchas de esas viviendas continúan vacías y, desgraciadamente, continúan los desahucios en el Estado español, incluso en familias con menores a su cargo, a pesar de la prohibición explícita de la ONU para preservar los derechos de niños y niñas. La vivienda, que debería ser un derecho, se encuentra a merced de las burbujas inmobiliarias y los mercados financieros. La salud y la enseñanza sufren cada vez una mayor privatización. Muchas familias se endeudan para que sus hijos e hijas puedan estudiar en colegios y universidades concertadas, que reciben grandes recursos por parte del Estado.

Cuando Stephanie Land habla de la culpa, recuerdo cuántas de nosotras nos hemos sentido culpables por hacer un poco más agradable nuestras vidas: salir con amigas, tomar unas cervezas, leer un rato, escuchar música, tener deseos o preocuparse por una misma. Al parecer las mujeres que trabajamos en este sector, las mujeres pobres, es como si tuviéramos negados los autocuidados, como si no pudiéramos parar ni un minuto para ir al médico, es como si te señalaran por el hecho de recibir alguna «ayuda» para poder pagar las facturas de luz y gas y poder comprar un poco de comida decente.

En este libro encontramos todas estas cuestiones contadas por su protagonista, a veces de forma dura, pero sus relatos enganchan y hacen que nos paremos a reflexionar. Porque la dura historia de Stephanie Land es también una historia cargada de estrategias de solidaridad, de amor, de cuidados, una historia similar a la vivida por otras muchas mujeres que no hemos tenido la oportunidad de escribirlas.

Esta historia es, por tanto, de todas nosotras, porque a pesar de quienes desean invisibilizarnos por estar solas, por ser pobres, por ser migrantes, estamos aquí para decir que no queremos quedarnos con esas etiquetas, que lo que deseamos es convertir la vulnerabilidad en rebeldía, porque tenemos derecho a una vida digna, cargada de alegría, una vida que merezca ser vivida, porque todas las vidas deberían valer lo mismo y porque todas las vidas importan.

PRÓLOGO

Barbara Ehrenreich

PRÓLOGO

Bienvenidas, bienvenidos al mundo de Stephanie Land

El precio de la entrada exige dejar de lado cualquier estereotipo adquirido sobre las trabajadoras domésticas o las madres solas, así como las imágenes sobre la pobreza recibidas a través de los medios de comunicación. Stephanie es una buena trabajadora y «sabe expresarse», por decirlo con el elogio condescendiente que dispensan las elites a las personas sin estudios superiores que manifiestan una inteligencia inesperada. *Criada* describe su periplo como madre empeñada en ofrecer una vida y un hogar seguros a su hija Mia, mientras intenta sobrevivir con las ayudas públicas que consigue rebañar y los ingresos patéticamente insuficientes que puede obtener trabajando como mujer de la limpieza.

En inglés, *maid* [criada][1] es una palabra refinada, que evoca servicios de té, uniformes almidonados y la serie *Downton Abbey*. Pero en la vida real, el mundo de las trabajadoras domésticas está incrustado de suciedad y restos de mierda. Esas mujeres limpian nuestros desagües de vello púbico y son testigos mudos de nuestros trapos sucios, en sentido literal y metafórico. Sin embargo, quedan relegadas a la invisibilidad, olvidadas en nuestra acción política y en las políticas de nuestro país, miradas con menosprecio cuando llegan a nuestra puerta. Lo sé bien porque participé durante un breve tiempo de esa vida cuando estuve trabajando en empleos mal pagados con objeto de reunir información para mi libro *Por cuatro duros*. A diferencia de Stephanie, yo tenía en todo momento la posibilidad de regresar a mi vida mucho más confortable de escritora. Y a diferencia

---

[1] También «doncella», en su doble acepción de camarera y mujer virgen. *(Todas las notas de esta edición son de la traductora)*.

de ella, no estaba intentando mantener también a una hija pequeña con mis ingresos. Mis hijos ya eran mayores y no les interesaba en absoluto compartir conmigo la vida en aparcamientos para caravanas como parte de un disparatado proyecto periodístico. Por lo tanto, sé algunas cosas sobre el trabajo como mujer de la limpieza; conozco el agotamiento y el trato despectivo que recibía cuando vestía en público la chaquetilla de la empresa, con el nombre «The Maids International» [Internacional de Criadas] estampado. Pero solo podía intuir la angustia y la desesperación de tantas de mis compañeras de trabajo. Como Stephanie, muchas de esas mujeres eran madres solas que limpiaban casas como un medio de supervivencia y sufrían todo el día por sus criaturas, a las que a veces tenían que dejar en condiciones precarias para poder salir a trabajar.

Tal vez, con suerte, quienes ahora me lean jamás habrán tenido que vivir en el mundo de Stephanie. En su libro constatarán que en él impera la escasez. El dinero nunca alcanza y a veces tampoco hay suficiente comida; la crema de cacahuete y los fideos *ramen* ocupan un lugar destacado en la dieta; una visita al McDonald's es un lujo infrecuente. En ese mundo, nada es seguro, ni los coches, ni los hombres, ni la vivienda. Los cupones para alimentos son un puntal importante para poder sobrevivir, y la normativa reciente que impone como requisito que la gente esté trabajando para poder recibirlos solo puede ser acogida con indignación.[2] Sin esas ayudas públicas, esas trabajadoras, madres solas y con otras problemáticas añadidas, no podrían sobrevivir. No son una dádiva. Como todas y todos los demás, también esas personas desean una posición estable en nuestra sociedad.

---

[2] Actualmente (2020), los requisitos generales que deben cumplir las personas beneficiarias del Programa de Asistencia Nutricional Suplementaria (Supplemental Nutrition Assistance Program, SNAP) —como se denomina desde 2008 el Programa de Cupones para Alimentos (Food Stamps Program)— son: estar registrada como demandante de empleo; no haber dejado el empleo ni reducido la jornada de trabajo de manera voluntaria; aceptar las ofertas de empleo recibidas; y participar en programas de empleo y formación, cuando así lo requiera la normativa del estado federado. Además, desde la reforma de 1996, la percepción de la ayuda por parte de las personas adultas no discapacitadas y sin dependientes a su cargo que no trabajen o participen en un programa de trabajo durante veinte horas semanales como mínimo queda limitada a tres meses a lo largo de un periodo de treinta y seis meses.

Posiblemente el aspecto más hiriente del mundo de Stephanie es el antagonismo que despliegan hacia ella las personas más afortunadas. Una manifestación de los prejuicios de clase que se inflige sobre todo a las y los trabajadores manuales, a quienes a menudo se considera moral e intelectualmente inferiores a las personas que visten traje y corbata o están sentadas detrás de una mesa de despacho. En el supermercado, otros compradores observan con mirada reprobatoria el carrito de Stephanie mientras ella paga con cupones para alimentos. Un hombre mayor le dice en voz alta: «¡Que te aproveche!», como si hubiese pagado él mismo personalmente su compra. Esta mentalidad se extiende mucho más allá de esa experiencia concreta y representa el punto de vista de buena parte de nuestra sociedad.

La descripción del mundo de Stephanie sigue una trayectoria que parece abocada a un colapso desastroso. En primer lugar, por el desgaste físico que comporta levantar peso, pasar la aspiradora y fregar durante entre seis y ocho horas diarias. En la empresa de limpieza doméstica donde yo trabajé, todas y cada una de mis compañeras de trabajo, desde los diecinueve años en adelante, parecían sufrir algún tipo de dolencia neuromuscular: lumbalgia, lesión del manguito rotador del hombro, problemas en las rodillas y los tobillos. Stephanie va tirando con ayuda del alarmante número de pastillas de ibuprofeno que consume a diario. Llega un momento en que contempla con anhelo los opioides que un cliente almacena en el botiquín del cuarto de baño, pero los medicamentos que requieren receta médica no están a su alcance, como tampoco lo están los masajes, la fisioterapia o la consulta a un especialista en tratamiento del dolor.

Sumado a ello o entrelazado con el agotamiento físico que comporta su modo de vida, Stephanie tiene que lidiar con un enorme reto emocional. Su respuesta es el modelo perfecto de la «resiliencia» que profesionales de la psicología recomiendan a la gente pobre. Cuando topa con un obstáculo, busca la manera de seguir adelante. Pero la arremetida de un contratiempo tras otro a veces llega a ser excesiva. Solo su amor infinito por su hija evita que se desmorone; ella es el faro luminoso que alumbra todo el libro.

No creo que pueda considerarse un *spoiler* decir que este libro tiene un final feliz. A lo largo de todos los años de lucha y esfuerzo que aquí se describen, Stephanie siempre alimentó el deseo de escribir. La conocí cuando estaba en los inicios de su carrera de escritora, hace ya unos años. A mi condición de autora, sumo la de fundadora del Economic Hardship Reporting Project (Proyecto de Denuncia de la Penuria Económica), una organización dedicada a promover el periodismo de calidad sobre la desigualdad económica, sobre todo el de autoras o autores que también tienen que luchar para sobrevivir. Stephanie nos escribió pidiendo información y ya no la dejamos escapar. Trabajamos con ella en la elaboración de su discurso y la revisión de sus textos y la ayudamos a darles la mejor salida posible, incluida su publicación en *The New York Times* y *The New York Review of Books*. Ella es exactamente el tipo de persona para la que está pensado nuestro proyecto: una autora desconocida de clase trabajadora que solo necesitaba un empujoncito para iniciar su carrera.

Si este libro les resulta inspirador, como es muy posible que suceda, recuerden cuán poco faltó para que no llegara a escribirse nunca. Stephanie podría haberse rendido, vencida por la desesperación o el agotamiento; o podría haber sufrido una lesión incapacitante en su trabajo. Piensen también en todas las mujeres que, por motivos parecidos, jamás conseguirán dar a conocer su historia. Stephanie nos recuerda que se cuentan por millones, cada una heroica a su manera, las que esperan a que las escuchemos.

CRIADA

Trabajo duro, sueldos bajos y la voluntad de supervivencia de una madre

Para Mia:
Buenas noches.
Te quiero.
Hasta mañana.
Mamá

«He aprendido que ganarse el sustento no equivale a construirse una vida».

MAYA ANGELOU

PARTE I

PARTE I

01

La cabaña

Mi hija aprendió a andar en un refugio para personas sin hogar. Fue una tarde de junio, la víspera de su primer cumpleaños. Haciendo equilibrios sobre el raído sofá de dos plazas del refugio, yo la enfocaba con una vieja cámara digital para captar sus primeros pasos. Su pelo enmarañado y su pelele con un listado de finas rayitas contrastaban con la determinación de sus ojitos castaños mientras flexionaba y arqueaba los dedos del pie intentando mantener el equilibrio. Apostada detrás de la cámara, fui resiguiendo los pliegues de sus tobillos, los rollitos de los muslos y la curva redondeada de su barriguita. Mia avanzaba balbuceando hacia mí, descalza sobre el suelo embaldosado. Años de suciedad habían quedado incrustados sobre ese suelo. Por mucho que lo fregara, nunca conseguía dejarlo limpio.

Era la última semana de nuestra estancia de noventa días en una cabaña individual, emplazada en el extremo norte de la ciudad, que el servicio de la vivienda asignaba a las personas sin hogar. A continuación podríamos trasladarnos a un alojamiento provisional en un viejo edificio de apartamentos deteriorados con suelos de cemento, utilizado también como hogar de transición para personas que han salido de la cárcel. Aunque la estancia fuera breve, había hecho cuanto estaba en mi mano para transformar la cabaña en un hogar para mi hija. Una colcha amarilla extendida sobre el pequeño sofá de dos plazas, además de añadir algo de calidez a las paredes blancas y al suelo gris, también proporcionaba un aire alegre y luminoso en medio de esa etapa sombría.

Junto a la puerta de entrada, había colgado un pequeño calendario. Lo tenía lleno de anotaciones con las citas con las trabajadoras sociales de las diversas organizaciones a las que podía acudir en busca de ayuda. Había rebuscado bajo todas las piedras, me había asomado a las ventanillas de todos los servicios asistenciales y me había unido a las largas colas de personas cargadas con carpetas improvisadas llenas de documentos destinados a probar que no tenían dinero, anonadada al constatar la cantidad de esfuerzo necesario para demostrar que era pobre.

No estábamos autorizadas a tener visitas ni tampoco a gran cosa más. Teníamos una sola bolsa con nuestras pertenencias. Mia tenía únicamente una cesta con algunos juguetes. Yo tenía una pequeña pila de libros que había dispuesto sobre la pequeña estantería que separaba la zona de estar de la cocina. Había una mesa redonda a la que había acoplado la sillita de Mia y una silla donde yo me sentaba para verla comer, a menudo con una taza de café en la mano para calmar el hambre.

Mientras contemplaba esos primeros pasos de Mia, procuré no posar la mirada en la caja verde que había a sus espaldas, donde guardaba los documentos judiciales con el historial detallado de la lucha contra su padre por su custodia. Me esforcé por mantener toda la atención concentrada en ella y sonreírle, como si todo fuera bien. De haber enfocado la cámara en sentido contrario, no me habría reconocido. En las pocas fotografías que tenía, parecía casi otra persona, flaca como seguramente no lo había estado jamás en la vida. Trabajaba a tiempo parcial como jardinera y dedicaba varias horas a la semana a podar setos, mantener a raya matas de zarzamora descontroladas y arrancar briznas de hierba de los lugares donde no debían crecer. A veces también fregaba los suelos y los baños de las casas de personas conocidas, amistades que habían tenido noticia de que estaba desesperadamente necesitada de dinero. No eran personas ricas, pero disponían de un colchón financiero, cosa que yo no tenía. Perder una paga sería un trance duro pero no el desencadenante de una sucesión de acontecimientos que acabarían conduciéndolas a un refugio para personas sin hogar. Tenían padres y madres u otros familiares que podían echarles una mano y evitarles todo ese recorrido. A nosotras nadie nos echaba una mano. Estábamos solas, Mia y yo.

En los formularios del servicio de la vivienda, cuando me preguntaban por mis objetivos personales para los meses siguientes, escribía que me proponía intentar recuperar la relación con el padre de Mia, Jamie. Pensaba que si me esforzaba en serio, lo conseguiríamos. A veces imaginaba escenas en las que aparecíamos como una verdadera familia: una madre, un padre, una bonita niñita. Me aferraba a esas fantasías como si fueran un cordel atado a un enorme globo. Un globo que me permitiría sobrevolar el maltrato de Jamie y las penurias de haber quedado abandonada, sola a cargo de mi hija. Si conseguía aferrarme a ese cordel, me veía capaz de sobrevolarlo todo. Concentrarme en la imagen de la familia que deseaba, me permitía fingir que esas feas paredes no eran reales; que esa vida era un estadio transitorio, no una nueva existencia.

Como regalo de cumpleaños, Mia recibió un par de zapatos nuevos. Había estado ahorrando durante un mes para comprarlos. Eran marrones con pequeños pajaritos rosas y azules bordados. Mandé invitaciones para la fiesta como si fuese una mamá normal e invité a Jamie como si fuésemos una pareja normal que compartía la custodia de su hija. Celebramos el cumpleaños en torno a una mesa de pícnic sobre el césped de una ladera con vistas sobre el Pacífico en el parque Chetzemoka de Port Townsend, la ciudad del estado de Washington donde vivíamos. Los invitados se instalaron sonrientes sobre las mantas que habían llevado. Yo había comprado limonada y magdalenas con mis cupones para alimentos de ese mes. Mi padre y mi abuelo habían hecho un trayecto de casi dos horas desde direcciones opuestas para asistir a la celebración. Mi hermano acudió con algunos amigos. Uno llevaba una guitarra. Le pedí a una amiga que le sacara algunas fotos a Mia con Jamie y conmigo porque eran muy raras las ocasiones en que se nos pudiera ver sentados juntos los tres como en aquel momento. Quería que la niña tuviera un buen recuerdo. Pero la cara de Jamie en las fotos manifestaba desinterés, irritación.

Mi madre había viajado en avión con su marido, William, desde Londres, o desde Francia o dondequiera que estuvieran viviendo en aquella época. La mañana siguiente, después de la fiesta, acudieron a la cabaña —infringiendo la norma del refugio para personas sin hogar que prohibía las visitas— para ayudarme a hacer la mudanza al alojamiento transitorio. Me desconcertó un poco su manera de vestir: William con sus tejanos negros ajustados, un jersey negro y botas negras; mamá con un vestido a rayas negras y blancas, demasiado ajustado sobre sus anchas caderas, medias negras y unas Converse escotadas. Parecían vestidos para saborear un café expreso, no para una mudanza. Hasta entonces no le había dejado ver a nadie el lugar donde habíamos estado viviendo, y la intrusión de sus acentos británicos y sus ropas de estilo europeo confirió a la cabaña, nuestro hogar, un aspecto aún más cochambroso.

William se mostró sorprendido al ver que solo teníamos una bolsa marinera de lona. La cogió y se la llevó fuera, seguido por mamá. Yo volví la mirada atrás para contemplar por última vez ese suelo y nuestros fantasmas, el mío leyendo un libro en el pequeño sofá de dos plazas, el de Mia hurgando en la cesta de los juguetes, sentada en el cajón acoplado a los bajos de la cama doble. Pero fue solo un breve instante para tomar nota de a qué había sobrevivido, un adiós agridulce al frágil escenario de nuestros inicios.

La mitad de las personas que residían en nuestro nuevo edificio gestionado por el Programa de Viviendas Familiares Transitorias de Northwest Passage procedían, como yo, de un refugio para personas sin hogar, pero la otra mitad acababan de salir de la cárcel. Teóricamente, representaba un progreso con respecto al refugio, pero enseguida empecé a añorar el aislamiento de la cabaña. Allí, en ese edificio, mi realidad quedaba expuesta a los ojos de todo el mundo, incluidos los míos.

Mamá y William se quedaron esperando, un poco rezagados, mientras yo me dirigía hasta la puerta de nuestro nuevo hogar. Me costó hacer girar la llave y tuve que dejar en el suelo la caja que llevaba para forcejear con la cerradura hasta que por fin conseguimos entrar.

—Bueno, al menos la cerradura es segura —bromeó William.

Accedimos a un estrecho vestíbulo; el baño estaba justo frente a la entrada. Enseguida me fijé en la bañera donde podríamos bañarnos juntas, Mia y yo. Hacía mucho tiempo que no disfrutábamos de ese lujo. Los dos dormitorios estaban situados a la derecha, cada uno con una ventana que daba a la calle. En la minúscula cocina, la puerta de la nevera rozaba los armarios del lado opuesto. Crucé el suelo de baldosas blancas, parecidas a las del refugio, y abrí la puerta que daba a un pequeño balconcito, apenas con la anchura suficiente para poder sentarme con las piernas extendidas.

Julie, la trabajadora social encargada de mi caso, me había mostrado el lugar en una visita rápida dos semanas antes. La última familia que había vivido en ese piso lo había ocupado veinticuatro meses, el periodo máximo permitido.

—Has tenido suerte de que haya quedado libre —me dijo—. Sobre todo, teniendo en cuenta que ya se te estaba acabando el plazo en el refugio.

Durante mi primer encuentro con Julie estuve tartajeando sentada frente a ella procurando responder a sus preguntas sobre mis planes y qué pensaba hacer para ofrecerle un cobijo a mi hija. Cuáles eran mis perspectivas de lograr una estabilidad económica. Qué tipo de trabajos podía hacer. Julie parecía comprender mi desconcierto y me ofreció algunas sugerencias sobre el camino que seguir. Instalarme en una vivienda protegida para personas con bajos ingresos parecía ser la única alternativa. El problema era encontrar alguna disponible. En el Centro de Atención en Situaciones de Violencia Doméstica y Agresiones Sexuales gestionaban un refugio protegido para las mujeres que no tenían adonde acudir, pero yo había tenido la suerte de que el servicio de la vivienda me hubiera ofrecido un espacio para mí sola como primer paso hacia la estabilidad.

Durante esa primera reunión, repasamos juntas una lista de cuatro páginas de normas concisas que tendría que aceptar para poder hospedarme en su refugio.

La persona alojada está informada de que este es un refugio
para situaciones de emergencia;
NO es su domicilio.
Se le podrá requerir aleatoriamente en cualquier momento
un ANÁLISIS DE ORINA.
NO está permitido recibir visitas en el refugio,
SIN NINGUNA EXCEPCIÓN.

Julie me dejó claro que en el nuevo alojamiento seguirían realizando visitas de inspección aleatorias para comprobar el cumplimiento de unos requisitos mínimos de higiene doméstica, como lavar la vajilla, no dejar comida tirada sobre la encimera de la cocina y mantener el suelo limpio. Volví a aceptar los análisis de orina aleatorios, las visitas de inspección sin previo aviso y el toque de queda a partir de las diez de la noche. Nadie podía quedarse a pasar la noche sin autorización previa y nunca durante más de tres días seguidos. Cualquier variación en los ingresos se debía comunicar de inmediato, además de presentar una declaración mensual con una relación detallada de su origen y una justificación de los gastos.

Julie siempre fue muy amable y se dirigía a mí con una sonrisa. Era muy de agradecer que no tuviese esa expresión fatigada y de hastío que parecían lucir otros trabajadores sociales de los servicios públicos. Me trataba como a una persona, y mientras me hablaba se atusaba la corta melena color cobre y de vez en cuando se recogía un mechón detrás de la oreja. Pero lo que no conseguí entender fue que me llamara «afortunada». Yo no me sentía afortunada. Agradecida, sí. Desde luego. Pero no creía haber tenido suerte. No cuando iba a mudarme a un sitio con unas normas que parecían presuponer que era una persona con adicciones, sucia o simplemente tan incapaz de manejar mi vida que necesitaba que me impusieran la obligación de no salir de noche y someterme a análisis de orina.

Ser pobre, vivir en la miseria, se parecía muchísimo a estar en libertad condicional; el delito: carecer de recursos para sobrevivir.

* * *

William, mamá y yo acarreamos mis cosas con razonable rapidez desde la camioneta de alquiler hasta mi apartamento del segundo piso. Antes habíamos pasado por el guardamuebles que mi padre había alquilado para mí antes de mudarme a la cabaña. Mamá y William iban tan peripuestos que les ofrecí un par de camisetas, pero no las quisieron. Mamá había tenido sobrepeso durante toda mi vida, excepto en la época en que se divorció de mi padre. Atribuía su pérdida de peso a la dieta Atkins. Papá descubrió luego que su repentina afición al gimnasio no estaba motivada por el deseo de estar en forma sino por un lío amoroso, junto con un nuevo afán de escapar de las restricciones de una vida de esposa y madre. La metamorfosis de mamá fue una salida del armario o un despertar a la vida que siempre había deseado pero había sacrificado hasta entonces por mor de su familia. Para mí fue como si de repente se hubiese convertido en una desconocida.

Mis padres se divorciaron y mamá se mudó a un apartamento la primavera en que mi hermano, Tyler, terminó el bachillerato. Cuando llegó el Día de Acción de Gracias, a finales de noviembre, ya había adelgazado hasta la mitad de su talla anterior y se había dejado crecer el pelo. Fuimos paseando hasta un bar y allí la vi besar a hombres de mi edad y caer redonda, más tarde, en un reservado del restaurante. En ese momento sentí vergüenza, pero esta se transformó luego en la sensación de una pérdida que no sabía cómo llorar. Quería recuperar a mi mamá.

Mientras tanto papá también se había disuelto en el seno de una nueva familia. La mujer con quien empezó a salir inmediatamente después del divorcio era celosa y tenía tres hijos. No le gustaba verme por su casa.

—Coge las riendas de tu vida —me dijo él un día después de desayunar juntos en una cafetería Denny's próxima a su casa.

Mis padres habían cambiado de vida dejándome emocionalmente huérfana. Por mi parte, me había jurado que jamás interpondría semejante distancia física y emocional entre Mia y yo.

En aquel momento, contemplando a mamá, casada con un inglés solo siete años mayor que yo, constaté que había engordado siete tallas más con respecto a la mayor que había llegado a tener antes, hasta el extremo de que se la veía incómoda dentro de su cuerpo. No podía dejar de observarla con asombro, allí de pie a mi lado, mientras me hablaba con un falso acento británico. Haría unos siete años que se había ido a vivir a Europa, pero en todo ese tiempo solo la había visto en cuatro o cinco ocasiones.

Mediado el traslado de mis numerosas cajas de libros, empezó a decir que tomar una hamburguesa le parecía una excelente idea.

—Y una cerveza —añadió cuando volvimos a cruzarnos en la escalera.

Apenas eran las doce, pero ella estaba en modo vacaciones, lo cual significaba empezar a beber pronto. Sugirió que fuéramos al Sirens, un bar del centro con mesas al aire libre. Empezó a hacérseme la boca agua. Llevaba meses sin comer fuera.

—Tengo que trabajar luego, pero puedo acompañaros —dije. Una vez a la semana limpiaba la guardería de una amiga por cuarenta y cinco dólares. También tenía que devolver la camioneta y recoger a Mia de casa de Jamie.

Aquel mismo día, mamá también recuperó un par de grandes arcones con fotos antiguas y chucherías varias que había dejado en el garaje de una amiga. Lo llevó todo como regalo a mi nuevo domicilio. Lo acepté en un arrebato, con nostalgia, y como prueba de nuestra anterior vida compartida. Había guardado todas las fotos escolares, las de cada Halloween. Yo con mi primer pez. Con un ramo de flores entre los brazos después de mi primera actuación en un musical del colegio. Mamá estaba entre el público, apoyándome, sonriéndome y con una cámara de fotos entre las manos. En cambio, en aquel momento, allí en el piso, solo me miraba como a una presencia adulta más en el cuarto, una igual, mientras que yo me sentía más perdida que nunca. Necesitaba a mi familia. Necesitaba ver sus gestos de asentimiento, sus sonrisas tranquilizadoras, que me dijeran que todo saldría bien.

Cuando William se incorporó para ir al baño, me senté a su lado en el suelo.

—Oye —le dije.

—Dime —me respondió como si fuera a pedirle algo. Siempre tenía la impresión de que le preocupaba que pudiera pedirle dinero, aunque nunca lo hice. William y ella llevaban una vida frugal en Europa, tenían arrendado el piso londinense de William y vivían en una casita de campo en Francia, en las proximidades de Burdeos, que se proponían convertir en un *bed and breakfast*.

—¿Tal vez podríamos quedar para pasar un rato juntas? —le propuse—. ¿Las dos solas?

—Creo que no sería correcto, Steph.

—¿Por qué? —inquirí, con la espalda erguida.

—Quiero decir que si quieres que nos veamos un rato, tendrás que aceptar que también nos acompañe William —respondió.

Justo en aquel momento, William se acercó a nosotras mientras se sonaba ruidosamente la nariz con el pañuelo. Ella le cogió una mano y se me quedó mirando, con las cejas arqueadas, como si se enorgulleciera de haber marcado ese límite.

No era ningún secreto que William no me gustaba. Cuando les había visitado en Francia, un par de años antes, él y yo habíamos tenido una fuerte discusión que había alterado a mi madre hasta el extremo de refugiarse en el coche para llorar. Deseaba aprovechar la presente visita para recuperar la relación perdida con ella, pero no simplemente como alguien que podría ayudarme a cuidar de Mia. Anhelaba tener una madre, alguien en quien poder confiar, que me aceptase sin condiciones aunque estuviera viviendo en un refugio para personas sin hogar. Si tuviese una madre con quien poder hablar, tal vez ella podría explicarme lo que me estaba pasando o facilitarme las cosas y ayudarme a no sentirme una fracasada. Era duro tener que reconocer semejante grado de desesperación, tener que competir por la atención de mi propia madre. De modo que le reía todos los chistes a William y sonreía cuando él se burlaba de la sintaxis estadounidense. No hacía comentarios sobre el nuevo acento de mi madre ni le reprochaba que se diera aires, como si la abuela no preparara ensaladas con fruta de lata y una tarrina de nata batida.

Mamá y papá se habían criado en zonas distintas del condado de Skagit, un lugar famoso por sus campos de tulipanes, aproximadamente a una hora de distancia de Seattle en dirección norte. Ambas familias habían vivido en la pobreza durante generaciones. Por el lado de papá, sus raíces se situaban en las profundidades de las laderas boscosas, en torno a Clear Lake. Se rumoreaba que algunos parientes lejanos todavía destilaban *whisky* clandestinamente. Mamá vivía en la parte baja del valle, donde los campesinos cultivaban guisantes y espinacas.

La abuela y el abuelo llevaban casi cuarenta años casados. En mis primeros recuerdos los veo en su casa rodante instalada en el bosque junto a un arroyo. Yo pasaba el día allí con ellos mientras mis padres estaban trabajando. A la hora del almuerzo, el abuelo nos preparaba emparedados de mantequilla y mayonesa con pan de molde industrial Wonderbread. No iban sobrados de dinero, pero mis recuerdos de mis abuelos maternos rezumaban cariño y afecto: la abuela removiendo la sopa de tomate Campbell's sobre los fogones con una botella de soda en la mano, de pie sobre una pierna, con la otra doblada y el pie recostado contra el muslo, como un flamenco, y siempre con un cigarrillo encendido en un cenicero próximo.

Luego se trasladaron a una vieja casa urbana, cerca del centro de Anacortes, que con los años se acabó deteriorando hasta el extremo de resultar casi inhóspita. El abuelo trabajaba como agente inmobiliario y de vez en cuando se acercaba entre una visita y otra y entraba a toda prisa para ofrecerme pequeños juguetes que había encontrado o había ganado en las máquinas de la bolera.

De niña, cuando no estaba en su casa, telefoneaba a la abuela. Pasaba tantos ratos hablando con ella por teléfono que en el arcón de fotos había varias mías, a los cuatro o los cinco años, de pie en la cocina con un gran auricular amarillo pegado a la oreja.

La abuela tenía esquizofrenia paranoide y con los años llegó a ser prácticamente imposible mantener una conversación con ella. Tenía alucinaciones. La última vez que había ido a verla con Mia, le había llevado una *pizza* Papa Murphy comprada con mis cupones para alimentos. La abuela, con los ojos delineados con un grueso trazo negro y los labios pintados de un rosa encendido, se pasó la mayor parte del tiempo afuera, fumando. Tuvimos que esperar a que regresara el abuelo para poder comer. Llegado el momento, la abuela dijo que ya no tenía hambre y acusó al abuelo de tener una amante e incluso de coquetear conmigo.

Pero Anacortes era el cofre donde estaban depositados mis recuerdos de infancia. Aunque mi vinculación con mi familia era cada vez más escasa, siempre le hablaba a Mia de Bowman Bay, dentro del Parque Estatal de Deception Pass, un entrante del brazo de mar que separa las islas de Fidalgo y Whidbey, donde papá me llevaba de excursión cuando era pequeña. Ese pequeño rincón del estado de Washington, con sus gigantescas coníferas y madroños, era el único sitio que sentía como mi hogar. Había explorado cada rincón, conocía sus senderos y los matices de las corrientes marinas y había grabado mis iniciales sobre el tronco anaranjado de un madroño retorcido que aún sabría localizar perfectamente. Siempre que regresaba a Anacortes para visitar a mi familia daba un rodeo junto a las playas que se extienden bajo el puente que cruza Deception Pass para tomar la ruta más larga, siguiendo Rosario Road, pasadas las grandes mansiones que se alzan sobre el acantilado.

Echaba de menos a mi familia, pero me consolaba saber que mamá y la abuela todavía hablaban por teléfono cada domingo. Mamá la llamaba desde dondequiera que estuviese en Europa. Para mí era un consuelo, como si no hubiese perdido del todo a mamá, como si ella aún conservase en su fuero íntimo algún recuerdo de las personas que había dejado atrás.

* * *

Cuando nos trajeron la cuenta del almuerzo en Sirens, mamá pidió otra cerveza. Yo miré el reloj; necesitaba disponer de dos horas para limpiar el parvulario antes de ir a recoger a Mia. Después de pasarme otro cuarto de hora viendo a mamá y William matar el rato intercambiando anécdotas sobre las extravagancias de sus vecinos en Francia, me vi obligada a decirles que tenía que marcharme.

—Oh —dijo William, arqueando las cejas—. ¿Quieres que le haga señas a la camarera para que te traiga la cuenta?

Me lo quedé mirando pasmada.

—No —respondí. Nuestras miradas chocaron desafiantes—. No tengo dinero.

Lo correcto habría sido que yo les invitara a comer, puesto que estaban de visita y me habían ayudado a hacer la mudanza, pero también se suponía que eran mis padres. Quería recordarle que acababa de ayudarme a hacer el traslado desde un refugio para personas sin hogar, pero no se lo dije y me volví hacia mamá para dirigirle una mirada suplicante.

—Puedo pedir que me carguen la cerveza en mi tarjeta —ofreció ella.

—Solo me quedan diez dólares en la cuenta —dije yo, con un nudo cada vez más grande en la garganta.

—Con eso apenas te alcanza para pagar tu hamburguesa —sentenció William.

Tenía razón. Mi hamburguesa costaba 10,59 dólares. Había pedido una consumición con un precio exactamente 28 centavos inferior al saldo de mi cuenta corriente. Sentí golpetear la vergüenza en mi pecho. Cualquier sentimiento victorioso que hubiese podido experimentar aquel día por haber dejado atrás el refugio quedó hecho añicos. No podía pagar ni una maldita hamburguesa.

Miré a mamá y luego a William y después me excusé para ir al lavabo. No necesitaba orinar. Solo quería llorar.

Mi reflejo en el espejo me devolvió la imagen de una figura de palo delgadísima, con una camiseta de talla infantil y unos tejanos ajustados con los bajos recogidos para disimular que me quedaban cortos. En el espejo vi a una mujer agotada por el exceso de trabajo pero sin un centavo en el bolsillo, una persona que no podía pagarse ni una maldita hamburguesa. A menudo la angustia no me dejaba comer y durante muchas de las comidas con Mia me limitaba a observar cómo se llevaba la cuchara a la boca, dando gracias por cada uno de los bocados que ingería. Mi cuerpo se veía flaco y abatido, ya solo con fuerzas para llorar por mi suerte, allí en los lavabos.

Años antes, cuando pensaba en mi futuro, veía la pobreza como algo inconcebible, infinitamente distante de mi realidad. Jamás se me ocurrió pensar que acabaría de ese modo. Pero en aquel momento, después de tener una criatura y romper con mi pareja, me encontraba inmersa en una realidad de la cual no sabía cómo escapar.

Cuando regresé a la mesa, William continuaba ahí sentado echando humo por las narices, como un dragón en miniatura. Mamá se inclinó y le susurró algo, a lo que él respondió meneando la cabeza con gesto de desaprobación.

—Puedo pagar diez dólares —dije mientras tomaba asiento.

—De acuerdo —dijo mamá.

No esperaba que lo aceptase. Aún tardaría días en volver a cobrar algo. Hurgué en el bolso hasta encontrar mi billetera y deposité mi tarjeta junto con la suya para compartir la cuenta. Una vez firmado el recibo, me levanté, deslicé la tarjeta de crédito en el bolsillo trasero de mis pantalones, le di un somero abrazo de despedida a mamá y me dirigí a la salida.

Cuando solo me había alejado un par de pasos de la mesa, William soltó:

—¡Vaya descaro! ¡Jamás había visto nada igual!

02

La caravana

La Navidad de 1983, mis padres me regalaron una muñeca repollo.[1] Mamá había ido a hacer cola frente a los almacenes JCPenney varias horas antes de que abrieran las puertas. Los jefes de planta del establecimiento blandían bates de béisbol sobre las cabezas de las compradoras para evitar que se abalanzasen hacia los mostradores. Mamá se abrió paso a codazos como una luchadora y alcanzó a hacerse con la última caja del expositor, segundos antes de que otra mujer intentara apropiársela. O así nos lo contó. Yo la escuchaba llena de admiración, complacida de que mi madre hubiera luchado por mí. Mi mamá, la heroína. La campeona, conseguidora de codiciadas muñecas.

Aquella mañana, cogí mi nueva muñeca repollo en brazos, recostada sobre mi pequeña cadera. Tenía los ojos verdes y el pelo rubio, corto y ondulado. De pie frente a mamá, alcé la mano derecha y declaré:

—Consciente de las necesidades de esta niña repollo que ha llegado hasta mí, me comprometo firmemente a ser una buena madre para Angelica Marie.

Luego firmé los documentos de adopción que constituían el elemento fundamental del fenómeno de las muñecas repollo. Un

---

[1] Llamadas Cabbage Patch Kids («niños o niñas del campo de coles») en inglés, por el relato popular en Europa central que dice que los niños nacen bajo las coles, el principal atractivo de estas muñecas hechas a mano, que se comercializaron en los años ochenta, era su individualidad. No existían dos exactamente iguales; cada muñeca tenía un diferente color de ojos, rasgos de cara, pelo y complexión. Además, con cada una se otorgaba un certificado de adopción, con el nombre de la muñeca y una descripción de sus gustos, su carácter y otras peculiaridades.

ritual que destacaba los valores familiares y fomentaba la responsabilidad. Cuando recibí el certificado de nacimiento de la muñeca con mi nombre impreso, mamá me abrazó orgullosa y también a Angelica, cuidadosamente acicalada y vestida para la ocasión.

Desde que tengo memoria, siempre quise ser escritora. Al hacerme mayor, empecé a escribir cuentos y a desaparecer en compañía de mis libros como si fuesen viejos amigos. Sentía predilección por los días lluviosos, cuando empezaba un nuevo libro por la mañana, sentada en una cafetería, y lo terminaba entrada la tarde en un bar. Durante aquel primer verano con Jamie, a los veintitantos años cumplidos, la Universidad de Montana en Missoula comenzó a enviarme postales de promoción de su programa de Escritura Creativa. Yo ya me veía dentro de esas fotografías, paseando por los paisajes bucólicos de Montana, en algún rincón, debajo de las citas de *Viajes con Charley* inscritas con tipografía caligráfica en la parte superior. «[…] Pero en el caso de Montana [lo que siento] es amor», había escrito simplemente Steinbeck. Palabras que me condujeron hacia el «*Big Sky Country*», el territorio de amplios cielos de Montana, en mi búsqueda de un hogar donde desarrollar la siguiente etapa de mi vida.

Conocí a Jamie un día, camino de regreso a casa, a la salida de un bar donde solía ir con mis compañeras de trabajo al terminar nuestro turno. Era casi medianoche y entre la hierba se escuchaba el canto estival de los grillos. Cogí la sudadera con capucha que me había atado a la cintura mientras bailaba sudorosa sin parar y me dispuse a iniciar el largo trayecto de regreso en bicicleta. Mis pantalones Carhartt todavía lucían en la parte delantera pequeñas manchitas de café expreso de la cafetería donde trabajaba y aún conservaba el sabor del último *whisky* en la boca.

Ya afuera, me llegó desde un banco del parque, transportado por la refrescante brisa exterior, el sonido de una guitarra y la voz inconfundible de John Prine. Me detuve un instante para identificar la canción y divisé a un chico con un MP3 y un par de altavoces portátiles sobre las rodillas. Llevaba una chaqueta de franela roja y un sombrero de fieltro marrón y tenía la espalda inclinada mientras meneaba suavemente la cabeza concentrado en el ritmo de la música.

Me senté a su lado sin pararme a pensar. La calidez del *whisky* bullía en mi pecho.

—Hola —le dije.

—Hola —respondió y me sonrió.

Estuvimos un rato allí sentados, escuchando sus canciones favoritas, inhalando la brisa nocturna junto a la orilla, en la zona peatonal del centro de Port Townsend. Construcciones victorianas de ladrillo se alzaban sobre las olas que lameteaban los muelles.

Cuando me levanté para marcharme, entusiasmada por haber conocido a un chico nuevo, anoté rápidamente mi número de teléfono en una página de mi diario y la arranqué.

—¿Te gustaría salir algún día? —le pregunté mientras se la alargaba.

Me miró, luego se volvió en dirección al sonido de la gente que salía riendo del Sirens. Cogió el trozo de papel que le ofrecía, se me quedó mirando y asintió con la cabeza.

Mi teléfono sonó la noche siguiente mientras iba conduciendo camino de la ciudad.

—¿Hacia dónde vas? —me preguntó.

—Voy hacia el centro. —Di un volantazo, incapaz de reducir la marcha, controlar el volante y sostener al mismo tiempo el teléfono.

—Te estaré esperando frente al Penny Saver Market —me dijo y colgó.

Pasados unos cinco minutos, entré en el aparcamiento y vi a Jamie que me estaba esperando recostado contra la parte trasera de un Volkswagen escarabajo rojo, vestido igual que la noche anterior. Me sonrió con desenfado dejando ver una dentadura desigual que me había pasado desapercibida en la oscuridad.

—Vamos a por unas cervezas —anunció mientras tiraba al suelo la colilla de un cigarrillo liado a mano.

Compró dos botellas de cerveza negra Samuel Smith y luego nos montamos en su Volkswagen y condujo hasta un montículo arbolado para contemplar la puesta de sol. Mientras él hablaba, estuve hojeando un ejemplar de la gaceta literaria del *New York Times* que había encontrado sobre el asiento. Me habló de un viaje en bicicleta que tenía previsto hacer, siguiendo la ruta 101, bordeando la costa del Pacífico hasta San Francisco.

—Ya me he pedido los días libres en el trabajo —anunció y me lanzó una mirada. Tenía los ojos más oscuros que los míos.

—¿Dónde trabajas? —le pregunté, consciente de que no sabía nada de él más allá de sus preferencias musicales.

—En el Fountain Café. —Dio una calada a su cigarrillo—. Antes era el segundo del chef, pero ahora solo me encargo de los postres.

Exhaló y una columna de humo sobrevoló el montículo.

—¿Tú eres el que prepara el tiramisú? —le pregunté, interrumpiendo mi torpe tentativa de liarme un cigarrillo.

Asintió y en el acto supe que me acostaría con él. El tiramisú era una delicia.

Esa misma semana, Jamie me llevó por primera vez a su caravana. De pie en medio del minúsculo cubículo, tomé nota de las paredes forradas de madera, el puf de color anaranjado y los estantes llenos de libros.

Jamie se disculpó al verme mirar el lugar y se apresuró a explicarme que solo se había ido a vivir a esa caravana para ahorrar dinero para su viaje en bicicleta. Pero después de ver los nombres de Bukowski y Jean-Paul Sartre entre una hilera de libros que tenía sobre la mesa, me importaba un comino el aspecto que tuviera el remolque y me volví para besarlo de inmediato.

Él me empujó suavemente hasta tumbarme sobre el edredón blanco que cubría su cama. Nos estuvimos besando durante horas, como si no existiera nada más en el mundo. Me cubrió con su cuerpo.

Teníamos previsto que más adelante cada cual seguiría su camino: yo me iría a Missoula y él a Portland, en Oregón. Cuando me sugirió que me instalara en su caravana para ahorrar dinero, enseguida acepté. Compartiríamos una caravana-remolque de menos de siete metros, pero solo nos costaría ciento cincuenta dólares por cabeza. Nuestra relación tenía fecha de caducidad y de ese modo nos ayudábamos mutuamente a alcanzar el objetivo de abandonar la ciudad.

La población trabajadora de Port Townsend estaba empleada principalmente en el sector servicios que atendía a los turistas y otras personas con ingresos disponibles que llegaban en tropel durante los meses más cálidos. Los ferris llegaban cargados, cruzando lentamente el brazo de mar entre el continente y la península, puerta de acceso al bosque pluvial y a las fuentes de aguas termales de la costa. Las mansiones victorianas, las tiendas y las cafeterías del paseo marítimo aportaban dinero a la ciudad y un medio de vida para muchos de sus residentes. Sin embargo, tampoco eran toneladas de dinero. Salvo que pusieran en marcha un negocio propio, los trabajadores y trabajadoras corrientes tenían pocas oportunidades de labrarse un futuro.

El núcleo central de residentes incluía a muchos que ya tenían bien consolidado su futuro. A finales de la década de 1960 y principios de la siguiente, un grupo de *hippies* se instaló en Port Townsend, que entonces era casi una ciudad fantasma que sobrevivía a duras penas gracias a una fábrica de papel que empleaba a la mayoría de sus residentes. Construida con la expectativa de llegar a ser uno de los mayores puertos marítimos de la costa oeste, la ciudad había caído en la ruina cuando, debido a la falta de inversiones a resultas de la depresión, las rutas ferroviarias se desviaron hacia Seattle y Tacoma. Los *hippies*, algunos de los cuales eran ahora mis empleadores y fieles clientes, compraron las mansiones victorianas que amenazaban ruina tras un siglo de abandono. Invirtieron muchos años de trabajo en las edificaciones para conservarlas como monumentos históricos, renovaron la ciudad y establecieron panaderías, cafeterías, destilerías, bares, restaurantes, tiendas de alimentación y hoteles. Port Townsend se hizo famoso como puerto que albergaba embarcaciones de madera y el interés que ello despertó acabó dando lugar a la creación de un centro oficial de formación y un festival anual. Entre tanto, aquel núcleo central que había revitalizado la ciudad ya había dado un paso atrás, aflojando el ritmo, para disfrutar de su nueva condición burguesa. Todo el personal del sector servicios trabajábamos para ellos, cada cual a su manera, mientras vivíamos en minúsculas cabañas, yurtas o estudios. Estábamos allí por el clima —la barrera contra las lluvias que ofrecían los montes Olympic— y atraídos por la secreta comunidad artistoide allí instalada, a solo una travesía en ferri de Seattle. Estábamos allí por las tranquilas aguas marinas de la bahía y el trabajo extenuante y animado estilo de vida que nos ofrecían sus cocinas.

Jamie y yo trabajábamos en sendas cafeterías, mientras disfrutábamos de nuestra juventud y de la libertad para dedicarnos a ello. Ambos sabíamos que nos aguardaba un futuro mejor y más grandioso. Él echaba una mano en la empresa de *catering* de unos amigos y hacía cualquier otro trabajo ocasional por el que pudiera cobrar en negro. Aparte de mi empleo en la cafetería, yo trabajaba en una guardería canina y vendía pan en los mercados agrícolas. Ninguno de los dos tenía un título —Jamie reconocía que ni siquiera había terminado la enseñanza secundaria— y hacíamos lo que podíamos para ganar dinero.

Jamie trabajaba los turnos habituales en un restaurante, desde última hora de la tarde hasta bien entrada la noche, de manera que la mayoría de los días yo ya estaba durmiendo cuando él regresaba a casa, un poco bebido después de pasar por el bar. A veces iba a reunirme con él y me gastaba las propinas en un par de cervezas.

Entonces, un buen día descubrí que estaba embarazada. En medio de una bruma de náuseas matutinas, se me cayó el alma a los pies y mi mundo empezó a encogerse hasta que pareció a punto de detenerse. Me quedé un largo rato frente al espejo del baño con la camiseta levantada para observar mi barriga.

Habíamos concebido el día de mi vigésimo octavo cumpleaños, la víspera de la partida de Jamie para su viaje en bicicleta. Si decidía tener el bebé, eso equivaldría a decidir quedarme en Port Townsend. Habría querido mantener el embarazo en secreto y seguir adelante con mi plan de trasladarme a Missoula, pero me pareció imposible hacer eso. Tenía que ofrecerle a Jamie la posibilidad de ser padre; no me parecía correcto negarle esa oportunidad. Pero quedarme allí suponía posponer mi aspiración de llegar a ser escritora. Dar largas a la persona que esperaba ser, la que seguiría adelante y conseguiría algo grande. No estaba segura de querer renunciar a todo eso. Había estado tomando anticonceptivos y no consideraba que estuviese mal abortar, pero no podía dejar de pensar en mi madre, que seguramente también había contemplado su barriga mientras consideraba sus alternativas con respecto a mi vida, igual que estaba haciendo yo.

A pesar de todas mis expectativas de seguir un camino distinto, durante los días siguientes me fui ablandando y empezó a cautivarme la perspectiva de la maternidad, la idea de ser madre. Cuando le dije a Jamie lo del bebé, acababa de regresar de su viaje en bicicleta. Su ternura inicial mientras intentaba convencerme para que pusiera fin al embarazo mutó bruscamente cuando le dije que no estaba dispuesta a hacer eso. Solo hacía cuatro meses que lo conocía y la rabia, el odio que manifestó contra mí fueron pavorosos.

Una tarde irrumpió en la caravana donde yo estaba sentada en el sofá cama empotrado frente al televisor intentando ingerir una sopa de pollo mientras veía un programa en el que Maury Povich revelaba los resultados de unas pruebas de paternidad. Jamie empezó a caminar de un lado a otro mirándome, con gestos idénticos a los de los hombres del programa, mientras gritaba que no quería ver inscrito su nombre en el certificado de nacimiento.

—No quiero que luego me persigas para que pague los gastos de ese maldito crío —repitió una y otra vez, apuntando con el dedo a mi barriga.

Yo no dije nada, como solía hacer cuando empezaba a despotricar de ese modo, con la esperanza de que no empezara a tirar cosas. Pero aquel día, cuanto más gritaba él, cuanto más se debatía e insistía en subrayar que me estaba equivocando, más ligada al bebé me hacía sentir, más dispuesta a protegerlo. Cuando Jamie se marchó, llamé a mi padre con voz temblorosa.

—¿Crees que estoy tomando la decisión adecuada? —le pregunté después de explicarle lo que había dicho Jamie—. Porque francamente no lo sé. Pero siento que tendría que estar segura. Ya no sé qué pensar.

—Maldita sea —exclamó él y luego se interrumpió—. La verdad es que esperaba que Jamie sabría estar a la altura.

Volvió a hacer una pausa, esperando tal vez que yo respondiera algo, pero no había nada que decir.

—Ya sabes que tu madre y yo nos encontramos en la misma situación cuando supimos que tú estabas en camino, pero nosotros éramos adolescentes. Y no fue perfecto, ya lo sabes. Ni siquiera sé si alguna vez nos aproximamos a ello. No sabíamos en lo que nos metíamos ni si habíamos tomado la decisión correcta. Pero tú, tu hermano, tu madre y yo, todos estamos bien. Salimos adelante. Y estoy seguro de que Jamie, ese bebé y tú también saldréis adelante aunque las cosas no vayan tal como esperarías.

Después de esa conversación telefónica, me quedé sentada mirando por la ventana, mientras procuraba que el lugar donde me encontraba —la caravana aparcada junto a un gran establecimiento comercial en medio del bosque— me distrajera del intento de visualizar mi futuro. Empecé a razonar conmigo misma de otro modo y a acallar mis dudas. Tal vez Jamie cambiara de actitud. Quizás solo fuera cuestión de tiempo. Y si no era así, decidí que podría arreglármelas, aunque ignoraba cómo. No podía basar mis decisiones en lo que él me dijera, en la posibilidad de criar juntos al bebé, pero sabía que como mínimo tenía que darle la oportunidad de ser padre. Mi criatura lo merecía. Aunque la situación no era ideal, estaba dispuesta a hacer lo que hacen los progenitores, lo que han hecho durante generaciones; conseguiría salir adelante. No había posibilidad de dudar. No había otra alternativa. Ahora era madre de una criatura y haría honor a esa responsabilidad durante el resto de mi vida. Me incorporé, rasgué en pedazos mi solicitud de inscripción en la universidad antes de salir y me fui a trabajar.

03

Alojamiento transitorio

Mis padres nos trasladaron fuera del estado de Washington, alejándonos de todos nuestros familiares, cuando yo tenía siete años. Fuimos a vivir a Anchorage, en Alaska, en una casa escondida entre las primeras estribaciones de la sierra de Chugach. Íbamos a una iglesia que tenía varios programas de ayuda para las personas sin hogar y los colectivos con bajos ingresos. De niña, mi ocupación favorita era hacer donaciones a las familias necesitadas durante las vacaciones. Después del servicio religioso dominical, mamá nos daba permiso, a mi hermano y a mí, para coger un angelito de papel del árbol de Navidad que había en la entrada. Después del *brunch*, íbamos al centro comercial para escoger los productos enumerados en la lista para una niña o un niño anónimos más o menos de nuestra misma edad, a quien regalaríamos juguetes, pijamas, calcetines y zapatos nuevos.

Un año, fui con mamá a entregar la cena a una familia. Esperé pacientemente hasta que llegó mi turno y pude entregar mis regalos cuidadosamente empaquetados al hombre que nos había abierto la puerta de un piso húmedo. Tenía una gruesa mata de pelo oscuro y la piel curtida por el sol bajo una camiseta blanca. Le di mi bolsa llena de regalos y luego mamá le entregó una caja con un pavo, patatas y verduras en conserva. Nos saludó con una inclinación de cabeza y después cerró silenciosamente la puerta. Me marché decepcionada. Creía que nos invitaría a entrar y podría ayudar a su hijita a desenvolver los regalos que había seleccionado uno a uno para ella, anticipando su alegría al verlos. «Los zapatitos relucientes eran los más bonitos de la tienda», le diría. No entendía por qué a su padre no le alegraba más poder ofrecérselos.

De adolescente, dedicaba algunas tardes a repartir bolsas de comida a personas sin hogar en el centro de Anchorage. Acudíamos allí para «dar testimonio» del evangelio y compartirlo con esa gente. A cambio de que nos prestaran oído, les dábamos manzanas y sándwiches. «Jesús os ama», les decía, aunque una vez un hombre me respondió con una sonrisa: «Me parece que te ama un poquito más a ti».

Lavaba coches para reunir dinero para costear nuestros viajes hasta los orfanatos de Baja California, en México, o para organizar campamentos infantiles dedicados al estudio de la Biblia en Chicago. Recordando todo ese empeño y a la vista de cómo me encontraba en aquel momento, removiendo cielo y tierra para intentar encontrar trabajo y un lugar seguro donde vivir, todos esos esfuerzos, aun siendo encomiables, no dejaban de ser caridad, «tiritas», parches que convertían a la gente pobre en caricaturas, ángeles de papel anónimos colgados de un árbol. Me acordé del hombre que nos había abierto la puerta, a quien había entregado mis regalos en una bolsita. Ahora sería yo quien abriría la puerta para aceptar limosnas, obligada a reconocer que no era capaz de cubrir las necesidades de mi familia; quien aceptaría su pequeño óbolo —un par de guantes nuevos, un juguete— ofrecido en un impulso por sentirse buenas personas. Pero no era posible incluir «atención sanitaria» o «servicios de guardería» en la lista.

Dado que mis padres nos criaron a mi hermano y a mí a miles de kilómetros del noroeste del estado de Washington donde teníamos nuestras raíces y donde vivían mis abuelos, tuve la infancia que la mayoría de la gente identifica como de clase media estadounidense. Teníamos cubiertas las necesidades básicas, pero mis padres no podían sufragar muchos otros gastos, como clases de danza o de kárate, y no tenían abierta una cuenta de ahorro para sufragar nuestros estudios universitarios. Aprendí muy pronto a valorar la importancia del dinero. Empecé a hacer de canguro cuidando niños y niñas a los once años, y a partir de entonces siempre tuve algún trabajo, y a veces dos. Lo llevaba en la sangre. Mi hermano y yo vivíamos resguardados por el manto de nuestra religión y la seguridad económica de mis padres.

Me habían infundido la idea de que la seguridad era algo inherente a mí. Estaba a salvo y nunca lo puse en duda, hasta que dejó de ser así.

* * *

Jamie me fulminó con la mirada cuando le dije que quería irme a vivir con Mia a casa de mi padre y mi madrastra, Charlotte. La niña solo tenía siete meses, pero ya había presenciado demasiado a menudo sus estallidos de rabia, los insultos y los destrozos que me tenían traumatizada.

—He buscado en Internet —anuncié, con Mia en brazos, recostada sobre mi cadera, mientras sacaba el papel que llevaba en el bolsillo—. Hay una página que permite calcular la pensión y el importe parece muy razonable.

Me arrancó el papel de la mano, lo arrugó hasta hacer una bola y me lo tiró a la cara, sin dejar de mirarme fijamente a los ojos.

—No pienso pagarte ninguna pensión —declaró sin inmutarse—. ¡Eres tú quien debería pagarme a mí!

Empezó a gritar cada vez más fuerte mientras daba zancadas de acá para allá.

—Y no irás a ninguna parte. Te la quitaré tan rápido que te quedarás boquiabierta —añadió señalando a Mia.

Dicho esto, dio media vuelta y, con un alarido de rabia, lanzó un puñetazo contra la ventanilla de plexiglás de la puerta al salir y le abrió un boquete. Mia se estremeció sobresaltada y emitió un chillido agudo que no le había escuchado nunca.

Cuando marqué el número del teléfono de emergencia para casos de violencia doméstica, me temblaba la mano. Apenas conseguí explicarles lo ocurrido antes de que Jamie empezara a telefonear insistentemente. Me aconsejaron que colgara y llamara a la policía. Al cabo de pocos minutos, los faros de un coche patrulla iluminaron todo el lateral de la minicaravana. Un agente llamó suavemente a la puerta destrozada. Era tan alto que su cabeza casi rozaba el techo. Tomó algunas notas mientras yo le explicaba lo ocurrido, examinó la puerta, meneó la cabeza en señal de asentimiento y me preguntó si estábamos bien, si me sentía segura. Tras un año de maltrato, amenazas, insultos y gritos, recibí esa pregunta con un gran alivio. La mayor parte de los arrebatos de Jamie habían sido invisibles. No me dejaban moretones ni señales enrojecidas. Pero aquella vez…, aquella vez tenía algo que podía mostrar. Podía pedirle a alguien que lo mirara. Pude decir: «Ha hecho esto. Esto es lo que nos ha hecho». Y ellos pudieron observarlo y asentir y decirme: «Ya lo vemos. Ya vemos lo que os ha hecho».

El parte de la policía confirmaba que no estaba loca. Lo llevé durante meses en el bolso como si fuese un certificado.

* * *

Las primeras noches que pasé en el alojamiento transitorio, en ese edificio situado junto a una arteria principal, me sentía muy insegura. Me sobresaltaba cada vez que a través de las paredes y los suelos del inmueble resonaba un ruido. Cuando estábamos en el apartamento comprobaba continuamente que la puerta tuviera echado el cerrojo, algo que no solía hacer nunca antes. Pero estábamos solas mi hija y yo, y esa era nuestra única protección.

Cuando vivíamos en el refugio para personas sin hogar, el camino de acceso llegaba hasta la puerta de mi cabaña y podía dejar el coche aparcado justo delante por si teníamos que huir. Nunca llegué a ver ni a oír a mis vecinos, que vivían en cabañas independientes, y estábamos en medio de un espacio natural, rodeado de árboles y prados que inspiraban tranquilidad y no auguraban problemas. Ese pequeño espacio era exclusivamente mío y no temía que nadie lo invadiera. En el apartamento, en cambio, las paredes y los suelos parecían muy delgados y se oían muchas voces desconocidas. Por la escalera subía y bajaba continuamente gente que hablaba a gritos. Y yo observaba la puerta de entrada, la única barrera que se interponía entre nosotras y el resto del mundo, consciente de que cualquiera podría derribarla en cualquier momento.

Estábamos rodeadas de otros apartamentos dentro de ese rectángulo gris, pero el único indicio de la presencia de sus ocupantes eran sus voces tras las paredes, la basura que se acumulaba en los contenedores y los coches alineados en el aparcamiento. Tal vez me hubiese sentido más segura si hubiera conocido a mis vecinas y hubiera visto qué aspecto tenían. Sus sonidos nocturnos, el golpeteo de unos tacones altos contra el piso, la irrupción inesperada de una voz ronca o una risa infantil invadían mi sueño. Me levantaba varias veces a lo largo de la noche para comprobar cómo estaba Mia, que dormía en la habitación contigua en una cuna plegable.

La mayoría de las noches, me pasaba horas en vela rememorando la situación vivida en los tribunales con Jamie.

Sin tener un hogar, tuve que comparecer ante un juez para pleitear por la custodia de Mia, con Jamie y su abogado sentados al otro lado de la sala. No era ningún secreto que los meses de improperios de Jamie eran la causa de la depresión que él ahora alegaba como motivo para argumentar que yo no estaba en condiciones de hacerme cargo de nuestra hija. Mis dificultades parecían recubrir mi persona como un manto. Diríase que el abogado de Jamie y el juez preferían verme así, como si me pareciera bien la idea de criar a un bebé sin disponer de un hogar estable. Como si yo no tuviera presente en todo momento la necesidad de mejorar nuestras circunstancias, si era capaz de lograrlo. De algún modo, haber sacado a Mia de un lugar donde yo acababa hecha un ovillo en el suelo, abrumada por el menosprecio y el maltrato, llorando como una criatura, era un acto que se reflejaba negativamente sobre mi valoración como persona. Nadie veía que estaba intentando ofrecerle una vida mejor a mi hija; solo veían que la había sacado de lo que percibían como un hogar económicamente estable.

No sé cómo conseguí conectar con una fortaleza casi primigenia y gané el juicio. Y ahora disponía de un espacio propio, un lugar donde Mia podía estar conmigo. Sin embargo, aun así, la mayoría de las noches me abrumaba la culpa por todo lo que no teníamos. Algunos días, el sentimiento de culpa me pesaba tanto que no lograba estar plenamente presente para la niña. Con un esfuerzo, conseguía leerle un cuento antes de acostarla, mientras la mecía suavemente, sentada en la misma silla en la que mi madre solía leérmelos a mí. Me decía que al día siguiente todo iría mejor y sería mejor madre.

Me sentaba a observarla mientras comía o me paseaba por la cocina, con mi taza de café en la mano, contemplando nuestro presupuesto y el calendario de trabajo que tenía colgado en la pared. Cuando salíamos a comprar comida, me pasaba la mañana revisando el saldo de mi cuenta bancaria y mi tarjeta EBT,[1] una tarjeta de débito que me permitía adquirir alimentos con cargo a un subsidio público, para calcular cuánto podíamos gastar. Hacía relativamente poco que se habían introducido esas tarjetas, que solo estaban en vigor desde 2002. Yo había solicitado cupones para alimentos durante mi embarazo y Jamie todavía recordaba con desdén haber visto a su madre pagando la comida con esos vales. Por mi parte, agradecía que existieran esos programas que me permitían alimentar a mi familia, pero también regresaba a casa cargada de vergüenza, dándole vueltas a lo que debía pensar de mí la cajera al ver a una mujer con una criatura en un portabebés comprando alimentos con cargo a la ayuda pública. La gente solo veía los cupones, los grandes vales de papel con los que podíamos adquirir huevos, queso, leche y crema de cacahuete. Lo que no veían era el saldo de mi cuenta, en torno a unos doscientos dólares en función de mis ingresos, y que eran cuanto tenía para nuestra alimentación. Tenía que hacerlos durar hasta fin de mes, a la espera de volver a recibir el ingreso correspondiente a principios del mes siguiente. No me veían comer sándwiches de crema de cacahuete y huevos duros, ni cómo racionaba el café matutino para hacerlo durar. Entonces no lo sabía, pero ese mismo año el Gobierno intentó borrar el estigma que pesaba sobre los veintinueve millones de personas que recurrían a los cupones para alimentos y los rebautizó con un nuevo nombre: Programa de Asistencia Nutricional Suplementaria (Supplemental Nutrition Assistance Program o SNAP). Pero se llamara como se llamara, persistió la presunción de que la gente pobre se apropiaba del dinero de los contribuyentes para comprar comida basura.

Aunque a menudo me abrumaban las preocupaciones, también me preguntaba obsesivamente si estaba siendo una buena madre.

---

[1] Siglas de Electronic Benefit Transfer, sistema electrónico mediante el cual los departamentos de bienestar social de los estados federados transfieren algunas prestaciones de carácter monetario o el crédito para la adquisición de alimentos.

Sentía que lo estaba haciendo fatal, más pendiente de cómo sobreviviríamos hasta el final de esa semana que de mi hija. Cuando vivía con Jamie, su empleo me permitía quedarme en casa con Mia. Echaba de menos poder disponer de todo el día para nosotras, con tiempo para pararnos a mirar, a descubrir, a maravillarnos. Ahora apenas conseguíamos ir tirando. Siempre con el tiempo justo para no llegar tarde. Siempre metidas en el coche. Siempre comiendo y recogiendo con prisas. Siempre de un lado para otro, sin detenernos apenas para tomar un respiro. Temerosa de retrasarme, de olvidar alguna cosa, de complicar todavía más nuestras vidas… Simplemente no podía pararme a esperar que Mia contemplara el lento avanzar de una oruga a través de la acera.

Aunque yo alcanzaba a oír el ruido del agua cada vez que mis vecinos tiraban de la cadena del váter o el roce de una silla arrastrada sobre el suelo, la mujer del piso de abajo golpeaba el techo con el palo de una escoba o de una fregona y protestaba a gritos cada vez que Mia correteaba por el apartamento. Poco después de mudarnos, un día barrí las hojas y las telas de araña del balconcito y las dejé caer sobre el terreno que había debajo.

—¿Qué te has creído? —me gritó.

Aparte de dar golpes con el palo de la escoba era la primera vez que me decía algo más o menos directamente.

—¿Qué es toda esta mierda? —siguió gritando—. ¡Me estás tirando toda tu porquería encima!

Me escabullí sin decir nada, cerré con cuidado la puerta y me quedé sentada muy tiesa en el sofá, rezando para que no se le ocurriera subir y llamar a mi puerta.

Mis vecinos de arriba —una madre con tres criaturas— no estaban casi nunca en casa. Las primeras semanas solo los oí sin verlos. Yo me acostaba a las diez, más o menos a la hora en que ellos subían por la escalera. Pasados unos veinte minutos todo volvía a quedar en silencio.

Una mañana los oí salir al amanecer y me acerqué corriendo a la ventana para verlos, curiosa por saber cómo eran esas personas que se encontraban en mi misma situación.

La mujer era alta y llevaba un anorak rojo y morado y zapatillas deportivas blancas. Se bamboleaba al andar. La seguían dos niños y una niña en edad escolar. Me sentí incapaz de imaginar lo que debía de estar sufriendo. Yo solo tenía una criatura a mi cargo. Después de aquel día, volví a verla de vez en cuando. La niña siempre iba muy bien peinada, con el pelo recogido en trencitas decoradas con lacitos de colores vivos. Me preguntaba dónde debían de pasar todo el día y cómo conseguía que sus criaturas se comportasen tan bien y no hicieran ningún ruido. Parecía una buena madre y sus hijos la respetaban, algo que le envidié. Mi hija acababa de aprender a andar y ya parecía estar huyendo o enfrentándose a mí a todas horas cuando no estaba durmiendo.

—Acabas cogiéndole gusto al café —me comentó mi vecina, Brooke, el día que nos vimos después de una visita de inspección. Una alusión indirecta a la prohibición de consumir bebidas alcohólicas. Era la primera vez que hablábamos; hasta entonces nos habíamos cruzado mirándonos apenas con incomodidad. La conocía de lo que ya me parecía una vida anterior, cuando ella servía las cervezas que yo pedía en el bar. Me intrigaba cómo debía de haber ido a parar a ese sitio, pero nunca se lo pregunté. Como tampoco deseaba que me lo preguntase ella a mí.

Nunca hablé con ninguno de los hombres que vivían en la residencia tutelada situada en el extremo más apartado del bloque de edificios. Les veía fumar cigarrillos de pie en el sendero que conducía a sus apartamentos, vestidos con pantalones de deporte y zapatillas. Uno, ya mayor, tenía familiares que iban a buscarlo de vez en cuando, pero los demás no parecían ir a ningún sitio. A lo mejor se limitaban a esperar a que se acabara su condena. Yo sentía más o menos lo mismo.

Echaba de menos poder ir a un bar. Echaba de menos poder tomarme una cerveza si me apetecía, no tanto por la cerveza en sí, sino por no tener que preocuparme por la posibilidad de que se presentara un inspector, por gozar de esa libertad. Echaba de menos muchas libertades: la libertad de marcharme o de quedarme, de trabajar, de comer o no comer, de dormir hasta tarde los días de descanso, de tomarme un día libre.

Mia y yo llevábamos una vida normal en apariencia, con diversos lugares a los que debíamos acudir durante el día. Me concedieron una beca para dejar a la niña en una guardería, pero solo durante media jornada. John, el marido de una amiga, tenía una pequeña empresa de jardinería y me pagaba diez dólares la hora por el trabajo de arrancar malas hierbas, podar arbustos y retirar las flores secas de las adelfas. Me desplazaba en coche por toda la península de Olympic hasta las pequeñas urbanizaciones valladas, con un enorme cubo de basura en la parte trasera del coche, donde llevaba una lata de pintura blanca vacía con las herramientas y varios pares de guantes. Algunos clientes tenían una zona destinada a apilar la maleza y las ramas cortadas; en otros casos tenía que meterlas en bolsas de basura y dejarlas junto al camino o a veces incluso debía cargarlas en el coche. Como John tenía solo unos pocos clientes habituales con trabajo suficiente para requerir mi ayuda, dedicaba la mayor parte de mi tiempo a otros trabajos que había conseguido por mi cuenta y llegué a ganar entre veinte y veinticinco dólares por hora pero, debido a lo que tardaba en los desplazamientos, apenas podía trabajar dos o tres horas diarias.

Mi trabajo me obligaba a moverme a gatas. La mayoría de la gente me contrataba para retirar las malas hierbas de laderas enteras cubiertas de virutas de madera. Me pasaba horas a cuatro patas sobre las manos enguantadas y las rodilleras dobles de mis pantalones de faena Carhartt llenando cubos, contenedores y bolsas de basura con las malas hierbas que debía eliminar orgánicamente arrancándolas a mano, la tarea para la que me habían contratado. Era un buen trabajo. Pero, al ser una tarea estacional, dentro de pocas semanas se habría acabado y no sabía en qué podría trabajar después. El mercado laboral de Port Townsend también era estacional y dependía de la presencia de turistas con la cartera llena y el estómago vacío. No abundaban los trabajos «normales» con horarios adecuados para mamás o, al menos, no en ocupaciones en las que yo tuviera experiencia. Siempre había trabajado en cafeterías o en tareas diversas que no podía citar en un currículo. Incluso sumando lo que ganaba cada domingo limpiando la guardería, no me alcanzaba el dinero. Pero de momento tenía trabajo e intentaba pensar solo en cómo salir adelante lo mejor posible con lo que tenía.

Dejaba a Mia en la guardería a las doce y su padre la recogía tres días a la semana y se quedaba con él hasta las siete. Algunas tardes, mientras Mia estaba con Jamie, salía al balconcito y me sentaba recostada contra la pared. Una de mis vecinas siempre parecía estar afuera, sobre la pequeña franja de césped que crecía entre el edificio y los árboles, con su hija, que era un poco más pequeña que Mia. Las dos tenían la piel muy blanca, casi transparente. Oía la voz dulce de la joven madre que decía: «Ahora podrás deslizarte», mientras la niñita trepaba por la escalera desteñida del tobogán de plástico rojo y azul, abandonado probablemente por inquilinos de unos cuantos turnos antes. «¡Uauuuh!», exclamaba la madre mientras la niñita se deslizaba por el tobogán. Y yo, al oírla acompañar con sus palabras las subidas y bajadas de su hijita, pensaba: «Es mejor madre que yo», consciente de que jamás habría logrado manifestar el mismo entusiasmo.

Pero entonces, una de esas tardes, un grupo de bomberos y personal sanitario cruzaron el césped y apartaron el tobogán al pasar. Luego todos se dirigieron hacia el apartamento de la madre de la piel blanquísima. No oí a la niña. Me incliné sobre la barandilla para ver qué ocurría. Varias vecinas hicieron lo mismo. Uno de los bomberos se volvió a mirarnos y yo retrocedí instintivamente un paso para que no me viera. El hombre meneó la cabeza. Me pregunté cómo debía de vernos, un grupo de mujeres y hombres albergados en un alojamiento provisional, asomados por encima de las barandillas. Me pregunté qué debían comentar entre ellos los policías y bomberos sobre ese edificio, sobre nosotros, por qué otros motivos habrían tenido que acudir allí. Entré antes de que sacaran a la madre en una camilla. No quería que me viera mirando, aunque tuviera los ojos cerrados; quería concederle el respeto que merecía. El mismo que habría deseado para mí.

Una hora más tarde, cuando salí del apartamento para ir a recoger a Mia, Brooke salió a mi encuentro, con mirada de asombro y las mejillas encendidas, dispuesta a compartir el chismorreo. Se acercó corriendo y me dijo:

—¿Ya sabes lo que ha pasado?

Hice que no con la cabeza. Entonces me explicó que alguien que venía a devolver a la niña se había encontrado a la madre desvanecida en la cama. No habían conseguido hacerla volver en sí. Había tomado somníferos y se había tragado una botella entera de vodka.

—Pero la han encontrado a tiempo. Está viva —me tranquilizó. Después suspiró y se encogió de hombros—. De poco sirve que esté prohibido el alcohol.

Lo primero que pensé no fue si la joven estaría bien o qué sería de la niñita. Solo rogué que Jamie no se enterase. Vivía con el constante temor de que pudiera ocurrir algo malo cerca de Mia, incluida la guardería a la que asistía, y que eso tuviera un impacto negativo sobre mi frágil autorización para tenerla a mi cargo de manera permanente.

Había sumergido a mi hija en un mundo de pobreza, rodeada de personas que intentaban hacerle frente, de manera trágica a veces, gente que había estado en la cárcel o bajo tratamiento durante un periodo suficientemente largo para acabar perdiendo su vivienda, personas airadas por la frustración de no tener jamás un respiro o con síntomas de alguna enfermedad mental. Una madre había optado por rendirse. Una opción tan atractiva que por un breve instante sentí una punzada de envidia.

04
El apartamento junto al parque de atracciones

—¿Está Julie? —pregunté mientras esperaba frente a la mampara a que la mujer que me atendía terminara de rellenar el recibo del cheque con el que acababa de pagar el alquiler. El importe, que variaba cada mes en función de mis ingresos declarados, se mantenía siempre en torno a los doscientos dólares.

La mujer escudriñó el tablero blanco colgado en la pared posterior de la oficina.

—No —respondió con un suspiro—. Ha salido con un cliente. ¿Quiere dejarle un mensaje?

Así lo hice.

—Me cuesta adaptarme a ese apartamento —le dije el día siguiente a Julie en la sala de reuniones.

Con gran alivio por mi parte, no me preguntó el motivo.

Todo era un agobio: la posibilidad de que en cualquier momento llamaran a mi puerta para una inspección; verme obligada a caminar de puntillas por temor a que la mujer de abajo nos llamara la atención a gritos mientras golpeaba el techo con el palo de la escoba. Un día incluso le había propuesto a Jamie que se quedara a cenar porque la soledad empezaba a consumirme. No había salido a divertirme un rato ni un solo día, no había visto a ninguna persona amiga y tampoco había invitado a nadie. Me sentía aislada. Ese no era un lugar para mí.

—Espera un momento —me dijo Julie y regresó al poco rato con unos paquetes de folios—. Podríamos inscribirte para optar al TBRA,[1] el Programa de Ayuda Directa al Alquiler, que es muy

---
[1] Tenant Based Rental Assistance.

parecido al artículo 8. Ya estás en lista de espera para el artículo 8, ¿no es cierto?

Asentí. El artículo 8 de la Ley sobre la Vivienda parecía el unicornio de las ayudas públicas, todo el mundo hablaba de él pero nadie conocía a ninguna persona que hubiera recibido la ayuda. Esta consiste en una subvención para el pago del alquiler, que cubre la parte del coste total que supere entre el treinta y el cuarenta por ciento de los ingresos de la persona arrendataria. Es decir, que con ese complemento una persona que cobre el salario mínimo e ingrese mil dólares mensuales solo pagará trescientos dólares de alquiler y el Gobierno sufragará el resto, con la condición de que la vivienda responda a las características a las que esa persona tiene derecho; habitualmente, dos o tres habitaciones. La construcción tiene que cumplir las normas establecidas en el artículo 8, que son bastante elementales, como pinturas sin plomo, conducciones de agua en buen estado y cosas por el estilo. Una vez concedida, la subvención es válida para cualquier lugar del estado —si una consigue encontrar un propietario o una propietaria que se avenga a aceptar ese modo de pago— y no caduca nunca.

Yo estaba en la lista de espera en tres condados distintos. La más corta, con solo un año de espera, era la del condado de Jefferson, donde se encuentra Port Townsend, pero en la mayoría de los sitios el plazo era de cinco años o más. En algunos lugares ni siquiera aceptaban nuevas solicitudes, tan grande era el número de personas necesitadas.

Julie me presentó a una nueva trabajadora social que se ocupaba específicamente de los programas en el marco del artículo 8 y del Programa de Ayuda Directa al Alquiler. Sentada al otro lado de una ancha mesa de despacho, su melenita corta de pelo castaño rizado enmarcaba una cara seria. Me hizo rellenar varios formularios que incluían preguntas sobre mis planes para dentro de un año y más allá. Tras una verificación y un cálculo detallado de mis ingresos, a los que debía sumar los 275 dólares de la pensión de alimentos, en aquel momento me tocaría pagar 199 dólares por un apartamento de dos dormitorios con un alquiler total de 700 dólares mensuales.

—Esa cantidad aumentará o se reducirá en función de tus ingresos declarados —añadió Julie, a quien agradecí que se hubiera quedado a mi lado durante toda la entrevista.

El Programa de Ayuda Directa al Alquiler también incluía como requisito la asistencia a un curso o seminario informativo sobre los detalles del programa, pero dedicado, sobre todo, a impartir instrucciones sobre la mejor manera de abordar a los caseros potenciales y explicarles que el pago del alquiler estaría subvencionado por el programa en cuestión (y más adelante en el marco del artículo 8).

—La mayoría de los propietarios ya han tenido alguna experiencia con las ayudas del artículo 8 —me dijo Julie al salir—. O al menos conocen su existencia. Pero a veces no son conscientes de que en realidad puede ser una opción muy buena.

No entendí muy bien qué quería decir con eso y me quedó la duda de por qué habría de ser algo negativo, pero no se lo pregunté.

Nos detuvimos un momento en el aparcamiento, donde ella me anotó la hora y la dirección del lugar donde se impartiría la clase sobre ayudas a la vivienda.

—Estás de suerte: mañana mismo hay una —me dijo optimista—. ¡Seguramente podrás mudarte muy pronto a otro sitio!

Le sonreí y asentí con la cabeza aunque no me hacía ilusiones de que ninguno de esos programas pudiera ayudarme. El trauma de los seis últimos meses, desde que nos habíamos quedado en la calle, y los continuos ataques de Jamie habían anulado mi capacidad de reacción. Mi cerebro, mis tripas y mis nervios estaban todos en constante estado de máxima alerta. Nada era seguro. Nada era permanente. Cada día caminaba sobre una alfombra que alguien podría arrancar de debajo de mis pies en el momento menos pensado. Veía sonreír a la gente y hacer gestos de asentimiento mientras me repetían cuán afortunada era por tener acceso a tal o cual programa o a tal o cual alojamiento, pero yo no me sentía en absoluto afortunada. Toda mi vida se había vuelto irreconocible.

Los trabajadores sociales me decían adónde debía ir, dónde debía presentar mi solicitud, qué formulario tenía que rellenar. Me preguntaban qué necesitaba y yo respondía: «Un lugar donde vivir» o «Comida» o «Una guardería para poder trabajar», y me ayudaban o encontraban a alguien que podría ayudarme, o no me prestaban ninguna ayuda. Pero hacían cuanto podían. Recuperarme del trauma también era vital, quizás lo más esencial, pero en ese aspecto, no solo nadie podía ayudarme, sino que ni siquiera yo misma sabía aún que necesitaba ayuda. Los meses de pobreza, inestabilidad e inseguridad me habían generado una respuesta instintiva de pánico que tardaría años en superar.

* * *

—Lo lógico sería que los propietarios lo agradeciesen —comentó el hombre, de pie frente a un grupo de unas veinte personas sentadas alrededor de dos mesas en una estrecha sala. Era Mark, el mismo tipo que impartía el curso del LIHEAP,[2] el Programa de Apoyo al Abastecimiento Energético para Hogares con Bajos Ingresos. Ya había transcurrido un año desde que había tenido que asistir a un curso de tres horas sobre cómo optimizar el consumo de electricidad. La información era tan superflua y de sentido común que intenté disociarme de la situación y tomarme a broma el hecho de que para recibir una ayuda de cuatrocientos dólares para combustible estuviera obligada a aprender a accionar el interruptor de la luz. Cada vez más a menudo tenía la impresión de que se daba por sentado que las personas que necesitábamos ayuda pública éramos un colectivo muy ignorante y como tales nos trataban. Cuán degradante era constatar que, dado que necesitaba dinero, cabía deducir que era incapaz de controlar mi consumo energético.

Ahora tendría que pasarme varias horas aprendiendo el procedimiento que seguía el programa de ayuda para pagar el alquiler a los propietarios, con el fin de poder asegurarles que cobrarían. Para el Gobierno y para todo el mundo, era de esperar que no confiaran en mí. Todo parecía sumamente incongruente. Había tenido que faltar al trabajo y dejar a la niña al cuidado de otra persona para poder estar allí sentada, contemplando indignada a Mark. De pie frente al grupo, vestía la misma camisa de franela de

---

[2] Low-Income Home Energy Assistance Program.

manga larga y tejanos con el talle alto, subidos hasta el abdomen, que llevaba cuando impartía el curso del Programa de Apoyo al Abastecimiento Energético. La fina coleta le había crecido un poco durante el año transcurrido desde entonces. Sonreí al recordar su sugerencia de que para ahorrar electricidad convenía no precalentar el horno y dejarlo enfriar con la puerta abierta. También nos recomendó no vaciar enseguida el agua después de tomar un baño o una ducha; así el calor se difundiría por la casa y contribuiría a caldearla.

—El artículo 8 es fantástico para los propietarios porque les garantiza el cobro del alquiler. Lo que ocurre es que simplemente no les gusta tener como inquilinos a los destinatarios de esas ayudas —explicó—. Será tarea vuestra hacerles ver las ventajas.

Recordé la cantidad de veces que la policía, los bomberos o una ambulancia habían acudido a nuestro edificio durante el último par de meses, y las inspecciones aleatorias sin previo aviso para comprobar que los espacios habitados estuvieran limpios y se hubieran reparado las averías de los coches que ocupaban el aparcamiento; para vigilarnos y asegurarse de que no hiciéramos todas las cosas espantosas que esperan que haga la gente pobre, como dejar que se acumule la ropa sucia o la basura, cuando en realidad lo que ocurría era que nos faltaba la energía física o los recursos necesarios después de todo el esfuerzo dedicado a unos trabajos que nadie más quería hacer. Se esperaba que viviésemos con el salario mínimo, trabajando en varios sitios distintos, con horarios irregulares, y que cubriésemos nuestras necesidades básicas, mientras teníamos que esforzarnos para poder dejar a nuestras criaturas en un lugar seguro. Por algún motivo, nadie veía todo lo que hacíamos, sino solo los resultados de llevar una vida que continuamente te aplasta con la evidencia de su imposibilidad. Por mucho que me esforzase por demostrar lo contrario, el adjetivo «pobre» siempre parecía ir asociado a «sucio». ¿Cómo esperaban que pudiera presentarme ante un casero como una inquilina responsable cuando tenía que enfrentarme a un muro tan alto de estigmas?

—Los que recibáis apoyo del Programa de Ayuda Directa al Alquiler tendréis que explicar que este da paso luego a las ayudas en el marco del artículo 8, pero sin dejar de destacar las ventajas de uno y otro por igual —insistió Mark—. Estos magníficos programas fraccionan el alquiler en dos pagos, el que haréis directamente vosotros y la parte que sufraga el programa.

Parecía entusiasmarle la idea. Habríase dicho que en vez de dirigirse a un grupo de solicitantes de ayuda en el marco del artículo 8 estaba ofertando un producto en una subasta.

—A los propietarios les desagrada que el bono de ayuda tenga estipulado un día de pago; querrían cobrar a primeros de mes, pero seguro que podréis convencerles para que se avengan a ello.

Cogió otra pila de papeles para repartirlos.

—El artículo 8 es dinero seguro —repitió.

Una vez salvado el muro de los prejuicios y habiendo convencido al propietario o la propietaria para que nos aceptara como inquilinos, aún habría que superar otros obstáculos. Aunque se suponía que era responsabilidad del propietario conseguir la aprobación para acceder a los fondos del programa, la casa o el apartamento tenían que cumplir varias normas de seguridad, incluida la presencia de detectores de humo y otras medidas cautelares, y en la mayoría de los casos, si una casa o un apartamento no cumplía esos requisitos, el resultado era que una familia con una subvención para el alquiler no podía acceder a ella. Lo cual nos abocaba a un callejón sin salida. Dado que los propietarios de los barrios en mejores condiciones no querían alquilar a «gente acogida a las ayudas del artículo 8», teníamos que buscar alojamiento en edificios en mal estado, donde corríamos el riesgo de no superar la inspección y no conseguir la autorización para la mudanza.

—Los propietarios deben cumplir las normas que establece el artículo 8, pero a muchos simplemente no les da la gana —señaló Mark—. Están en su derecho. No es ilegal y no se puede considerar discriminatorio…

—Es totalmente discriminatorio —exclamó la chica que estaba sentada a mi lado. La conocía de la pizzería del muelle. Nos habíamos sonreído al entrar. Me parecía recordar que se llamaba Amy, pero no estaba segura—. Mi chico y yo encontramos una casita estupenda —dijo—, pero una amiga acabó quedándosela. El propietario dijo que no quería alquilar a gente subvencionada en el marco del artículo 8 porque acaban destrozándolo todo. —Se acarició la base de la barriga de embarazada—. Dijo que no quería ser el casero de un tugurio.

Todas las cabezas se volvieron hacia Mark, que se limitó a esconder las manos en los bolsillos.

Mal que bien, tardé solo una semana en encontrar un sitio. Y, además, ya estaba libre y superó el control de seguridad. Podríamos dejar enseguida el alojamiento provisional. El edificio estaba situado justo enfrente del parque de atracciones, a pocas manzanas de North Beach. Gertie, mi casera, se encogió de hombros cuando le expuse cómo recibiría el pago del alquiler. Le expliqué que cobraría mi parte el primer día de cada mes, pero no le ingresarían el resto hasta el día diez.

—Bueno, no creo que sea un problema —dijo y sonrió mirando a Mia, que había recostado la cabeza contra mi hombro—. ¿La niña necesitará una cuna o alguna otra cosa?

Iba a decirle que no. Instintivamente, siempre rechazaba los ofrecimientos de la gente que quería ayudarnos. Pensaba que habría otras personas más necesitadas. Pero entonces recordé que la camita plegable de Mia tenía un desgarrón en uno de los lados.

—Sí —dije—. Le haría falta.

—Ah, ¡qué bien! —exclamó Gertie—. Los últimos inquilinos dejaron algunas cosas y no sabía qué hacer con ellas.

Se dirigió hacia su camioneta y sacó de la parte trasera una camita blanca con barandas como las que tenían en la guardería donde llevaba a la niña. Dentro había una camisita roja. La cogí para dársela a Gertie.

—Puedes quedártela también si quieres —dijo ella—. Es un disfraz o algo así.

La sacudí con la mano que tenía libre y vi que la capucha llevaba un par de ojos cosidos encima y de la espalda colgaba una cola rellena.

—¿Es una langosta? —comenté esbozando una sonrisa.

Gertie se rio.

—Eso parece.

Mia todavía no tenía disfraz para Halloween. Estábamos en septiembre y yo aún no me había parado a pensarlo. Mi cabeza estaba totalmente concentrada en la búsqueda de un lugar distinto donde vivir.

Gertie me ayudó a introducir la camita y después nos entregó las llaves y nos dejó a solas. Ocuparíamos el apartamento de la planta baja, con un porche que daba paso a una pequeña franja de césped. Detrás se extendía un ancho campo. El comedor contiguo a la cocina tenía un mirador acristalado. Mi hermano me había comprado un ordenador que instalé sobre el escritorio adosado al tablero de la cocina, luego deslicé un CD en la disquetera. Mia dio unos pasos de baile y después empezó a corretear alrededor de la mesa y hasta la salita, hundió la cabeza en el sofá y luego siguió hasta el final del vestíbulo, para enseguida regresar corriendo y volver a repetir todo el recorrido.

Mis libros ocuparon los estantes de la salita. Colgué un par de fotos y algunos de los cuadros que me había dado mamá: las pinturas de campos cubiertos de nieve obra de artistas alaskeños en cuya compañía había crecido. Acababa de colgar el último cuadro, un abedul, cuando vi que Jamie me estaba llamando por teléfono. Le había dejado un mensaje un rato antes.

—¿Qué querías? —me preguntó cuando cogí la llamada.

—Pues…, mira…, tengo una oportunidad de trabajar este sábado y pensaba si podrías quedarte a Mia un ratito más.

—¿Cuánto más? —La niña estaba con él unas horas los sábados y los domingos, excepto el último fin de semana de cada mes.

—Está bastante lejos de la ciudad —le expliqué—. Y será un trabajo largo, así que todo el rato que puedas.

Permaneció varios segundos callado, sin decir nada. Le oí inhalar profundamente. Debía de estar fumando. Últimamente le había pedido muchas veces que se quedara más rato con Mia, mientras intentaba trabajar todo lo posible antes de finalizar la temporada.

—No —respondió por fin.

—¿Por qué no? Jamie, te lo pido para poder trabajar.

—No quiero ayudarte a salir del paso —me espetó—. Ya te quedas con todo mi dinero; la mandas sin pañales. Tengo que darle de cenar. O sea, que no.

Seguí insistiendo para que cambiase de opinión.

—¡NO! —repitió gritando—. NO PIENSO AYUDARTE. ¡MIERDA! —Y colgó.

Mi corazón empezó a acelerarse con los latidos irregulares habituales después de uno de esos altercados, cuando él acababa gritando como solía hacerlo antes. Aquel día sentí una opresión cada vez más fuerte en el pecho que me impedía respirar a fondo. Beatrice, mi terapeuta del programa de atención en situaciones de violencia doméstica, me había recomendado que cuando me ocurriera eso respirase soplando en una bolsa de papel. Cerré los ojos e inhalé por la nariz contando hasta cinco para exhalar luego el aire por la boca durante el mismo lapso de tiempo. Volví a repetirlo dos veces antes de abrir los ojos y descubrir a Mia de pie frente a mí, mirándome extrañada.

—¿Pero *qui haaaseees*? —me preguntó farfullando las palabras con los dientes apretados para sostener el chupete.

—No pasa nada, estoy bien —le dije y me agaché para cogerla con los dedos arqueados como garras—. ¡El monstruo de las cosquillas! —grité y ella empezó a chillar, encantada, mientras huía corriendo, sorteando la mesa de la cocina, perseguida a corta distancia por mí. Le di alcance junto al sofá y empecé a hacerle cosquillas hasta que se le cayó el chupete de la boca de tanto reír. Entonces la cogí en brazos y estreché muy fuerte su cuerpecito para sentir su calidez y el olor de su piel.

Empezó a retorcerse.

—¡No, mamá! —Y se rio—. *¡Ota ves! ¡Ota ves!*

Echó a correr nuevamente y la perseguí hasta el dormitorio sin que nadie nos gritara ni golpeara el suelo con la escoba.

05
Siete modalidades distintas de ayuda pública

Alargué la mano para coger la capucha de mi impermeable y cubrirme la cabeza, pero la lluvia de final de verano había empezado a caer tan rápido y con tanta fuerza que ya tenía el pelo empapado. Me dirigí hacia el muro de piedra donde estaba mi compañero, con la cabeza escondida bajo su capucha.

—Bueno, ¿y ahora qué hacemos? —grité forzando la voz para hacerme oír en medio del aguacero.

—Nos vamos a casa —dijo John, el marido de mi amiga Emily, que me había contratado seis meses como ayudante para sus trabajos de jardinería. Se encogió de hombros e intentó esbozar una sonrisa aunque su impermeable verde oscuro todavía estaba cubierto de restos del granizo que nos había golpeado antes de que empezara a caer la lluvia. Se quitó las gafas para limpiarlas de vaho y gotas de lluvia antes de volvérselas a poner.

Dejé caer la cabeza, abatida. Últimamente habíamos tenido que volver a menudo a casa dejando el trabajo a medias por culpa de la lluvia. Pronto se acabaría la temporada y, con ella, mi principal fuente de ingresos.

Cargamos los cubos de basura, las tijeras de podar y los rastrillos en la parte trasera de su camioneta amarilla. John me sonrió de nuevo antes de subir al vehículo y se marchó. Lo seguí con la mirada mientras se alejaba antes de volverla hacia mi coche, que tenía aparcado junto a la acera. Las ventanillas delanteras estaban bajadas. «Mierda».

Cuando llegué a casa, hice equilibrios para sostenerme sobre un solo pie en medio del recuadro de linóleo que delimitaba el vestíbulo mientras intentaba quitarme las botas de agua. Desabroché mis pantalones de faena Carhartt y los bajé hasta las rodillas para poder zafarme de ellos. Estaban tan empapados y cubiertos de barro que, en vez de caer al suelo, permanecieron tiesos de pie, plegados como un acordeón. Los alaskeños de pura cepa dicen que cuando esto sucede, y solo entonces —o sea, cuando continúan tiesos y se sostienen solos después de quitártelos—, puede considerarse que ha llegado el momento de lavarlos.

Mia estaba esa tarde con Jamie, que se la quedaría hasta las siete. Indecisa, me pregunté cómo podía ocupar ese rato libre. Un par de libros de texto apilados sobre la mesa de la cocina me recordaron los deberes que habían pasado a formar parte de mi rutina cotidiana. Acababa de iniciar el lentísimo camino hacia la obtención de un título y me había matriculado de doce créditos, correspondientes a dos cursos *online* y uno presencial que se impartía cerca de la guardería de la niña. Durante la entrevista con la asesora encargada de las admisiones, le dije que solo quería obtener un diploma puente que me permitiera acceder a la universidad. Para ello podía convalidar la mayoría de las asignaturas que había cursado en el instituto gracias al programa dual que me permitía simultanear los estudios para obtener el certificado de secundaria junto con algunos créditos de la Universidad de Alaska. Obtener un diploma en un centro de formación superior parecía el camino más sencillo y también el más barato para completar las asignaturas troncales que me faltaban. Eso me permitiría iniciar luego una carrera universitaria de cuatro años con cierta facilidad. Pero, como la mayoría de los padres y madres solos con pocos apoyos, tardaría años en llegar hasta ese punto.

Dado que ya había incluido a Mia como dependiente en mi declaración de la renta, me resultó relativamente sencillo conseguir una beca para sufragar mis estudios. Poder presentar esa declaración como prueba era la manera más sencilla de demostrar que mantenía a una niña con mis (inexistentes) ingresos mínimos.

La beca Pell —un programa federal que ofrece apoyo financiero para estudiantes con bajos ingresos— cubría un importe superior a la matrícula trimestral y me permitía disponer de un remanente de 1.300 dólares. Sumados a los 275 de la pensión de alimentos y los 45 que ganaba cada semana por hacer la limpieza de la guardería, podíamos disponer de unos 700 dólares al mes para ir tirando. Los cupones para alimentos sumaban algo menos de 300 dólares, sin contar el cheque del Programa Especial de Nutrición Complementaria para Mujeres, Bebés y Niños.[1] Gracias al Programa de Ayuda Directa al Alquiler y al Programa de Apoyo al Abastecimiento Energético, los gastos en concepto de vivienda oscilaban en torno a los 150 dólares, a lo cual tenía que sumar el coste del seguro del coche y las facturas de teléfono e Internet. Con la llegada del invierno, me quedaría sin trabajo y ya no cobraría la beca de guardería de Mia. Seguir unos estudios e ir a clase no me daba derecho a recibir esa ayuda, con lo cual tendría que encontrar a alguien que cuidara de la niña durante un par de horas a la semana mientras yo asistía a lecciones de Francés, un crédito presencial y, además, obligatorio. Aunque, en general, esas clases me resultaban odiosas, la mayoría de las semanas eran el único rato que permanecía sentada en un sitio en compañía de otras personas.

Muchas noches me preparaba una gran taza de café después de acostar a Mia y me quedaba levantada hasta la una o las dos de la madrugada para hacer los deberes. Mia no dormía la siesta y prácticamente no paraba de parlotear y moverse durante todo el día. Requería mi atención y cuidado constantes. Dado que no había conseguido encontrar ningún trabajo que me ocupara algunas horas, salíamos a dar largos paseos por el bosque o siguiendo la costa, como anhelaba poder hacer cuando estaba trabajando, solo que ahora caminaba alicaída, con el peso de haber dormido solo cuatro horas y disponer de mucho menos dinero. Todo era más fácil cuando Mia era más pequeña y sus protestas solo duraban el tiempo que necesitaba para acunarla hasta que se dormía. Pero su carácter fuerte y voluntarioso ya había empezado a manifestarse y ciertamente era una criatura de espíritu independiente; hasta el extremo de que una sola mañana con ella me dejaba exhausta.

Pero cuando la niña ya estaba acostada, me sentaba frente a los libros de texto en la cocina, rodeada de silencio. La pesada tarea

---

[1] Special Supplemental Nutrition Program for Women, Infants, and Children (WIC).

de leer los textos recomendados y las preguntas finales que tenía ante mí solo intensificaba mi sensación de soledad. El último verano había sido un periodo de constante actividad, con toda mi atención concentrada en el esfuerzo por encontrar un lugar seguro donde vivir. Ahora que todo estaba en orden y mi mente podía tomarse un respiro, la conciencia de estar criando a una niña completamente sola comenzaba a infiltrarse poco a poco en mis pensamientos como una densa niebla. Dado el dramatismo que rodeaba los ratos que Mia pasaba con su padre, unido al hecho de que las visitas no duraban más de dos o tres horas, nunca llegaba a sentir un verdadero desahogo. La energía de la niña era inagotable. Cuando salíamos de paseo, se empeñaba en empujar su cochecito a paso de tortuga. En el parque, reclamaba que la columpiara durante lo que me parecía una eternidad o que me quedase contemplando cómo se deslizaba por un tobogán una y otra y otra vez. Ya tenía casi treinta años y muchas de mis amigas empezaban a casarse y comprar casas y crear una familia. Todo en su debido orden. Dejé de llamarlas por completo, demasiado avergonzada para atreverme a reconocer lo mal que me iban las cosas. Si me hubiese parado a enumerarlos, entre la beca Pell, la ayuda alimentaria, la ayuda directa al alquiler, el apoyo al abastecimiento energético, el apoyo nutricional complementario, el seguro médico Medicaid y la beca de guardería, sumaban un total de siete programas a los que me había acogido. Necesitaba siete modalidades distintas de ayuda pública para poder sobrevivir. Mi mundo permanecía varado en medio del caos constante de una niña de corta edad, el papeleo y el estrés.

Por primera vez, aquel mes llegó el día de mi cumpleaños sin que nadie de mi familia lo recordara. Jamie debió de compadecerse de mí y se ofreció a invitarnos a Mia y a mí a un lugar donde podríamos decorar nuestros propios tazones de cerámica. Fuimos a cenar al Olive Garden y él sentó a Mia sobre sus rodillas mientras ella iba introduciéndole puñaditos de pasta en la boca.

Cuando nos detuvimos frente a mi apartamento, me entretuve unos instantes antes de abrir la puerta del coche.

—¿Quieres entrar un rato? —lo invité.

—¿Para qué? —preguntó él tamborileando con los dedos sobre el volante del coche.

Tuve que contener las lágrimas al pensar que deseaba y necesitaba su compañía.

—Podrías acostar a Mia.

Frunció los labios contrariado, pero alargó la mano para cerrar el contacto. Los miré, primero a él y luego a Mia, y sonreí. Jamie y Mia eran la única familia que tenía.

Deseé que se quedara a pasar la noche, aunque durmiera en el sofá.

Ya en un día cualquiera, cada vez que pensaba que tendría que dormir sola, sentía clavarse en mi interior unas garras como si llevara un monstruo dentro del pecho. Me acostaba hecha un ovillo y a veces abrazaba fuerte la almohada, pero nada calmaba el profundo vacío que resonaba en mi interior. Anhelaba desesperadamente librarme de él, pero cada noche seguía allí, persistente. Y aquel día, el día de mi primer cumpleaños sin nadie que me abrazara antes de dormir, tuve que luchar contra esa sensación.

—¿Por qué no te quedas? —dije mirando al suelo en vez de mirarlo a él.

—No —respondió casi riendo y cruzó la puerta sin decir adiós ni feliz cumpleaños. Lamenté habérselo pedido.

Me senté en el suelo y telefoneé a papá. Eran casi las diez, pero sabía que todavía estaría despierto, mirando el programa de noticias y comentario político *Countdown with Keith Olbermann* con Charlotte, su mujer, como hacían casi cada noche. Era algo que me gustaba cuando vivía con ellos. Me quedé unas semanas en su casa, cuando Jamie nos echó y no tenía donde ir.

—Hola, papá —dije y me quedé muda. No sabía qué decirle; necesitaba sentirlo cerca, pero jamás habría sido capaz de decirlo. El lenguaje secreto de mi familia consistía en que nadie decía nunca nada.

—Hola, Steph —respondió él en un tono un poco sorprendido. Yo ya no lo llamaba nunca. No nos habíamos visto ni habíamos hablado desde la fiesta de cumpleaños de Mia, tres meses antes, a pesar de que él vivía a solo unas horas de distancia—. ¿Qué cuentas?

Inspiré tomando aire.

—Es mi cumpleaños. —Me tembló un poco la voz.

—Oh, Steph —exclamó él con un profundo suspiro.

Luego nos quedamos en silencio los dos. Alcanzaba a oír el sonido de fondo del televisor y visualicé su salita de estar a oscuras, iluminada por la imagen detenida sobre la pantalla. Quizás Charlotte había salido a fumar un cigarrillo. Me pregunté si todavía mantendrían la costumbre de no beber vino los días de entre semana.

* * *

Al principio, cuando acababa de dejar a Jamie para refugiarme en casa de papá, él solía observarme mientras permanecía sentada hasta tarde frente a la mesa de la cocina, rodeada de pilas de papeles y documentos legales, y yo me decía que debía de estar intentando explicarse lo que me estaba pasando. Papá solo sabía que no tenía dinero ni un lugar donde vivir y Mia solo tenía siete meses. No tenía idea de qué podría hacer para ayudarme a mejorar mi situación. Podía ofrecerme un plato en su mesa, pero en realidad era un gasto excesivo para él. La crisis inmobiliaria ya había repercutido en su trabajo como electricista. Estábamos en 2008 y las constructoras tenían que hacer frente a la ausencia de proyectos. Yo intentaba mitigar la carga que suponía tenernos allí comprando comida para todos con mis cupones para alimentos. Preparaba la cena o el desayuno y procuraba ocuparme de la limpieza durante el día, pero sabía que con eso no bastaba. Les estaba imponiendo una carga excesiva cuando papá y Charlotte ya tenían dificultades para cubrir sus propios gastos. Se habían mudado a esa propiedad cuatro o cinco años antes con la idea de vivir en una casa rodante mientras se construían la vivienda de sus sueños. Sus proyectos se hicieron humo cuando el valor del terreno se desplomó. Charlotte trabajaba desde casa como codificadora de datos médicos para varias aseguradoras, para lo cual había tenido que estudiar previamente para obtener un certificado especial. Papá trabajaba como electricista desde que había terminado la enseñanza secundaria.

Charlotte se había comprado la caravana después de divorciarse, cuando se había visto obligada a sacar adelante ella sola a su hijo con un salario modesto. Papá había hecho lo posible por convertirla en un hogar añadiéndole un amplio porche adosado donde tenían una docena de diferentes comederos para pájaros. A Mia le encantaba contemplar desde la ventana de la sala de estar a los arrendajos azules cuando descendían en picado para coger los cacahuetes y chillaba entusiasmada mientras agitaba aleteando los brazos. Papá se reía cada vez que la veía hacer eso.

—Es igualita a ti cuando tenías su edad —comentaba admirado.

Una noche, papá llegó tarde, cargado con varias bolsas de comida. Después de acostar a Mia, fui a sentarme en la salita con Charlotte para ver la televisión. Papá salió afuera, al galpón donde tenían la bañera, con una botella de vino. Amortiguados por el sonido de la televisión, Charlotte y yo empezamos a oír lo que parecían sollozos. Un hombre adulto llorando era algo inaudito para mí. Charlotte salió varias veces a ver cómo estaba.

—¡Basta ya! —la oí gritar finalmente—. ¡Estás asustando a tu hija!

Jamás había visto ni oído llorar a papá, pero, en mi condición de hija, enseguida di por sentado que era por mi culpa. Lo había agobiado pidiéndole ayuda en un momento en que no podía permitirse ese gasto. A principios de esa semana me había dicho que tendría que marcharme. Cuando se lo comenté a Charlotte, me tranquilizó y me aseguró que podía quedarme todo el tiempo que fuese necesario. Me pregunté si discutían mucho por mi causa.

El colapso de papá me sobrecogió como una amenaza, pues significaba que tendríamos que irnos a vivir a otro sitio. Aunque intenté compadecerlo, la idea de irme a vivir con Mia a un lugar donde tuviera que pagar un alquiler sin tener un empleo era tan inconcebible que ni siquiera lograba imaginar la situación. Aún no había tenido tiempo de recuperarme del sobresalto de encontrarme en la calle con un bebé. Charlotte estaba en lo cierto, papá me había asustado, pero seguramente no en el sentido que pensaba ella.

Cuando volvió a entrar por tercera vez y se sentó de nuevo en el sofá, no nos dijimos nada. Ella volvió a conectar el sonido del televisor y seguimos viendo *Countdown with Keith Olbermann*. Me sentía incapaz de volverme para mirarla, pero intenté seguir allí quieta, sin moverme, y mantener la calma.

Finalmente, me incorporé para ir a acostarme. Mi tío tenía aparcada en el camino de entrada una pequeña minicaravana y Mia y yo nos habíamos instalado provisionalmente allí. Tenía una gotera encima de la puerta y no podíamos usar la minúscula cocina ni el baño, pero había un calentador eléctrico y espacio suficiente para poder dormir.

—¿Vas a acostarte, Steph? —me preguntó Charlotte como si fuera una noche cualquiera.

—Sí, estoy bastante cansada —mentí y luego, al llegar a la puerta, me detuve y la miré—. Te agradezco muchísimo que nos hayas acogido —añadí.

Charlotte sonrió como hacía siempre y dijo:

—Puedes quedarte tanto tiempo como quieras. —Pero en aquel momento las dos parecíamos tener claro que ya no era así.

Cuando entreabrí la puerta de la minicaravana, vi a Mia profundamente dormida sobre el sofá cama. Me deslicé bajo la manta que compartíamos, haciendo equilibrios para acomodarme junto a ella en el lado exterior. No estaba cansada. Solo quería estar allí tumbada escuchando sus ruiditos nocturnos y olvidar todo lo demás que poblaba nuestro nuevo mundo. Me eché de espaldas y luego sobre un costado, pero no me podía quitar de la cabeza el sonido de los sollozos de mi padre. Quizás podría alquilar un espacio en un aparcamiento de caravanas e instalar el remolque allí durante un tiempo. O tal vez podría aparcarlo detrás de la casa de mis abuelos en Anacortes, pero me costaba imaginar lo que sería vivir tan cerca de la abuela, a quien según me habían contado le había dado por alimentar a cincuenta gatos asilvestrados.

Al cabo de una hora, escuché a través de las delgadas paredes de la minicaravana un par de portazos en la vivienda principal. Papá y Charlotte tenían un altercado y pude oír una sucesión de golpes y ruidos de cosas estrellándose contra el suelo. Después, silencio.

Entré sigilosamente en la casa a ver qué había ocurrido. En la cocina, vi la mesa desplazada y los imanes de la nevera esparcidos por el suelo. Reinaba un silencio incómodo. Y entonces los oí en el porche trasero. Papá seguía llorando, pero ahora le pedía perdón a Charlotte una y otra vez.

La mañana siguiente, cuando Mia y yo entramos para desayunar, papá ya se había ido a trabajar. Charlotte estaba sentada frente a la mesa de la cocina, todavía desplazada. Me senté e instintivamente le cogí una mano. Me miró con ojos abotagados y sin brillo.

—Nunca había hecho una cosa así —me dijo, con la mirada clavada en la pared del fondo. Luego de improviso me miró a los ojos—. Es tan cariñoso…

Poco a poco fue revelando los detalles de lo ocurrido la noche anterior: que ella le había dicho a papá que había decidido irse a casa de su hermana y había empezado a hacer la maleta, que incluso le había dicho que se llevaría al perro. Yo la contemplaba admirada, pensando que ojalá hubiera sido capaz de marcharme cuando Jamie había empezado a tener sus estallidos de rabia a partir del momento en que me quedé embarazada. Ojalá hubiera tenido su fortaleza.

—Ese fue mi error —me explicó Charlotte, mirando a Jack, que estaba echado a sus pies—. Ese fue mi error.

Dejó la taza sobre la mesa y se subió lentamente la manga dejando al descubierto varios moretones muy marcados.

Me volví a mirar a Mia, que estaba jugando muy contenta con el perro, sentada en el suelo de la cocina.

—Perro, perro —repetía mientras lo acariciaba. Tenía el pelo revuelto después de pasar la noche y todavía iba vestida con su pelele.

Cerré los ojos. Tenía que irme de allí.

Aquel día empecé a telefonear a varios refugios para gente sin hogar. Un refugio nos permitiría tener al menos un techo sobre nuestras cabezas durante un tiempo y, si todo iba bien, mi hija y yo podríamos vivir sin temor a la violencia de nadie. Cuando papá telefoneó desde el trabajo para decirme que tenía que marcharme, ya tenía mis cosas cargadas en el coche.

Cuando intenté confiarles a mi tía y mi hermano lo ocurrido y los moretones que me había mostrado Charlotte, papá ya había hablado con ellos y les había dicho que todo eran invenciones mías para llamar la atención y que también me había inventado por el mismo motivo todo lo que decía que había pasado con Jamie.

—Lo siento, Steph, perdona —repitió papá por teléfono la noche de mi cumpleaños.

Empezó a disculparse diciendo que había estado muy ocupado, pero yo ya no le escuchaba, arrepentida de haberlo llamado. Intentó compensarme por el olvido y una semana después recibí por correo una tarjeta de felicitación con un cheque de cien dólares. Me lo quedé mirando, consciente de que para él era mucho dinero para regalarlo así como así. Incapaz de contener la rabia que sentía contra él por habernos echado de su casa, decidí hacer una locura con ese dinero. En vez de guardarlo para pagar alguna factura o comprar artículos de aseo necesarios, me fui con Mia a almorzar al nuevo restaurante tailandés de la ciudad, donde servían de postre pequeños cuencos de arroz endulzado con leche de coco, acompañado de mangos. Mia acabó con sus ricitos de bebé tan pringosos y llenos de granitos de arroz que tuve que darle un baño. Después la acosté para que durmiera un rato, me senté frente al ordenador en la zona de la cocina donde tenía instalado mi escritorio y decidí hacer algo pensando exclusivamente en mí.

Llevaba varios días con la página de *Match.com* abierta en el navegador. Ya había completado mi perfil personal, había subido algunas fotos y había consultado los perfiles de hombres de mi edad. Tanto mi padre como mi madre habían conocido así a sus actuales parejas, y también mi tía. Aunque no estaba segura de poder conseguir lo mismo, mi vida adolecía sin duda de la ausencia de alguna vía de contacto social. Durante el último año me había distanciado de la mayoría de mis amistades al aislarme y ocultarme abochornada por la vida que llevaba. Por las noches, cuando Mia ya llevaba largo rato dormida y podía quedarme sentada tranquila por primera vez en todo el día, anhelaba la compañía de alguien, aunque solo fuera para poder comunicarnos a través de Internet o hablar por teléfono. No pensaba en las amistades que ya conocían todos los detalles del drama que permeaba nuestra existencia; estaba harta de oírme repetir siempre lo mismo. Lo que deseaba era coquetear un poco, escapar para volver a recuperar mi personalidad anterior, ser la que era antes de que me ocurriera todo eso, una chica con tatuajes y la melena corta recogida bajo un pañuelo, que bailaba al son de los grupos musicales con un suéter atado en torno a la cintura. Quería hacer nuevas amistades.

Parecía francamente temerario intentar salir con alguien en mi situación, pero me daba igual. Charlaba con hombres de lugares tan distantes como Salt Lake City, en el estado de Utah, y Winthrop, en Washington. Prefería que vivieran lejos porque así no corría el riesgo de llegar a sentir algo por ellos. Era imposible que pudiera desplazarme para ir a verlos o que ellos vinieran a pasar unos días conmigo, dado que Mia solo estaba con su padre durante cortas visitas. Y, además, todo eso parecía requerir demasiado esfuerzo. En realidad, solo necesitaba reír un poco y recordar la persona que había sido antes de que la maternidad y la pobreza tomaran posesión de todos los aspectos de mi personalidad. Me había disociado por completo de esa persona, la que era tan libre de ir y venir, hacer amistades o no, trabajar en tres ocupaciones distintas para poder ahorrar y viajar. Necesitaba saber que esa persona todavía existía.

Si hubiese sido sincera conmigo misma, habría reconocido que estaba buscando una pareja o que secretamente deseaba encontrarla. Mi inseguridad, o tal vez mi lado racional, realista, me decían que las probabilidades de que eso ocurriera eran muy escasas. Vivía de la asistencia pública, sufría periódicamente crisis de ansiedad, todavía no había sido capaz de procesar buena parte del maltrato emocional que acababa de sufrir ni había llegado a comprender cuán profundamente me había afectado. Mi vida se encontraba en una suerte de parálisis, inmovilizada en su nueva identidad; consumida por el papel de madre, que ni siquiera estaba segura de que me gustase. Es decir, ¿quién en su sano juicio querría hacerse cargo de una persona en esas condiciones?

Cuando llevaba solo un mes en la página de citas, para mi consternación, uno de ellos decidió desplazarse para conocerme. Vivía cerca, en una localidad llamada Stanwood por la que yo había pasado varias veces durante mis expediciones en busca de cualquier lugar donde vivir que no fuera Port Townsend. Stanwood era una minúscula población rural situada justo al sur del condado de Skagit, donde vivía toda mi familia. Un lugar cercano pero no demasiado, y próximo a la isla de Caamaño, con infinidad de playas recónditas, la mayoría vírgenes. Además de ese dato a su favor, los mensajes electrónicos de ese hombre parecían escritos por John Steinbeck cuando me hablaba de su vida en la finca donde su bisabuelo había construido una casa y había acabado suicidándose.

Travis se refería a la granja donde vivía con sorprendente admiración teniendo en cuenta que solo había salido de allí una vez durante un corto tiempo. Decía que tenía fotos suyas de bebé cuando lo bañaban en el lavabo frente al cual ahora se cepillaba los dientes por las noches. Sus padres todavía vivían y trabajaban en la finca, que le habían comprado a su abuelo, donde tenían caballos a pupilaje. Un negocio que regentaban ellos solos. La madre se ocupaba de la contabilidad, tarea que simultaneaba con el cuidado de cinco nietos y nietas los días de entre semana. Ese detalle, más que la promesa de poder montar a caballo siempre que quisiera, fue lo que me atrajo lo suficiente como para aceptar su invitación para cenar juntos en algún sitio.

Tuvo que pedirle a su padre que lo sustituyera esa noche en la tarea de alimentar y abrevar a los caballos y no tuvo inconveniente en desplazarse hasta Port Townsend. Fui a esperarlo a la terminal del ferri y lo vi bajar con mirada asombrada.

—No había viajado nunca en este barco —me dijo un poco impresionado—. Ni siquiera sabía que existía esta ciudad.

Se rio nervioso y le sugerí que diésemos un paseo hasta el Sirens. Eran solo las cuatro y no habría nadie. Sabía que si alguien me veía comiendo en un restaurante con un tipo desconocido, se lo diría a Jamie. Un par de meses antes, después de una larga jornada trabajando en un jardín, había ido al centro para tomarme un muy necesario respiro y saborear a solas una cerveza. Alguien se lo contó a Jamie y cuando fui a recoger a Mia, me acusó de estar bebida. Después de ese incidente, procuraba no acercarme nunca a un bar.

Encontramos una mesa dentro y ambos pedimos hamburguesas y cerveza. Miré de reojo la mesa de la terraza donde había estado sentada con William y mamá seis meses antes, la última vez que había visitado ese local. No me pareció que Travis saliera a comer fuera demasiado a menudo a juzgar por su indecisión a la hora de pedir la comida. Supuse que debía de estar nervioso y no le di mayor importancia, curiosa por saber más de él.

—Y entonces, ¿tú qué haces exactamente? —le pregunté, aunque ya me lo había explicado por *mail* y por teléfono.

—Por la mañana limpio los establos, por la noche doy de comer a los caballos y durante el día me dedico a reparar lo que sea necesario.

Mi interés y mis continuas preguntas no parecían molestarle y reía con ganas cuando uno de los dos intentaba decir algo gracioso.

—Pero cuando toca segar el heno, entonces trabajamos sin parar.

Hice un gesto de asentimiento como si ya lo hubiera entendido.

—¿O sea, que cultiváis vuestro propio forraje para alimentar a los caballos que la gente deja a pupilaje? ¿Cuántos caballos tenéis?

—Mis padres tienen un par en su establo, además de unos cuantos que alojan para sus amigos.

Dio un gran mordisco a su hamburguesa y yo esperé a que continuara su relato. Vestía lo que parecían ser sus ropas de trabajo: tejanos con algún desgarrón y manchas de grasa, botas de cuero marrones y una sudadera con capucha sobre una camiseta desteñida. Mi atuendo no desentonaba aunque me había puesto los tejanos Lucky buenos que me había comprado ese verano en una tienda de ocasión.

—Y Susan, la mujer que alquila una de nuestras pistas, tiene su propio establo, donde da clases. El establo principal puede albergar a unos ciento veinte caballos, aunque ahora solo tenemos la mitad. La gente que nos los dejaba lo ha perdido todo y ya no puede pagar el gasto de un caballo. Ni siquiera puede pagar para que alguien se los lleve.

Jamás había pensado que un caballo pudiera suponer un gasto tan grande, pero sí sabía que daban muchísimo trabajo. Cuando era muy pequeña y vivíamos cerca de mis abuelos, en verano pasaba muchos días en la finca situada al final del largo camino de tierra, donde se había criado papá. Mi abuelo había sido leñador hasta que se jubiló y conducía reatas de caballos de carga hasta el interior del bosque. Me montó en un caballo cuando tenía la edad de Mia y llegué a montar a pelo mejor de lo que era capaz de correr. Se me llenó la cabeza de imágenes de Mia haciendo lo mismo.

Cuando acompañé de nuevo a Travis hasta la terminal del ferri, empezaba a oscurecer. Nos despedimos con un abrazo y de pronto sentí el anhelo de recostar la cabeza en su pecho y no soltarlo más. Olía a caballos, heno, grasa y serrín. Olía a trabajo, que yo equiparaba mentalmente a estabilidad. La combinación de olores despertó en mí una oleada abrumadora de nostalgia. Recuerdos del trabajo reparando coches, de cuando montaba a caballo con el abuelo, de cuando de niña ayudaba a papá y le pasaba los clavos. El abrazo de Travis me recordó todos esos momentos, me reconfortó y en cierto modo me hizo sentir que había vuelto a casa.

06

La granja

Cerré mi navaja Gerber de una hoja y volví a guardarla en el bolsillo de los pantalones de faena. La atmósfera otoñal me humedecía la cara mientras Travis y yo nos afanábamos para ir introduciendo docenas de pacas de heno de treinta kilos en una trituradora que reduciría la paja a fragmentos de un centímetro con el fin de poder mezclarla luego con virutas de madera para cubrir el suelo de los establos. Me limpié el polvo amarillento de la frente antes de volver a enfundarme el guante protector que sostenía bajo el sobaco. Respiré hondo y me dispuse a coger el bramante rojo y tirar de él hacia mí. Si cortaba la cuerda que mantenía unido el hato de paja justo antes del nudo, podía retirarla suavemente sin que el hato se moviera y me resultaría más fácil coger las briznas para alimentar la trituradora. Si la cortaba por detrás del nudo, se enredaría y se quedaría trabada dejando caer la hierba al suelo en un montón desordenado, con la consiguiente pérdida de tiempo.

—¡Así no! —volvió a gritarme Travis mientras las briznas de hierba se amontonaban a mis pies.

—¡Lo siento! —grité a mi vez, intentando sonar sincera.

Y seguí repitiendo la operación una y otra vez, hasta acabar con una montaña de pacas de heno y dejarlas convertidas en una montaña aún más alta de hierba seca finamente triturada.

Nos habíamos trasladado a Stanwood para vivir con Travis solo cuatro meses después de nuestra primera cita, cuando Mia tenía casi dos años. Los nueve meses transcurridos desde entonces habían sido duros. Él trabajaba muchísimo en la granja y fuera de la casa. Una vez dentro, prácticamente no apartaba la vista del televisor. Esa relación nos aportaba estabilidad: un hogar. Pero también, cosa tal vez más importante, me proporcionaba un sello invisible de aprobación. Junto a Travis, formaba parte de una unidad familiar. Estaba completa. Pero no había previsto que ello supondría la pérdida de mi autonomía, sin advertir cuánto valor confería esta a mi identidad como madre. A los ojos de Travis, mi valor dependía del trabajo que hiciera fuera de la casa, en la granja, puesto que todo lo que hacía dentro —limpiar y cocinar— carecía de valor para él. Pero al no haber conseguido encontrar un empleo, mi valor se reducía a la ayuda que le prestaba en su trabajo. Lo problemático era que yo solo disponía de la pequeña pensión que me pagaba Jamie por la niña y de los cupones de alimentos destinados a cubrir sus necesidades. Veía que Travis cobraba una suma no desdeñable por el trabajo que yo hacía, mientras que yo no recibía nada.

Al principio me divertía salir cada mañana a dar de comer y abrevar a la cincuentena de caballos que los clientes tenían a pupilaje allí. Luego, cuando los peones que limpiaban los establos los fines de semana se despidieron, Travis se ofreció para reemplazarlos y con eso ganaba cien dólares a la semana, además de los cien que ya le pagaban sus padres por encargarse de alimentar a los caballos. Los fines de semana que Mia estaba con su padre, me levantaba a las siete y lo ayudaba a limpiar los establos, además de encargarme de alimentar a los animales por la noche. Y luego veía a Travis embolsarse el dinero que le daban sus padres por ese trabajo, sin ofrecerme nada a mí.

La segunda vez que esto ocurrió le dije:

—Travis, ¿no crees que yo debería cobrar una parte de ese dinero? Te he estado ayudando.

—¿Para qué necesitas dinero? —me espetó—. No tienes que pagar nada.

Contuve las lágrimas de humillación acumuladas y conseguí decir con un hilo de voz que tenía que ponerle gasolina al coche.

—Toma —me dijo mientras recontaba el fajo de billetes antes de darme uno de veinte dólares.

Empezamos a discutir. Cada vez que yo me negaba a ayudarlo a alimentar a los caballos. Cada vez que la cena no estaba servida.

Cada vez que yo seguía durmiendo un rato más, a sabiendas de que luego no me hablaría como represalia.

Comencé a presentar afanosamente mi solicitud para ocupar prácticamente cualquier puesto vacante que se anunciara en Internet o en el periódico local y llegué a enviar hasta una docena en una semana, pero raras veces me respondían. Entonces una amiga le dio mi teléfono a una mujer que necesitaba una nueva empleada para su empresa de limpieza y esta me contrató en el acto. El trabajo sonaba prometedor. Me pagarían a diez dólares la hora y Jenny, la dueña de la empresa, esperaba poder darme veinte horas de trabajo a la semana: dispondría de doscientos dólares semanales de dinero propio. Y tal vez incluso podría dejar de trabajar en la granja.

—Es un buen trabajo. Todas las casas que limpian están en Stanwood —le dije a Travis cuando bajaba del tractor—. Creo que ni siquiera tienen un periodo de formación. Empezaré a trabajar enseguida y me pagarán en negro. —Intenté sonreírle amablemente aunque llevábamos varios días sin intercambiar más allá de un par de palabras—. Parece hecho a medida.

Mia, que ya tenía dos años y medio, era increíblemente feliz en casa de Travis. Y yo misma, para ser sincera, también me alegraba de vivir con él, pero sobre todo porque estar a su lado me había liberado del manto de estigmas que me recubría por el hecho de ser madre soltera.

—¿Cómo dices? —preguntó molesto Travis, que no parecía haber escuchado la mitad de lo que acababa de decirle. Iba vestido igual que el día que nos vimos por primera vez. Intenté recordar cómo me había sentido al abrazarle aquel primer día. Un año atrás me había sentido segura, confortada entre sus brazos. Ahora estaban demasiado embebidos de resentimiento para querer abrazarme.

—Si trabajo media jornada por las mañanas —razoné, siguiéndole, mientras él enganchaba el remolque al tractor—, Mia podría quedarse en la guardería todo el día y eso me permitiría ayudar en la granja.

Me había hecho a la idea de que trabajar en la granja era mi manera de pagar mi parte del alquiler y de los gastos. Lo que no soportaba era tener que pedir dinero para gasolina.

Se me quedó mirando impasible.

—Me esforzaré. Limpiaré los establos —dije casi suplicando, ajena a la pérdida de dignidad que implicaba—. Daré de comer a los caballos y los abrevaré. Y procuraré cocinar algo para cenar, aunque es una tarea que detesto.

—Me importa un rábano la cena con tal de que trabajes en la granja —me espetó él. Luego suspiró.

Me quedé esperando.

—Ayúdame a triturar esas pacas de heno —dijo mientras volvía a montarse en el tractor.

—Entonces, ¿te parece bien que acepte ese trabajo? —le pregunté gritando para hacerme oír por encima del ruido del motor. Me lanzó una mirada hosca, pero no contestó.

No me quedó más remedio que echar a andar enfurruñada tras el remolque cargado con las pacas de heno y seguirlo hasta el cobertizo.

Estábamos a comienzos del invierno de 2009, durante la recesión, en un momento en que la gente no podía permitirse mantener caballos con fines recreativos ni con ningún otro fin. El negocio de Travis y sus padres estaba en su momento más bajo, mientras que la alfalfa y las virutas de madera que usaban para cubrir el suelo de los establos se habían encarecido. La mayor parte del material de trabajo era viejo y comenzaba a fallar. Sus padres, agotados por el esfuerzo de mantener a flote el negocio, esperaban que Travis se hiciera cargo del grueso del trabajo. Durante la temporada de la siega, trabajaba de sol a sol y se pasaba casi doce horas diarias montado en el tractor, y durante los meses fríos, se ocupaba de las reparaciones y de mantener en funcionamiento las cañerías congeladas, además de limpiar cada mañana los establos de entre cuarenta y ochenta caballos.

Cuando alcé la mirada me sorprendió ver que me sonreía tras el velo que formaba el polvo de paja suspendido en el aire. Habíamos triturado la mitad del segundo cargamento de heno. Su gorra de béisbol roja estaba cubierta de paja y también los hombros de su sudadera con capucha. Alargó una mano enguantada para removerme el pelo y yo me agaché y le lancé un puñado de paja. Sus ojos azules iluminaron toda su cara cuando se rio.

Por lo que pude apreciar, la empresa de limpieza de Jenny parecía estar bastante bien organizada. Mantenía una rotación de servicios entre diversas casas con ayuda de una agenda que llevaba colgada del brazo como un bolso. El primer día que entré a trabajar me dio un kit de limpieza y un rollo de toallitas de papel. Me había reunido con ella y algunas mujeres más frente a la gran casa marrón de una clienta, con vistas sobre el valle. Sin llegar a pronunciar mi nombre, Jenny me presentó como «la chica nueva» y las demás me saludaron inclinando la cabeza sin pararse a estrecharme la mano ni mirarme a los ojos mientras seguían descargando sus bandejas de material del maletero de sus coches. La clienta que nos abrió la puerta era una mujer mayor, con rulos en el pelo canoso, que nos sonrió como si fuésemos huéspedes invitadas a una cena. Todas entraron y se dirigieron a las zonas de la casa que tenían asignadas, mientras yo me quedaba esperando a que alguien me diera instrucciones.

—Puedes limpiar el cuarto de baño principal y también el dormitorio si te da tiempo —me dijo una de mis compañeras, la mayor de todas. Tracy, me parecía haber oído que era su nombre. Me indicó una habitación con un gran sillón rosa muy acolchado junto a la cama y me dejó allí plantada sin darme tiempo a preguntar nada.

Cuando iba por la mitad, Jenny se acercó a inspeccionar lo que había hecho. Su rostro permaneció impasible un instante, luego sonrió y dijo:

—¡Te está quedando muy bien! —Y volvió a desaparecer.

Cuando salí de la casa, todas estaban ya recogiendo y Jenny me dijo:

—Síguenos hasta la casa siguiente.

Toda esa primera semana, repetimos cada día lo mismo. Un equipo completo aterrizaba en una casa durante una hora y nos repartíamos entre las diferentes habitaciones y rincones, para ir avanzando hasta la puerta de entrada. Después volvíamos a montar en los viejos coches y la pequeña comitiva se ponía en marcha para trasladarse a la casa siguiente.

En el centro de toda esta actividad estaba Jenny, con su pelo rubio rojizo recogido en una apretada cola de caballo. Mantenía la actitud de quien ha sido popular en el instituto y todavía espera que la gente le haga la corte. Cuando me daba instrucciones sobre cómo debía limpiar una habitación, tanto si se trataba de una cama como de una bañera, siempre sonreía y me decía:

—¡Procura que quede reluciente!

Yo rociaba las superficies con líquido limpiador, quitaba el polvo con un plumero fluorescente y perfumaba las habitaciones con espray ambientador antes de salir.

Cada una de las chicas parecía tener preferencia por una parte distinta del trabajo. A algunas les gustaba limpiar las cocinas; otras parecían preferir pasar la aspiradora por las salas de estar y los dormitorios. A ninguna le gustaba limpiar los baños. Esa tarea quedaba para la nueva.

Un cuarto de baño se podía ver aparentemente limpio o atractivo, con la tapa del váter, alfombrillas y toallas de color rosa, a juego con la cortina de ducha salpicada de capullos de rosa, pero aun así el estado del váter podía ser horripilante. Al principio, lo que más asco me daba eran los restos de vello púbico. Pero había tal cantidad que mi reacción de horror acabó anestesiada. Encontré la manera de vaciar las pequeñas bolsas de residuos sin tocar —ni siquiera con guantes— los tampones, condones, pañuelos desechables llenos de mocos y montones de pelo. La gente dejaba frascos de medicamentos por todas partes, junto a la pasta de dientes o al lado de un vaso. Aunque obviamente mi trabajo era limpiar, a pesar de todo seguía pensando que la gente debería ser un poco más pulcra y recoger sus cosas. Me pasaba al menos cinco minutos retirando los diversos objetos para limpiarlos con un paño, pasarlo luego por el lugar que antes ocupaban y volver a colocarlos ordenadamente.

Después de seguir al grupo durante esa primera semana, me acabaron asignando como compañera a una mujer con una melena castaña ondulada que le llegaba hasta los hombros, unos diez años mayor que yo, de quien todas se quejaban en voz baja para que no las oyera Jenny. Angela tenía los dientes y las uñas amarillentos de tanto fumar y nadie me la había presentado formalmente hasta que Jenny me dijo que iríamos las dos solas a la casa siguiente.

—Angela ya conoce la casa —me dijo—. Ella te indicará el camino. Al acabar puedes acompañarla hasta su casa y recogerla por la mañana. Angie, esta noche te mandaré un mensaje con las casas que tendréis que hacer mañana. ¿De acuerdo, chicas?

Nos dijo adiós con la mano y subió a su coche con otras dos mujeres, y con ello pareció concluir mi periodo de formación.

Al llegar a la casa, Angela estuvo charlando con los clientes, una pareja mayor vestida con ropas militares bien planchadas, mientras yo limpiaba la cocina y los baños. No parecía estar haciendo nada hasta que la oí pasar la aspiradora un ratito, justo antes de que yo saliera del dormitorio principal para reunirme con ella.

—¿Ya has terminado? —me preguntó sonriente mientras apagaba la aspiradora.

Cuando Jenny me asignó a Angela como pareja de trabajo, otra compañera esperó a que se hubiera alejado un poco y entonces me recomendó en voz baja que la vigilara cuando fuésemos a limpiar una casa.

—Roba esponjas y toallitas de papel de las casas —me susurró. Eran artículos que debíamos adquirir nosotras con nuestro dinero.

A veces, cuando terminábamos de limpiar una casa, Angela cogía algún tentempié de los armarios y corría a instalarse en el coche con una bolsa de patatas fritas a medio comer o un paquete de galletitas saladas. Yo la veía devorarlas, consciente de que antes de entrar en la casa no las tenía.

—¿Quieres? —me preguntó un día ofreciéndome la bolsa, tan indiferente a mi mirada indignada que hubiera querido gritar.

—No —le dije mientras esperaba a que el coche con las otras dos limpiadoras que nos habían acompañado ese día saliera a la calle detrás de nosotras. Tracy, la conductora, que lucía dos centímetros canosos en la raíz de su corta melena negra, se detuvo para encender un cigarrillo.

—Eh, ¿puedo fumar aquí? —me preguntó Angela por tercera o cuarta vez, como hacía Mia cuando sabía que estaba cansada y podía acabar cediendo.

—No —le respondí muy seca.

—Entonces, voy a preguntarle a Tracy si puedo ir con ella —replicó y abrió la puerta para correr hacia el coche que teníamos detrás cuando este ya empezaba a arrancar.

Nunca le comenté a Jenny el comportamiento de Angela. No quería buscarme problemas y procuraba no quejarme, escarmentada y agradecida de haber encontrado un trabajo. Pero también necesitaba poder trabajar más horas. Jenny hablaba de sus empleadas con afecto y tuve la impresión de que Angela llevaba mucho tiempo trabajando para ella como limpiadora, posiblemente la que más. Me preguntaba qué le debía de haber pasado, cómo había llegado Angela a encontrarse como se encontraba. Lo mismo me preguntaba con respecto a todas mis compañeras de trabajo. ¿Qué las había llevado hasta allí, hasta esas circunstancias que las obligaban a limpiar váteres por tan poco dinero?

—Era una de mis mejores trabajadoras —me dijo un día Jenny en una de las raras ocasiones en que íbamos las dos solas en el coche, camino del siguiente trabajo—. Está pasando un momento difícil. Me da pena —añadió en tono melifluo.

—Sí —dije yo—. Ya lo he notado. —Pero lo cierto era que no había notado nada.

En las casas que limpiábamos juntas, Angela se entretenía mirando revistas y husmeando en los armarios, mientras yo avanzaba a un ritmo casi dos veces más rápido. Al cabo de un tiempo, mis dedos empezaron a agrietarse. Toda yo apestaba a amoníaco, lejía y esa porquería con la que espolvoreábamos las alfombras antes de pasar la aspiradora.

La humedad invernal me calaba los pulmones. Al cabo de unas semanas, sufrí una terrible bronquitis que intenté disimular lo mejor que pude con pastillas para la tos y un medicamento antigripal, pero seguía empeorando. Una mañana, cuando entrábamos en el sendero de gravilla que conducía hasta una casa pintada de color azul marino, bien cobijada en medio del bosque, tuve un terrible ataque de tos. Tan fuerte que sentí que me faltaba el aliento.

—Oooh —exclamó Angela con un interés algo morboso—. ¿Tú también estás enferma?

Intenté respirar profundamente, pero fue como inspirar a través de una toalla mojada. La miré irritada; saltaba a la vista que estaba enferma.

—Tendríamos que llamar a Jenny —dijo ella—. Las personas de esta casa son mayores. Creo que no deberíamos entrar a limpiar.

Luego sacó su teléfono y empezó a buscar el número de Jenny. Me volvió la espalda y se alejó un par de pasos. Antes de que pudiera impedírselo, ya había marcado. Le hice señales con la mano mientras movía negativamente la cabeza y mis labios decían: «No», pero ella siguió hablando.

—Stephanie está muy enferma —dijo en voz baja, carraspeando como haría un niño que quiere faltar a la escuela—. Y me parece que yo también me he contagiado. —Recostó el teléfono sobre el hombro y sacó un paquete de cigarrillos de un bolsillo, hizo una mueca al ver que estaba vacío y lo dejó caer sobre su bandeja de productos de limpieza.

No quería perder la paga de un día ni ausentarme por enfermedad siendo tan nueva. Necesitaba ese empleo y no quería que Jenny me tomara por holgazana. Angela me ignoró cuando bajé del coche y empecé a descargar obstinadamente mi material.

—El jueves por la tarde me va muy bien —dijo y me miró con una gran sonrisa, levantando el pulgar, feliz de tener el resto del día libre—. Perfecto —siguió diciendo por teléfono, todavía sonriente, sin acordarse de cambiar el tono de voz para sonar enferma—. De acuerdo, ya quedaremos.

—Te dije que no lo hicieras —protesté cuando se reunió conmigo detrás del coche. Me palpitaban las sienes. Tendría que explicarle lo ocurrido a Travis, consciente de que le molestaría verme regresar tan pronto. Pero aún me dolía más haber perdido una paga—. No puedo dejar de trabajar. ¿No lo entiendes?

—No pasa nada, chica —respondió ella mientras volvía a cargar su bandeja de material casi vacía en mi coche—. Ya tendrás más trabajo mañana.

Recorrimos el resto del trayecto hasta su casa sin decir palabra y al llegar alargué el brazo para subir el volumen de la radio con objeto de mantener el mutismo. Angela balanceaba la cabeza al compás de la música, mientras tamborileaba ligeramente con los dedos sobre los muslos. Me pareció increíble que no le angustiara perder la paga de esos días. Habría querido preguntarle por sus hijos y sus condiciones de vida, para hacerme una idea más clara de cuál era su situación, puesto que yo misma también había pasado por la experiencia de ser madre sola, sin casa y pobre. Ese era en parte el motivo por el que estaba con Travis, aunque jamás lo reconocería ante nadie. La casa de Angela, que resultó estar muy cerca de la nuestra, estaba declarada en ruinas y aunque ya la habían desahuciado, se resistía a marcharse y seguía viviendo allí sin agua corriente ni electricidad.

Pero los veinte dólares perdidos ese día habían disipado mi compasión o mi curiosidad. Cuando paré frente a su casa, mantuve la cabeza gacha procurando no fijar la mirada en los avisos adheridos a la puerta que indicaban que el lugar era inhabitable.

Angela se entretuvo un momento antes de bajar del coche.

—¿Puedes prestarme algo para un paquete de cigarrillos?

—Su precio equivale a la paga de una hora —le dije, un poco tensa, consciente de que intentaría presionarme para que aun así le diese ese dinero.

Pero ella asintió, comprendiendo tal vez cuán dolida estaba. Consciente, quizás, incluso de que en realidad yo tampoco tenía demasiado dinero. Esperé a que cogiera su bandeja de material mientras procuraba no mirar hacia la casa. No quería que se sintiese avergonzada, recordando cómo me sentía yo cuando vivía en el refugio solo un año atrás. Algunas de las otras limpiadoras comentaban por lo bajo que a esas alturas ya había perdido la custodia de sus hijos. Por mi parte, no podía asegurarlo, pero ya no los veía por allí cuando la acompañaba.

—Soy buena —me gritó después de cerrar la puerta del maletero.

Asentí con la cabeza mientras procuraba no pensar en cómo pasaría el resto del día. Solo esperaba que estuviera lista cuando pasase a recogerla la mañana siguiente.

Cuando regresamos a hacer la limpieza en casa de la pareja mayor unos días después, me encontré con dos personas que se habían construido una vida juntas, rodeadas de fotos de familia, y que estaban acabando sus días en mutua compañía. El marido estuvo riendo y bromeando con Angela mientras yo observaba cómo retiraba el tazón de cereales de su esposa y le acercaba su manta preferida antes de que fuera a sentarse en el sofá, y me entristeció imaginar la escena cuando uno de los dos ya no estuviera. No dejaba de asombrarme la posición en que me encontraba con respecto a la vida de las personas para quienes trabajaba.

Me había convertido en testigo de su existencia. Y aun más desconcertantes eran mi invisibilidad y mi anonimato, a pesar de que cada mes pasaba varias horas en sus casas. Mi tarea era quitar el polvo y eliminar la suciedad y trazar líneas rectas sobre las alfombras con la aspiradora mientras permanecía invisible. Casi me parecía tener ocasión de conocer a esas personas mejor que ninguno de sus familiares. Sabía qué comían para desayunar, qué programas de televisión veían, si habían estado enfermas y durante cuánto tiempo. Aunque no estuvieran en casa, las veía a través de las huellas que dejaban en sus camas y los pañuelos abandonados sobre la mesita de noche. Las conocía en un aspecto que poca gente conocía y tal vez no conocería nunca.

07
La última oportunidad de empleo

Pasado un mes, la promesa de Jenny de darme más trabajo aún no se había materializado. En el fondo, yo no parecía gustarle por algún motivo. Tal vez no fuera suficientemente parlanchina y no me interesaba lo bastante por saber quién salía con quién. A lo mejor mi malestar por la irregularidad del trabajo, que me impedía prever un presupuesto y organizar el cuidado de la niña, se traslucía en exceso o simplemente era una persona demasiado hosca en general.

Aun así, aceptaba todo el trabajo que podía y me acomodaba a su deficiente capacidad organizadora. Angela se había vuelto tan poco fiable que Jenny empezó a enviarme a mí los mensajes de texto por la noche. Anhelaba poder tener una jornada de trabajo regular, sobre todo teniendo en cuenta que la perspectiva de veinte horas semanales que me había ofrecido inicialmente había acabado convirtiéndose en diez o menos, dependiendo de si Angela se presentaba o no. Pero esa era una cuestión que no se planteaba nunca. Yo no podía quejarme por los quince minutos que me pasaba cada mañana frente a su casa esperando a que acabara de vestirse, con lo cual llegábamos tarde a la casa que nos tocaba limpiar. Jenny interpretaba las quejas como una falta de compañerismo e incapacidad de trabajar en equipo. Y cuando Angela alardeaba de lo contenta que estaba de cobrar en negro y así poder recibir más ayuda pública, los nudillos de mis manos, que ya apretaban con fuerza el volante, palidecían. Me molestaba que se sintiera tan cómoda con esa situación. Empecé a tener la impresión de que se esperaba que cuidásemos la una de la otra, pero a mí me preocupaba más cuidar de Mia y pensar en el futuro.

Mientras tanto, Travis actuaba como si mi nuevo trabajo fuese algo así como un club de lectura, una ocupación que me mantenía alejada de las tareas importantes de la casa y de la granja. Yo me esforzaba por tener la casa limpia, sin dejar de atender a Mia, y me irritaba que Travis se me quedase mirando a la espera de que fuera a alimentar a los caballos. A medida que la vida en casa, en mi calidad de «esposa del granjero», se fue volviendo cada vez más tormentosa, también creció mi inseguridad y mi incertidumbre con respecto a cuánto tiempo más podría durar nuestra estancia en aquella casa. Mi capacidad de trabajar y ganar dinero era mi única red de seguridad si el suelo volvía a desplomarse bajo nuestros pies. Y lo que Jenny me ofrecía no era ni por asomo suficiente para mantenernos a las dos.

* * *

En los anuncios por palabras del periódico local había casi siempre uno de Classic Clean, una empresa de limpieza registrada oficialmente. «¡Buscamos limpiadoras!», decía en gruesas letras negras. Siempre había pensado en acudir a ella si el trabajo con Jenny no funcionaba, y ese momento había llegado.

—Hola, eres Stephanie, ¿verdad? —dijo la mujer que me abrió la puerta—. ¿Te ha costado encontrarnos? Ya sé que puede ser complicado en medio de tantas edificaciones.

Intenté sonreír amablemente aunque acababa de tener una discusión con Travis que me había hecho saltar las lágrimas, todo a causa de las huellas de barro que había dejado por toda la cocina.

—Sus instrucciones eran perfectas —dije, y esto pareció complacerla.

—Soy Lonnie —se presentó—, directora de recursos humanos de Classic Clean.

Le estreché la mano y a continuación le entregué mi currículo. Pareció sorprenderse, como si eso no ocurriera a menudo.

—Oh, vaya —comentó con expresión complicada.

La miré ansiosa, como si estuviera en juego la última oportunidad de empleo en el mundo. Lo que pudiera ganar con él me evitaría tener que volver a empezar a telefonear a una lista de refugios para personas sin hogar. Me sentía furiosa conmigo misma por encontrarme en esa situación angustiosa. Unas horas regulares de trabajo y un empleo como es debido serían mi billete para acceder a la independencia y, en última instancia, también la garantía de nuestra supervivencia. Nuestro futuro dependía de que lo consiguiera.

Lonnie me indicó con la cabeza una mesa, situada al fondo de una sala rectangular que ocupaba el interior de una de las dos construcciones anexas. Por teléfono me había dicho que la empresa tenía su sede en una oficina situada dentro del recinto de la residencia de Pam, la propietaria.

—Puedes sentarte y empezar a rellenar nuestro formulario de solicitud de empleo. También necesitaré que nos autorices a verificar tus antecedentes policiales, ¿de acuerdo?

Asentí e hice lo que me pedía. Al cabo de un rato, acudió a sentarse a mi lado.

—Seguramente ya habrás notado por mi acento que soy de Jersey —dijo para empezar. Estaba en lo cierto. Sonaba como la hermanita pequeña de Danny DeVito. Era una mujer bajita y achaparrada, con el pelo negro rizado, corto por delante y ahuecado por detrás; el tipo de persona con quien una querría estar a buenas. Hablaba rápido, en un tono directo y profesional, con pausas intercaladas para darme tiempo a asimilar lo que acababa de decirme, y arqueando las cejas en respuesta a mis «entiendo» antes de continuar.

—Este es nuestro calendario de trabajo —me dijo señalando un tablón de anuncios colgado detrás de su mesa, tan grande que necesitaba un taburete para alcanzar la parte superior—. El nombre de cada clienta está inscrito en una etiqueta plastificada que va rotando de semana en semana, cada una identificada con una letra, A, B, C, D. Como indica esta flecha, ahora estamos en la semana C. Tenemos algunas clientas mensuales y otras semanales, pero la mayoría son quincenales, o sea, que vamos a su casa dos veces al mes. Cada limpiadora tiene asignado un adhesivo de un color distinto, así podemos saber a cuál de ellas le corresponde cada casa.

Se interrumpió para mirarme, de pie a su lado con las manos enlazadas frente a mí.

—¿Me sigues? —me preguntó y yo asentí—. Por tanto, si tus antecedentes están en orden, no digo que no sea así, pero, ya sabes, te sorprendería lo que encontramos a veces. —Hizo una pausa para soltar una risita—. Pero bueno, en fin, cuando comprobemos que todo está en orden, te llamaremos para que vengas y recojas tu bandeja de material y tu aspiradora y unas cuantas camisas. ¿Qué talla tienes, pequeña o mediana? Probablemente no querrás la pequeña. Es bueno que quede un poco holgada y te deje respirar. Creo que tenemos algunas de talla mediana. Pero bueno, ¿tienes alguna pregunta?

Tenía un montón, pero todo lo que hubiera querido saber sobre cuánto ganaría o cuántas horas trabajaría o si se hacían cargo del seguro médico y cubrían las bajas por enfermedad parecía irrelevante en aquel momento. Lo único que contaba era que la persona a la que sustituiría era un redondel amarillo, lo cual significaba que todos los redondeles amarillos del tablero me representaban a mí y eso quería decir que trabajaría un miércoles, jueves y viernes cada quince días y un lunes al mes.

Lonnie me señaló un cartel en la pared que decía «8,55 dólares la hora», el salario mínimo en el estado de Washington en aquel momento.

—Tenemos que empezar pagándote esto mientras estés en periodo de formación —dijo—. Pero luego aumentará hasta nueve dólares.

Eso supondría 18.720 dólares al año si acababa trabajando a jornada completa, cosa imposible de lograr, pues la política de la empresa no permitía trabajar más de seis horas diarias. Cualquier ampliación de la jornada más allá de ese límite podría causar lesiones por fatiga, me explicó. Y tampoco me pagarían el tiempo de desplazamiento. Jenny incluía en la paga el tiempo dedicado a trasladarme de una casa a la siguiente, lo cual me reportaba un par de dólares diarios adicionales. En el nuevo empleo, pasaría hasta dos horas diarias no remuneradas conduciendo de un lugar de trabajo a otro y también tendría que lavar en casa, con mi detergente, los trapos usados, junto con las camisas negras del uniforme de Classic Clean con un pequeño pajarito rojo bordado junto al nombre de la empresa.

A Lonnie no pareció molestarle que me quedara plantada frente al calendario, estudiándolo, mientras ella seguía explicando su sistema de trabajo. Muchas casas tenían contratadas dos o tres horas para la limpieza. Algunas necesitaban cuatro horas y otras, seis. Cada una de las casas que me asignarían iría acompañada de una hoja impresa con la relación de todas las habitaciones, las instrucciones para limpiar cada una de ellas y el tiempo que requerían. Cogió una para mostrármela. La mayoría de las habitaciones llevaban anotaciones que advertían a las limpiadoras de la presencia de azulejos sueltos, rincones que no debían olvidar al sacar el polvo y dónde podían encontrar sábanas limpias si la clienta se olvidaba de dejarlas preparadas. Todo lo que se esperaría de mí, pero también lo que podía esperar encontrar estaba meticulosamente detallado en negro sobre blanco. No habría llamadas de última hora ni planificación del trabajo a través de mensajes de texto. Podría hacer planes por anticipado, si así lo deseaba, y saber que dentro de tres meses, el segundo miércoles del mes, cambiaría las sábanas en una casa y luego recorrería cinco kilómetros en coche hasta la siguiente. Hasta aquel momento no era consciente de cuánto necesitaba esa clase de estabilidad, de fiabilidad. Estuve a punto de abrazar a Lonnie y tuve que disimular las lágrimas.

Lonnie me llamó al día siguiente, justo cuando acababa de limpiar una casa con Angela y estaba sentada en el coche esperando impaciente a que ella terminara, procurando ignorar la posibilidad de que estuviera apropiándose de algo que no era suyo.

—Has pasado la prueba —me dijo—. Estaba segura de que sería así, pero tenemos que comprobar estas cosas.

—Ah, claro, lo entiendo —respondí, deseando poder decirle cuánto me alegraba que lo hicieran.

—¿Puedes venir esta tarde a recoger algunas cosas? —me preguntó—. Pam, la dueña, no está, pero yo puedo darte todo lo necesario para que estés lista para empezar. Luego, si te parece bien, podemos ir a mi casa, que está muy cerca, en la misma calle, y te daré algunas instrucciones mientras limpias mi cuarto de baño y quitas un poco el polvo.

Intenté asimilar lo que acababa de decirme. O sea, que estaba contratada. Y empezaría a trabajar esa misma tarde. Tenía un empleo, uno de verdad, con una hoja de salario y un horario de trabajo fijo.

—¡Sí! ¡Me parece perfecto! —casi grité, repentinamente sin aliento.

Lonnie se rio y me dijo que me pasara por la oficina a partir del mediodía.

Cuando era más pequeña, dedicábamos las mañanas de los sábados a limpiar a fondo la casa. Mamá no se quitaba la bata y no se vestía hasta que todo estaba hecho. Me despertaba el olor de las tortitas y el beicon o las salchichas que llegaba hasta mi dormitorio y la música de George Winston al piano. Después de desayunar, cada cual se ponía manos a la obra para realizar las distintas tareas preasignadas y aceptadas a regañadientes. A mí me tocaba hacer el cuarto de baño. Durante un tiempo, era solo el que compartíamos mi hermano y yo, pero la destreza con que lo hacía y los elogios de mamá fueron suficientes para impulsarme a querer hacer también el baño principal. Mamá se jactaba ante sus amigas de lo bien que limpiaba yo la bañera, hasta tal punto que notaba como que se me henchía el pecho mientras la escuchaba muy erguida.

Mi madre siempre concedió una gran importancia a las apariencias.

—Solo conseguirás que se ensucie —decía cuando yo quería comprarme cualquier prenda de vestir de color blanco. De niña, no me permitía pintarme las uñas porque decía que las chicas con las uñas descascarilladas se veían ordinarias. Un sábado que pasé la noche en casa de mis abuelos, cuando tenía unos cinco o seis años, mi abuela se pintó las uñas de los pies y de las manos de un color rosa vivo y luego también pintó cuidadosamente las mías, aunque le dije que mamá se pondría furiosa. La mañana siguiente en la iglesia, cada vez que tenía que juntar las manos para rezar, doblaba los dedos para esconderlos.

Classic Clean seguía un procedimiento muy distinto del de Jenny para ocuparse de las casas de sus clientes. Con ellas, yo pasaría a ser un fantasma anónimo que se presentaría a las nueve de la mañana o antes de la una del mediodía, dependiendo del horario de cada clienta y de si querían estar en casa o no, pero nunca más tarde de esa hora. De hecho, muy raras veces trabajaría pasadas las tres y media. «Un horario para mamás, ya sabes —me había aclarado Lonnie—, mientras los críos están en la escuela». Tendría que limpiar la casa de una manera determinada, exactamente igual y ocupando el mismo tiempo que la persona que me había precedido, con el fin de que no se pudiera apreciar ninguna diferencia entre una y otra. Tendría que ser diligente y estar ojo avizor. Los tableros de las cocinas tenían que quedar impecablemente relucientes, tendría que mullir las almohadas en cada ocasión y dejar el papel higiénico doblado formando un pequeño triángulo, siempre idéntico.

Mi prueba inicial consistió en limpiar la cocina y el dormitorio principal en casa de Lonnie y en la de Pam, tarea que no dudaba que lograría pasar con buena nota. Ambas tenían bonitas casas de dos plantas en medio del bosque, que sin ser exageradamente grandes, tampoco eran pequeñas. Seguí al Kia Sportage de Lonnie hasta su casa con mi nuevo kit de materiales de limpieza, meticulosamente inventariado e inscrito en mi ficha: dos botellas con vaporizador, un bote de limpiador desinfectante Comet en polvo, dos esponjas, un par de guantes amarillos, cincuenta trapos blancos, dos plumeros, una aspiradora Oreck, dos fregonas, etc. Lonnie me indicó que solo debía usar los productos que me había dado y solicitar su renovación en la oficina cuando fuera necesario. Estuvimos charlando un poco mientras ella localizaba todos los artículos que necesitaría para empezar a trabajar y le comenté que esa tarde tenía que acompañar a Mia a casa de su padre para que pasara el fin de semana con él.

—Ah, sí, ya sé lo que es eso, créeme. —Se había casado por segunda vez cuando su hija tenía diez años, me dijo—. Y Pam ha pasado por lo mismo, ¿sabes? De hecho, puso en marcha este negocio siendo madre soltera. Seguro que tendréis muchas cosas que contaros.

Jenny también había sido madre sola. Me pregunté si sería muy habitual que las limpiadoras domésticas fuesen madres desplazadas, acorraladas entre el trabajo doméstico que hacían en casa y la necesidad de encontrar un empleo que les permitiese ganar un salario digno. Ese trabajo parecía ser solo un último recurso.

Lonnie me pidió que llamara a la oficina desde el teléfono fijo de su casa para fichar oficialmente.

—Hola —dije cuando se acabó el mensaje y sonó la señal—. Soy Stephanie Land y ahora mismo empiezo en casa de Lonnie —añadí antes de colgar.

—¡No! —exclamó Lonnie, tan seria que tuve un sobresalto—. ¡Tienes que decir la fecha y la hora! —Después pareció rectificar presurosa—: Bueno, de todos modos, al finalizar el mensaje el aparato ya indica la fecha y la hora. Pero, en cualquier caso, tienes que hacerlo cada vez antes de empezar y al acabar, y tienes que llamar desde su teléfono fijo para que quede registrada la llamada. Es solo para poder hacer el seguimiento.

Asentí, un poco desconcertada. Ya me había explicado todo eso antes, al darme mi carpeta llena de fichas de las clientas que me habían asignado, pero se me había olvidado, sepultado bajo el resto de la información. Tuve la impresión de que, con tantas instrucciones, lo habitual debía de ser tener que repetirlas muchas veces.

Lonnie me indicó su cuarto de baño, situado en el lado opuesto del vestíbulo, frente al pequeño cubículo que ocupaba la cocina.

—Al limpiar este baño tienes que prestar especial atención a las encimeras y a la pared de detrás del lavabo.

Me dijo que ella usaba mucha laca, como revelaban los dos botes de Aqua Net cuidadosamente alineados encima de un espejo.

—Todo el resto es lo habitual, ya sabes, un váter y una bañera y una ducha. —Me dio una palmadita en el hombro—. Hazlo lo mejor que sepas y cuando acabes me avisas y vendré a comprobar el resultado.

Años antes de quedarme encinta de Mia, solicité un empleo en la sucursal local del servicio de limpieza Merry Maids, desesperada por encontrar un empleo que no fuera en una cafetería. El primer día estuvo dedicado a ver cuatro vídeos de formación en las oficinas: una mujer rubia con una camiseta polo color verde cazador cuidadosamente recogida dentro de unos pantalones color caqui se ajustó sonriente unas almohadillas protectoras sobre las rodillas mientras la locutora decía en tono empalagoso: «¿Y cómo limpiamos los suelos? Pues así, de rodillas». Me entraron escalofríos, pero otra parte del vídeo me resultó increíblemente útil: sobre cada espacio, cada habitación, cada suelo, se superponía una cuadrícula y se indicaba a las limpiadoras de Merry Maids que debían trabajar siempre en la misma dirección, de izquierda a derecha y de arriba abajo. Desde entonces, siempre que limpiaba cualquier sitio, no podía quitarme de la cabeza ese vídeo y empezaba por el rincón superior izquierdo para ir avanzando luego horizontalmente y hacia abajo hasta completar toda la superficie.

Casi instintivamente, hice lo mismo en el cuarto de baño de Lonnie y empecé justo a la izquierda de la puerta, en el ángulo superior izquierdo del espejo, y fui avanzando a partir de ahí. Todo el espray que no llegaba hasta el espejo caía sobre las demás superficies que limpiaría luego. Además, con ese procedimiento difícilmente quedaría olvidado ningún rincón. El trabajo de una mujer de la limpieza consiste básicamente en tocar hasta el último centímetro cuadrado de las superficies de una casa. Si una piensa que hay viviendas con cuatro dormitorios, dos baños completos, dos aseos, una cocina y un comedor, además de varias salas de estar, es fácil sentirse abrumada ante el número de centímetros cuadrados que eso supone y la necesidad de asegurarse de dejarlos todos limpios.

Cuando le dije a Lonnie que ya había terminado con su cuarto de baño, frunció los labios y se dispuso a inspeccionar mi trabajo. Instantes después de desaparecer tras la puerta, me llamó:

—¡Stephanie! —Me apresuré a entrar tras ella. De cara al espejo, se inclinó con el torso bien recto, después se incorporó rápidamente, luego volvió a inclinarse y me pidió que la imitase. Con el dedo me señaló varias manchas en el espejo que se me habían pasado por alto y que solo podían verse mirando desde abajo hacia arriba. Después deslizó una mano sobre la encimera.

—Tendrás que repasarlo todo —me dijo meneando la cabeza—. Remoja bien la laca que ha quedado adherida a la encimera y a la pared.

Me quedé muda. Se me había olvidado limpiar la pared.

Me pidió que deslizara la mano sobre la encimera y comprobara que estaba pegajosa y me indicó que debía hacer lo mismo en todo el baño. La capa de laca lo recubría efectivamente todo, incluso la pared de detrás del váter, otro lugar que había olvidado.

—Pero la bañera y la ducha han quedado estupendas —declaró mientras me palmeaba de nuevo el hombro antes de salir y dejarme entregada a la tarea.

De pie a solas en medio del cuarto de baño, me quedé mirando mi imagen en el espejo y me acordé de mamá cuando alardeaba ante sus amigas: «Stephanie es capaz de dejar reluciente una bañera como nadie». Ahora mi reflejo me mostraba a una persona humillada, con los hombros caídos, que solo anhelaba huir de esa situación en la que, además de limpiar el cuarto de baño de otra mujer mientras ella hojeaba un catálogo en la habitación contigua, encima acababan de decirle que tenía que volver a hacerlo.

Justo cuando empezaba a vislumbrar la posibilidad de trabajar un número aceptable de horas, Jenny me despidió. Mediante un mensaje de texto, claro, que me envió a las ocho de la noche después de que no aceptara ocuparme al día siguiente de una casa que me acababa de asignar. Aquel día tenía que hacer otra casa para Classic Clean y ella ya lo sabía aunque lo había olvidado; pero aun así lo esgrimió en mi contra.

«Acepté a esta clienta pensando solo en ti, porque dijiste que necesitabas más horas —me escribió—. Así no nos entenderemos. Necesito a alguien que sepa formar equipo».

No dije nada en mi defensa, consciente de que Lonnie se alegraría de poder contar conmigo en exclusiva. En Classic Clean pagaban menos, pero su buena organización y su formalidad compensaban la diferencia. Al menos, por el momento. Por fuerza. No teníamos otra cosa.

08

La Casa Porno

Durante el primer par de semanas, trabajé junto a Catherine, la chica a quien iba a reemplazar. Era alta y mayor que yo, pero conducía un modelo reciente del Jeep Cherokee. Dijo que iba a trabajar a jornada completa como contable en la empresa de construcción de su marido. Solo se había empleado como limpiadora para complementar sus ingresos durante una temporada en que el negocio flaqueaba. Se la veía cansada pero contenta de visitar por última vez las casas de sus clientes.

Durante dos semanas seguí al Jeep de Catherine hasta diferentes casas, intentando imitar su manera tranquila y relajada de aproximarse a cada lugar. Unos días antes de Navidad, observé que en muchos sitios le habían dejado una felicitación con unos diez dólares o algo más en el sobre. No tenían ni idea de que éramos dos ni de que yo la sustituiría. Cada vez que le habían dejado algo, reaccionaba como si fuese una agradable sorpresa y tuve la impresión de que era su aguinaldo navideño y no una propina habitual. Tendría que trabajar un año entero y fregar a mano dos docenas de veces cada váter para recibir diez dólares de propina.

La mayoría de las veces teníamos instrucciones de entrar por la puerta trasera o por un acceso lateral, a través de la cocina. Entrábamos con nuestros carritos bien organizados, cargados de espráis y cepillos, una bolsa grande llena de cuadrados blancos de tela que usaríamos como trapos, una aspiradora y varios mochos. Al principio tenía poca experiencia en el uso de todo ese material. Trabajar para Classic Clean era muy distinto de lo que hacíamos con Jenny: nuestra tarea consistía en fregarlo todo a mano. Ya no se trataba simplemente de quitar el polvo y sacar brillo para dejarlo todo reluciente y perfumado. Y todo lo hacíamos con una gran diversidad de estropajos y cepillos, jabón orgánico y vinagre.

Con paso vacilante, me acercaba hasta la casa, procurando transportar de una sola vez todo el material desde el coche, y montaba mi «base de trabajo», tal como me habían indicado. Abría la carpeta y anotaba el apellido de la clienta o el cliente en mi hoja de control de horas, después llamaba a la oficina para fichar mediante un mensaje de voz, indicando la hora de inicio del trabajo. Al principio, completar la limpieza de cada casa en las tres o cuatro horas asignadas y fichar puntualmente a la salida era una carrera contra reloj.

Mis jornadas empezaron a recuperar una cierta regularidad a partir del momento en que dejaba a Mia en la guardería, muy cerca de donde vivíamos. Nunca me había gustado demasiado ese centro, pero era el único que aceptaba en pago la ayuda que yo recibía por ese concepto. No solo me parecía un lugar frío, sin espacio suficiente y con unas cuidadoras que parecían detestar su trabajo, sino que, apenas superada una enfermedad, Mia llegaba a casa nuevamente enferma. Tenía que dejarla allí para poder trabajar aunque con ello sacrificase su bienestar. Que yo pudiera ganar un salario era lo único que contaba en aquel momento. Un día, al llegar a la puerta de la guardería, me detuve un instante con la manita sudorosa de Mia en la mía, consciente de que ella me necesitaba. Necesitaba estar conmigo en casa, pero no podía explicarle que si me quedaba en casa con ella podía perder mi empleo y las consecuencias que eso podría tener para las dos. Permanecimos allí unos segundos antes de cruzar la puerta. Incliné la cabeza para mirarla, con su labio superior cubierto de mocos verdosos.

—¿Qué te supura de la nariz? —preguntó una mujer de pelo oscuro, que supuse debía de ser la auxiliar de guardería y a quien nunca había visto antes, mientras avanzaba hacia nosotras a paso lento. La pregunta iba dirigida a Mia aunque en realidad me hablaba a mí. Cuando la niña alzó sus bracitos hacia mí, la auxiliar nos volvió la espalda meneando la cabeza. Me angustiaba terriblemente dejarla allí, después de atiborrarla de Tylenol tras una noche vomitando, pero no tenía alternativa.

De la guardería solo me telefoneaban para que fuera a buscar a la niña si se la veía letárgica y amodorrada, si vomitaba repetidamente o si tenía mucha fiebre. Había días en que cuando por fin llegábamos a casa, la instalaba en el sofá frente al televisor, tapada con su mantita, sorbiendo zumo de naranja de un vasito con boquilla que apenas lograba sostener, y no se movía de allí hasta la hora del baño y de la cena, tras lo cual la acostaba enseguida. Travis se sentaba a su lado y miraban dibujos animados mientras yo cocinaba y barría.

A pesar de mi creciente resentimiento, también veía que Travis quería de verdad a Mia. Le gustaba tener una compañerita montada con él en el *quad* o sentada a su lado en el sofá para ver juntos la televisión. Pero creo que apreciaba más lo que nosotras representábamos que las personas que éramos. Era una magnífica figura paterna, que compensaba con creces las deficiencias de Jamie. Un hombre trabajador, como mi padre. Cuando el trabajo aflojaba, estaba de buen humor, tonteaba y cocinaba tortitas. Esos momentos no compensaban para mí su mirada apática, casi constantemente posada en la pantalla del televisor, pero veía brillar los ojos de Mia cuando lo miraba. Y la envidiaba. Deseaba sentir también ese enamoramiento. Verlos allí juntos en el sofá después de trabajar todo el día me daba una cierta seguridad, tal vez incluso la impresión de que todo aún podría salir bien.

En el trabajo, cuando Catherine se marchó, Lonnie y yo establecimos un ritual. Cada vez que empezaba en una nueva casa, ella me acompañaba el primer día para «presentarme», como si cada casa tuviera un espíritu con quien yo tendría que entablar relación.

En esos momentos, la veía más alegre. En verdad parecía mantener una vinculación personal con esas viviendas.

—Ya os iréis conociendo —me decía con un guiño.

Buena parte de lo que Lonnie me explicaba sobre cada casa durante esas visitas no figuraba en el documento impreso que recibíamos sobre cada clienta o cliente. Comentarios no escritos que ellas o ellos jamás leerían, como, por ejemplo: «Tendrás que emplearte a fondo con esa ducha porque puede llegar a estar sucísima» o «Estate atenta a los restos de orina que se acumulan en el suelo del aseo contiguo al cuarto de juegos». Pero con ellos me abrió los ojos a una faceta distinta de mi trabajo, me dio a entender que, más allá de la fachada profesional, secretamente reconocíamos el carácter repulsivo de nuestra tarea.

En Classic Clean, al principio trabajé rotativamente como única limpiadora de un pequeño número de casas. Los miércoles tenía una jornada larga, de seis horas, dedicada a limpiar dos casas no muy grandes situadas una junto a la otra al borde de un acantilado con vistas al mar.

Muchas de las personas para quienes trabajaba vivían en la isla de Caamaño, vecina a la nuestra, a solo media hora en coche de la guardería de Mia. Muchas de ellas trabajaban en Everett o Seattle, a una hora de distancia como mínimo. En realidad no tenía idea de a qué se dedicaban, pero suponía que debían de formar parte de la profesión médica o la abogacía para poder pagar la contribución de esas residencias. La isla de Caamaño formaba una cuña entre la tierra firme y la isla de Whidbey, de manera que la mayoría de las casas tenían vistas sobre el mar. Mis casas de los miércoles eran dos de las más pequeñas, con garajes independientes dos veces más grandes que el espacio destinado a la vivienda.

Lonnie me dijo que limpiara primero la casa del matrimonio para que el otro cliente tuviera tiempo de marcharse antes de que yo empezara con la suya. La mañana que acudimos a la primera casa, Lonnie me indicó con la cabeza la vivienda contigua.

—Le dejaremos un ratito más de margen para levantarse y ponerse en marcha. Está muy enfermo.

Cuando le pregunté qué tenía, se encogió de hombros.

—Su mujer murió —dijo—. Ya lo verás. Es una pena.

Desde aquel día, la llamé la Casa Triste. No podía verla de otro modo. Otras casas también recibieron un apodo a medida que fui conociéndolas: la Casa de la Mujer que Fumaba Cigarrillos, la Casa-Granja, etc.

Cuando empecé a trabajar allí, me extrañó mucho que ninguno de mis clientes de los miércoles supiera que tenían una nueva limpiadora, pero en cambio yo llegaría a conocer bien su casa. Creo que, dada nuestra invisibilidad, Lonnie no estaba obligada a informarlos, a menos que lo hubiesen pedido expresamente. Daría una mala imagen si los clientes supieran cuán alta era la rotación de personal en la empresa. Quizás les incomodaría saber cuántas desconocidas pasaban por sus casas. Yo no era una sirvienta personal, sino una pieza de una empresa. Ellos habían contratado a la empresa, no a mí, y en ella habían depositado su confianza. Cada mes pasaba media docena de horas en su casa y no creo que ni siquiera supieran mi nombre.

La Casa Porno, como acabé llamándola, era la primera que hacía los miércoles. De hecho, tenía solo tres habitaciones, con grandes ventanales que daban al acantilado y una rosaleda en el jardín de atrás. La convivencia de dos personas con un perro y un gato en un espacio reducido significaba polvo, pelos y caspa. Tenía que prestar mucha atención a ciertas zonas, como las repisas, la parte superior de los televisores y el cuarto de lavar.

—Esta ducha —me dijo Lonnie mientras abría la puerta corredera para dejar a la vista un plato de ducha cubierto de pelos, frascos de champú y lo que parecía moco verde— tendrás que remojarla bien.

Nuestros suministros de productos de limpieza eran reducidísimos. En mi bandeja, tenía una botella rellenable con una solución de jabón de Castilla Dr. Bronner con la mitad de agua y otra con una cuarta parte de vinagre y el resto de agua, además de un frasco de limpiador desinfectante Comet en polvo, una piedra pómez, un cepillo de dientes, unos cuantos estropajos verdes y dos cepillos manuales de distinto tamaño. Para la limpieza de esa ducha, con su película visible de restos de jabón y suciedad, debía seguir un procedimiento preestablecido.

En primer lugar, tenía que retirar todos los frascos de champú, toallitas y esponjas de crin y dejarlos bien ordenados junto a la puerta. A continuación rociaba todo el plato y las paredes con lo que en Classic Clean llamaban limpiador multiusos y los dejaba en remojo. Cuando acababa de limpiar la encimera y el váter, llenaba de agua un pequeño contenedor de leche cortado por la mitad y lo dejaba sobre el plato de la ducha. Para limpiarlo todo necesitaba un estropajo, un cepillo, mis dos frascos con pulverizador y unos cuantos trapos. Luego volvía a rociar la cara interior del cristal de las puertas correderas, espolvoreaba mi esponja con un poco de Comet y restregaba con ella toda la superficie, de izquierda a derecha y de arriba abajo.

A continuación la enjuagaba con el agua con vinagre, la secaba con un trapo, rascaba cualquier resto de suciedad y daba por concluida esa parte del trabajo antes de pasar a ocuparme del resto de la ducha, que también tenía que restregar del mismo modo. Durante mi primera visita, me pasé toda una hora hasta conseguir dejar limpia esa ducha, mientras pensaba que ojalá tuviera un «verdadero» limpiador multiusos. Classic Clean no se anunciaba como una empresa de limpieza «verde». Usaban productos naturales para reducir costes y confiaban en la energía muscular de las trabajadoras para dejarlo todo limpio. Aunque nunca se lo dije a mi jefa, un pinzamiento en la columna me impedía sostener y manejar un estropajo o un cepillo con la mano derecha, que también era mi mano dominante. Desde niña tenía escoliosis, una desviación lateral de la columna, pero últimamente, a causa del esfuerzo que hacía al limpiar, se me había pinzado uno de los nervios que descienden por el brazo derecho. Para fregar esa ducha tenía que empuñar la mano derecha, encajar la esponja entre el puño y la pared y deslizarla presionándola con los nudillos con todas mis fuerzas. Para limpiar el suelo de la ducha, a fin de evitar lesionarme, apoyaba el codo, empuñaba la mano y dejaba caer todo el peso del torso sobre ella mientras restregaba los restos de espuma de jabón y suciedad. Cuando la mano derecha no podía más, la relevaba la izquierda, pero los primeros meses, cuando llegaba a casa tras esas jornadas de seis horas, apenas podía sostener una fuente de comida o cargar una bolsa de comestibles.

    Durante las primeras visitas me pasé de la hora y Pam se puso furiosa. Classic Clean no podía cobrar más de lo estipulado a los clientes y la empresa tendría que asumir ese coste adicional. No era gran cosa, pero Pam se quejó por la pérdida económica que suponía como si esos quince minutos adicionales fuesen un insulto personal contra ella. Me estresaba tardar tanto y no lograba comprender cómo una persona podía conseguir limpiar una casa entera, aunque fuese pequeña, en solo tres horas.

    La Casa Porno se hizo merecedora de este apodo cuando ya la había visitado unas cuantas veces. Un día, al entrar en el dormitorio, donde tenía que cambiar las sábanas, vi un tubo de vaselina encima de la mesita de noche, frente a un reloj digital. Los números rojos lo iluminaban por detrás y me lo quedé mirando como si fuera a saltarme encima. Me acerqué poco a poco a la cama procurando evitarlo. Un cajón de la mesita de noche había quedado entreabierto y en su interior pude ver un número de la revista *Hustler*. Junto a mis pies divisé un par de calcetines sucios tirados en el suelo.

Asqueada, alargué la mano para apartar las mantas, retiré rápidamente las sábanas y con ellas recogí los calcetines. Luego lo metí todo en la lavadora. Hice la cama con sábanas limpias tal como me habían enseñado, tensando bien en diagonal las esquinas de la sábana bajera y extendiendo luego de abajo hacia arriba la encimera. Llegado el momento de quitar el polvo, decidí dejar la mesita de noche para el final para no ver el tubo de vaselina. Aunque nunca criticaría a nadie por masturbarse mirando revistas pornográficas, sí que me parecía reprochable dejarlas tiradas donde la mujer de la limpieza podría verlas.

«Tal vez se le ha olvidado que hoy es miércoles», pensé.

Pero pasado un tiempo comprendí que la vaselina solo era un indicio de algo más general que ocurría en la Casa Porno. El matrimonio que vivía en esa casa parecía llevar vidas separadas. La mujer era enfermera y trabajaba a horas intempestivas; lo sabía por las batas quirúrgicas que encontraba cuidadosamente dobladas sobre una silla en el cuarto de atrás. No conseguí detectar cómo se ganaba él la vida. Aunque había dado por sentado que eran un matrimonio, no vi ningún retrato de bodas colgado en las paredes, solo fotos de los dos con jerséis conjuntados. La casa se veía oscura, pues parecían tener predilección por los colores apagados, como el azul marino y el verde oscuro. En el alféizar de la ventana, encima del fregadero, había un pequeño caballete con un texto enmarcado que decía: «Seguimos juntos por el gato».

El cubo de desechos del baño de la Casa Porno estaba lleno a rebosar de restos de papel higiénico, tampones, compresas protectoras y marañas de hilo dental. La puerta entreabierta de su botiquín revelaba varias hileras de frascos de antibióticos. A juzgar por la cantidad de pañuelos de papel y restos de mocos que encontraba en la ducha, parecía muy posible que uno de los dos tuviera un problema de rinitis persistente, igual que me ocurría a mí y también a Mia y probablemente a la mayoría de quienes vivíamos en el clima húmedo del noroeste, donde de un día para otro se forman manchas de moho negruzco en las paredes de las casas, en los sótanos y en el alféizar de las ventanas.

En la sala de estar había un sofá y un par de sillones situados de cara al televisor y a la chimenea. La enfermera parecía tener predilección por el rincón del sofá, junto a la lámpara, donde a menudo se tumbaba su gato. El marido ocupaba obviamente el sillón, junto a una cesta con ejemplares atrasados de *Hustler*, semioculta entre pilas de revistas de viajes. Durante cosa de un mes, la mesa del comedor estuvo cubierta de folletos de diferentes resorts con ofertas de paquetes con «todo incluido», pero no creo que llegaran a ir a ninguno. Por lo general, los clientes anulaban el servicio de limpieza cuando se iban de vacaciones.

En el cuarto de atrás, contiguo al cuarto de lavar, había una cama individual bien hecha y junto a ella varias batas quirúrgicas dobladas sobre la silla. Detrás de la cabecera había un hueco repleto de novelas románticas, el tipo de libros que pueden verse en los expositores de las tiendas de comestibles con ilustraciones de hombres musculosos descamisados abrazando a mujeres con largas melenas. Me preguntaba por qué dormiría ella allí. En el dormitorio principal había una gran cama de matrimonio y un estrecho tocador con una urna en torno a la cual habían atado un collar de perro. Quizás él roncaba. O puede que ella tuviera que levantarse y acostarse a horas inhabituales.

Pero las revistas pornográficas y las novelas románticas me daban que pensar. Me los imaginaba acostados en camas separadas, en habitaciones separadas, cada uno fantaseando sobre una pareja distinta y posiblemente también una vida distinta. Travis y yo empezábamos a parecernos a ellos. No hasta ese extremo, pero él llegaba de trabajar, comía lo que yo había preparado y después se sentaba en el sofá y se quedaba mirando la televisión durante cuatro horas seguidas antes de trasladarse a nuestra cama, donde seguía viendo televisión, en el aparato pequeño con un temporizador. Solía programarlo para que se apagase a los sesenta minutos.

Cuando fui a vivir con él, tenía un televisor con una pantalla del tamaño de un colchón de matrimonio suspendida sobre una instalación de audio casera, sujeta a la pared con un par de cadenas para mantenerla inclinada formando el ángulo adecuado. La primera vez que estuve en su casa me quedé patidifusa al verla. Desde entonces había mejorado la instalación con una pantalla plana de tipo estándar y una cadena de música adquirida en una tienda. Pero el tamaño de la pantalla había variado poco y a mí me seguía bullendo la sangre al verla.

Travis me regaló un ordenador portátil cuando cumplí treinta y un años. Por las noches, después de acostar a Mia, me sentaba frente a la mesa de la cocina y escribía un diario digital que había empezado a llevar porque tenía la mano derecha tan débil que era incapaz de sostener una pluma. Otras veces hacía los deberes o chateaba con alguna amiga, de espaldas a Travis, mientras él miraba la televisión.

09

Limpieza de una casa desocupada

El cuidado de mi hija me exigió a menudo aprender a gestionar la despedida con la esperanza de generar confianza en mi retorno. Mucho de lo que aprendí en las sesiones de terapia durante el periodo tormentoso que sufrimos Mia y yo al lado de Jamie indicaba que, para que las criaturas puedan llegar a desarrollar su inteligencia emocional y capacidad de adaptación, es importante, o esencial incluso, que en su vida haya una persona cuidadora estable, una adulta o un adulto que esté infaliblemente a su lado cuando ha dicho que allí estará. No importa que en su vida aparezcan y desaparezcan muchas otras cuidadoras o cuidadores con tal de que siempre cuenten con ese puntal. Durante los primeros años de vida de Mia, cuando empezó el verdadero trasiego, entre el tiempo que pasaba en la guardería y las estancias en casa de su padre los fines de semana, seguí una rutina increíblemente rigurosa para asegurarme de que nuestros horarios y nuestra vida en casa se ajustasen a una pauta predecible. Cada día después del baño iniciaba una sucesión de acciones preestablecidas: extendía una toalla sobre la tapa del váter, cogía a Mia para instalarla en el centro, secaba su cuerpo y su cabeza con otra toalla mientras le hacía cosquillas, siempre de la misma manera. Cada noche, la lectura de un cuento, seguida de un beso y mis palabras: «Buenas noches, te quiero, hasta mañana», se ajustaban a la misma pauta de familiaridad. Como madre, ese fue mi mayor regalo, habida cuenta del gran esfuerzo que me exigía estar siempre a su lado cuando le había dicho que estaría y no fallar nunca jamás. Me animaba la esperanza de que, aunque el resto de su vida fuese caótico, por lo menos sabría que en cualquier lugar que considerásemos nuestro hogar, comeríamos tortitas preparadas de la misma manera.

Las despedidas nunca dejaron de ser difíciles, como también lo fue aprender a compartir a mi hija con un hombre que nos había tratado de un modo espantoso. Las escenas dramáticas cuando la dejaba en la guardería por la mañana empezaban en cuanto entrábamos en el aparcamiento del edificio. Cuando conseguía llegar hasta el aula, una cuidadora tenía que separarla de mí mientras ella chillaba, pataleaba y me llamaba a gritos, y yo me alejaba, volviéndoles bruscamente la espalda, después de decirle: «Adiós, cariño, te quiero. Te veré después de la merienda». Algunos días, las cuidadoras la tenían en brazos un rato después de separarla de mí, pero la mayoría de las veces la desasían de mi cuerpo y la dejaban en el suelo y, al salir, no podía evitar verla pegada a la ventana llorando y aporreando el cristal.

Llevar a Mia a una guardería integrada en una residencia para mayores me pareció de entrada una buena idea dado que la niña apenas veía a sus abuelos. Pero cuando recorría los pasillos dos veces al día y veía al personal administrando medicamentos a las y los residentes que aguardaban en fila mientras se quejaban sin disimulo de que esas personas apestaban, me parecía estar contemplando el final de la vida en directo y, en contraste con lo que veía en la Casa Triste, una de las maneras más lamentables de acabar.

* * *

La Casa Triste no se ensuciaba. A veces tenía que fregar algunas gotitas de sangre del suelo del cuarto de baño y el váter era un desastre. Por lo demás, una fina capa de polvo lo recubría todo. El anciano estaba casi siempre allí, salvo cuando estaba hospitalizado, pero parecía usar muy poco la casa.

A juzgar por las fotografías, su esposa debía de haber muerto a finales de los años ochenta. Al principio, supuse que había fallecido hacía poco, pero no encontré ninguna foto suya que pareciera haber sido tomada en las últimas décadas. Las chucherías que ella había coleccionado seguían ocupando las repisas de las ventanas:

muñequitas quitapenas y nidos de pájaro cuidadosamente alineados. Listas escritas a mano por ella seguían adheridas al tablero de corcho colgado en la cocina. El cuarto de baño tenía dos lavabos y junto al de ella aún había un secador de pelo enchufado, suspendido de un soporte; yo le quitaba el polvo cada vez que visitaba la casa. En el de él había un recipiente con un peine y sus medicamentos, distintos cada vez. Los había examinado, preguntándome cuál debía de ser su dolencia. Más bien parecía sufrir de un corazón roto.

Sobre un estante del baño, justo detrás del lugar donde él tendría que situarse para mirarse en el espejo, tenía las cenizas de su esposa y las del hijo de ambos. En una foto se veía al hijo de pie en la cima de una montaña haciendo la señal de la paz. Llevaba un pañuelo verde atado al cuello y tenía una larga barba. Dentro del marco había inscrito un conocido poema:

> No llores frente a mi tumba.
> No estoy allí. No duermo.[1]

Debajo reposaban dos cajitas, una junto a otra: la primera, de arcilla rosa decorada con rosas modeladas; la otra, de peltre oscuro. La fotografía de su esposa estaba apoyada detrás de la caja rosa. La abrí para ver qué había dentro. Las cajas contenían cenizas y tarjetas identificativas y documentos acreditativos de la funeraria.

El hombre comía pasteles y sándwiches que adquiría en una tienda de comidas preparadas, bebía café con una buena dosis de licor Kahlúa. Probablemente debía de rondar los setenta años y todavía le gustaba practicar el golf y jugar en los casinos indios. En el garaje iban acumulando moho una bonita lancha y un Jeep CJ. En la pared de la sala de estar colgaba un retrato de su esposa con gafas de sol, sonriente frente al Jeep. Él fumaba cigarrillos Camel sin filtro en el dormitorio, de pie en el dintel de la puerta corredera acristalada o en el porche delantero cuando hacía un tiempo

---

[1] «Do not stand at my grave and weep. / I am not there. I do not sleep». Primeros versos de un poema de Mary Elizabeth Frye, escrito en 1932, que se recita a menudo en los funerales.

decente. Su hijo menor, que vivía a un par de horas de camino, no parecía visitarlo a menudo. Estaba solo, mientras se iba muriendo lentamente en un santuario donde nada había cambiado desde el fallecimiento de su esposa. Había hecho todo lo que tocaba —había conseguido un buen empleo, una casa preciosa, se había casado con una mujer a quien amaba y había viajado con ella—, pero aun así estaba muriendo solo.

Cuando regresé a casa por la noche después de limpiar por primera vez la Casa Triste, no podía dejar de pensar en mi cliente. Hasta entonces, solo se trataba de un trabajo mecánico, un recurso para cubrir mis gastos, pero de pronto parecía tener una repercusión inesperada en mi vida y la vulnerabilidad con la que entraba en contacto aliviaba en cierto modo la mía. Aunque nunca me presentaron a ninguna de esas personas ni hablé con ellas, y a pesar de que muchas veces ignoraban mi existencia, comencé a sentir una vinculación con ellas como si fuesen alguien de mi familia o amistades por quienes me preocupaba, me preguntaba cómo estarían y pensaba con afecto en ellas desde la distancia. Me preguntaba qué harían por las noches. Dónde se habrían sentado. Qué habrían comido y qué programas habrían visto el día anterior. Cómo vivirían su día a día. Mi vida se había vuelto sumamente monótona. Esa gente me ofrecía una expectativa, algo en lo que pensar, la posibilidad de esperar lo mejor y desear cosas buenas para otros, además de para mí.

* * *

A Mia la cambiaban continuamente de aula en la guardería debido a la gran rotación de personal y al flujo y reflujo del número de criaturas inscritas. Durante un par de semanas, cada vez que me encontraba con la maestra que le tocaba por las mañanas, la veía secarse activamente unas lágrimas antes de coger a mi niña, que se retorcía pataleando y chillando con los brazos tendidos hacia mí. Una vez la oí comentar con otro progenitor cuán duro resultaba trabajar en un lugar donde ganaba tan poco. «Estudié para esto», se lamentó enfadada. Detestaba tener que dejar a Mia con ella, detestaba no poder permitirme pagar una plaza en un sitio donde la remuneración de su personal se aproximase al menos a un salario decente.

Una mañana, después de una despedida especialmente difícil, me quedé sentada en el coche y lloré, concediéndome unos instantes para otorgar a mi tristeza el cariño, la atención y el afecto que merecía. Aquel día tenía que dejar a Mia un poco antes de lo habitual, pero la lucha por conseguir sacarla de casa nos había retrasado. Mi exasperación era visible y me había ido sin enviarle un beso de despedida. Visiones angustiosas de mi mortalidad comenzaron a corroerme. Como: ¿qué ocurriría si yo moría en un accidente de coche y su último recuerdo mío era mi figura alejándose, dejándola abandonada gritando y llorando con gente desconocida?

Aquella mañana, esos pensamientos me acosaban más de lo habitual. Sabía que pasaría los dos días siguientes trabajando en una casa situada en un rincón de la isla de Caamaño sin cobertura para el teléfono móvil. No me gustaba estar lejos de Mia, no me gustaba dejarla en una guardería que no parecía ofrecer un entorno cálido y acogedor, y sobre todo no soportaba la idea de que si le ocurriera algo durante el día, nadie podría localizarme. Pero era un encargo demasiado bueno para renunciar a él.

—Es una limpieza final de una casa que ha quedado desocupada —me había dicho Lonnie por teléfono—. Ya no hacemos muchas.

En la mayoría de los casos, Classic Clean presentaba a los clientes potenciales un presupuesto aproximado. Se reunían con el propietario o la propietaria, comprobaban la cantidad de trabajo necesario e intentaban calcular con la mayor precisión posible el número de horas (y a veces también de personas) que se requerirían. Los clientes habituales, que tenían contratada una limpieza semanal, quincenal o mensual, disponían de un número fijo de horas con una tarifa preestablecida, pero en el caso de las limpiezas posteriores a la finalización de una obra o a una mudanza se solía establecer un presupuesto a medida.

Mi calendario de trabajo incluía unas cinco o seis casas a las que acudía de manera rotatoria, pero todas eran limpiezas quincenales y alguna incluso mensual, con lo cual solía cobrar unas veinte horas cada quince días. No podía buscar otro trabajo porque mi horario variaba de una semana a otra, de modo que no me quedaba más remedio que esperar a que se presentase la oportunidad de hacer más horas, cualquiera que fuese el trabajo. Cuando Lonnie me llamó para preguntar si estaría interesada en hacer una limpieza de una casa que había quedado desocupada, acepté encantada e incluso le di las gracias por proponérmelo a mí en vez de ofrecérselo a alguna otra de sus empleadas.

Se trataba de limpiar una casa prefabricada de dos módulos situada a corta distancia de la casa de otro cliente, a la que había empezado a apodar la Casa del Chef debido a su gigantesca cocina. La única vez en que lo encontré en casa, el propietario se plantó frente a ella, ocupando todo el espacio entre los fogones y la isla central. «Tuve que pedir un crédito personal para pagarla —me dijo mientras deslizaba suavemente la mano sobre el borde exterior—. ¡Probablemente valga el doble que su coche!». Aunque no dudaba de la veracidad de esa afirmación, procuré no poner mala cara y, sin hacerle notar que yo conducía un monovolumen Subaru bastante antiguo, le pregunté, en cambio, si debía seguir alguna recomendación especial para limpiarla. En las dos semanas que mediaban entre una limpieza y otra, toda la superficie de la cocina quedaba completamente cubierta de una película de grasa gracias a su afición a usar la freidora instalándola sobre el tablero y a las incontables botellas de aceite de oliva aromatizado que empleaba. Debía de utilizar la freidora varias veces a la semana, pues toda la casa estaba impregnada de olor a aceite. «Sí —me respondió, extendiendo el dedo índice para subrayar sus palabras—. ¡No use nunca la cara rasposa de las esponjas!», para evitar rayar la superficie. Como alternativa, tendría que emplear cinco o seis trapos.

Cuando enfilé el camino de acceso a la casa prefabricada para iniciar la limpieza, ya llevaba diez minutos de retraso. Pam estaba allí con la otra limpiadora que trabajaría conmigo todo ese día. Corrí a reunirme con ellas.

—Siento llegar tarde —me apresuré a decirles, intentando sonar sincera—. Mia no quería que la dejase esta mañana.

Pam soltó un pequeño bufido y murmuró algo sobre la necesidad de que los críos comprendan que sus progenitores necesitan trabajar y lo respeten. No le pedí que repitiera o aclarara lo que acababa de decir; supuse que en algún momento se había visto en mi tesitura y había tenido la sensación de no ver prácticamente nunca a sus hijos a causa del trabajo, pero había logrado salir adelante. Pam volvió la cabeza hacia la otra limpiadora, una mujer gruesa con cara de pocos amigos y una coleta rubia recogida con una goma elástica, cuya mala cara parecía denotar más aburrimiento que malestar por mi retraso.

—Te presento a Sheila —dijo Pam—. Esta es su última semana con nosotras.

Sheila y yo nos miramos y nos saludamos con una inclinación de cabeza y una media sonrisa. Ya habíamos empezado a descargar la camioneta que transportaba un amplio surtido de espráis desconocidos, que no utilizábamos en las limpiezas semanales. Eran productos de limpieza potentes, destinados a eliminar restos de moho, grasa y manchas. Sheila me alargó varias bandejas de material y bolsas llenas de trapos, mientras aguardaba impaciente a que yo acabase de hacer malabarismos con la jarra reciclada donde llevaba mi café.

—Antes de entrar, tengo que explicaros un par de cosas sobre esta casa —dijo Pam cuando nos detuvimos frente a la puerta y luego nos pidió que nos acercásemos más.

Sheila se la quedó mirando, pero yo, a mi vez, no podía dejar de mirarla a ella y preguntarme por qué motivo iba a dejar el trabajo, procurando contener la envidia que me corroía. Pam se volvió para otear por encima del hombro un campo cubierto de altas hierbas. Lo señaló con un gesto y nos dijo:

—La casa de la madre del Bandido Descalzo se encuentra al otro lado.

El Bandido Descalzo era un personaje famoso en aquel momento. Raras veces se lo citaba por su verdadero nombre, Colton Harris Moore, pero yo sabía que habíamos nacido en el mismo lugar del condado de Skagit. Solo tenía diecinueve años y últimamente había estado causando estragos en la zona, irrumpiendo en las casas de personas adineradas mientras sus dueños dormían, y en una ocasión había dejado las huellas de sus pies descalzos sobre el polvo del suelo en un garaje. La semana anterior había entrado en la Casa del Chef, donde había usado un ordenador para obtener información sobre la tarjeta de crédito de mi cliente —con la que había comprado gas lacrimógeno para ahuyentar a los osos y gafas de visión nocturna— e intentar localizar avionetas no vigiladas. Me lo imaginaba sentado frente al escritorio al que yo quitaba el polvo cada quince días, consciente de cuán fácil le habría sido encontrar el número de las tarjetas de crédito en medio de las pilas de papeles dispersos. Las fuentes de información locales lo describían como un hombre armado y peligroso y decían que posiblemente se escondía en casa de su madre.

Aunque dudaba que se encontrase allí, todo el lugar parecía el escenario perfecto para un relato de terror. Al fin y al cabo, nos encontrábamos en una casa prefabricada abandonada al final de un largo camino de tierra rodeado de bosques. La limpieza de una casa desocupada siempre resulta inquietante, en cualquier circunstancia, como si una estuviera limpiando el escenario de un delito, eliminando todas las huellas de interacción humana. Mientras avanzábamos hacia la entrada, Pam siguió preparándonos para lo que encontraríamos dentro. Nos explicó que la casa pertenecía a una pareja que se había divorciado. La mujer se había ido y el hombre había seguido viviendo allí con un par de acompañantes.

—El propietario tiene un presupuesto muy ajustado, así que tendremos que ser muy eficientes —nos dijo, volviéndose hacia nosotras antes de abrir la puerta—. Hoy me quedaré un par de horas con vosotras para ayudaros a arrancar y tú, Stephanie, volverás mañana para darle el toque final.

Por mi parte, no tenía claro qué entendía por ser «muy eficientes». Habitualmente ya no se nos permitía hacer una pausa para comer, pues se suponía que ya lo haríamos durante el desplazamiento de un lugar de trabajo al siguiente, devorando manzanas y bocadillos de crema de cacahuete mientras conducíamos. Pero aquel día no nos moveríamos de allí. Durante dos días, permanecería entre seis y ocho horas diarias metida en esa casa prefabricada de dos módulos, en un lugar apartado en medio del bosque, sin cobertura para el móvil, sin poder llamar a nadie y ni siquiera recibir una llamada si surgía alguna urgencia con Mia.

—Procurad beber mucha agua —nos dijo Pam mientras forcejeaba con la cerradura. Dejó en el suelo el cubo de fregar que había llenado con una reserva adicional de productos de limpieza y toallitas de papel, y añadió—: Y tomaos un pequeño descanso cuando sea necesario.

Arqueé las cejas asombrada al oír este comentario. Era la primera vez que escuchaba que nuestro tiempo medido incluía la posibilidad de tomarse un descanso. Quizás las limpiezas de casas desocupadas lo contemplaban y las limpiezas habituales, no. Hasta entonces había dado por supuesto que no podíamos sentarnos.

La mayoría de las casas que había limpiado hasta entonces eran propiedad de personas que podían pagar su mantenimiento y raras veces era la primera que acudía a limpiarlas. La limpieza de una casa que ha quedado desocupada resulta engañosa. La casa está vacía. No hay que mover lámparas, ni libros, ni chucherías para quitar el polvo a las mesas y los estantes, de manera que a primera vista parece un trabajo sencillo. Sin embargo, es el que lleva más tiempo, el más extenuante y repulsivo. Lo más frecuente es que el propietario haya decidido vender la casa después de haberla tenido alquilada durante años, sin una limpieza periódica. En esas casas, una capa de grasa incrustada de polvo, como cemento gomoso, recubre toda la cocina. El suelo alrededor de los inodoros está manchado de amarillo; hay pelos incrustados en todas las hendeduras. Cuando friegas una superficie, aflora el color original, con lo cual el resto de superficies descoloridas se ven aún más sucias.

Al entrar en la casa prefabricada, lo primero que me llamó la atención fueron las baldosas ennegrecidas del vestíbulo. Un rastro oscuro bien visible recorría la alfombra hasta la sala de estar. Cuando llegamos al comedor y levantamos la vista descubrimos una lámpara con varios brazos que casi rozaba nuestras cabezas, cubierta de telarañas polvorientas.

—Yo haré el baño de invitados —se ofreció Pam y eso me congració un poquito más con ella—. Está bastante mal.

Con las manos en las caderas, levantó la cabeza para contemplar las telarañas.

—Sheila —dijo dirigiéndose a la mujer, que estaba inspeccionando el extremo de las persianas de la sala de estar, torcidas y negras de polvo—, tú puedes encargarte de quitar el polvo. Y asegúrate de que esas persianas también queden limpias.

Después me miró, inspiró profundamente y me dijo:

—Tú harás la cocina.

La seguí hasta el cuarto contiguo, donde se detuvo a mirar el interior de la nevera, que había desenchufado y dejado abierta al pasar durante el primer recorrido inicial. Hizo una mueca, como de asco. Sería la única vez en que la vería reaccionar ante la mugre; de costumbre solía mantener un aire agradablemente despreocupado, incluso mientras nos daba una reprimenda.

—Tendrás que retirar todos los cajones y ponerlos en remojo —me dijo volviéndose hacia mí pero con la mirada todavía fija en el interior de la nevera. Me acerqué para echar un vistazo por encima de su hombro—. Saca todos los estantes de cristal y remójalos tan bien como puedas. —Se interrumpió para separar de la puerta la banda de goma plegada en forma de acordeón—. Yo de ti usaría un cepillo para limpiar la banda que sella la puerta. Asegúrate de retirar todos los restos de comida incrustados en los pliegues. Llámame si necesitas ayuda —añadió y me sonrió mientras me daba una palmadita en el hombro—. Esos restos resecos de la sangre que ha supurado de los paquetes de carne pueden ser difíciles de quitar.

Continuamos nuestro recorrido por la pequeña cocina y Pam me señaló la gruesa capa de grasa de un tono marrón anaranjado acumulada bajo la campana. Nos detuvimos boquiabiertas bajo las manchas. En el techo había salpicaduras de algo que parecía salsa de chile. Los mandos de la cocina también estaban cubiertos de restos amarronados de comida. Habría que restregar y fregar hasta el último centímetro cuadrado de esa cocina, incluido el interior de los armarios.

De pie frente al fregadero, alcanzaba a divisar a través de la ventana una esquina de la casa familiar del Bandido Descalzo. No podía dejar de mirar continuamente hacia allí por si veía asomar su cabeza entre la hierba. Sentía un impulso protector hacia mi querido Subaru, el coche del que dependía para trasladarme al trabajo. Me imaginaba a ese hombre reclamándome las llaves mientras me apuntaba con una pistola para alejarse luego en mi coche.

Para limpiar el techo, tuve que encaramarme sobre el tablero de la cocina. Pam, que se había acercado para ver cómo avanzaba mi trabajo, se me quedó observando preocupada. Me pidió que la avisara cuando hubiera terminado para poder indicarme qué tendría que hacer en el cuarto de baño principal. Ella seguía ocupada con el baño de invitados. Podía oírla toser a causa de las emanaciones de cloro, a pesar de haberse puesto una de esas mascarillas blancas desechables. Tampoco protegían gran cosa de los vapores tóxicos. Pam las usaba para dar ejemplo y nos recordaba que debíamos hacer lo mismo. Si alguna sufría cualquier lesión durante el trabajo, lo primero que nos preguntarían sería si utilizábamos algún tipo de material protector, que debía suministrar la empresa.

Cuando entró en la cocina, Pam me descubrió reposando los brazos. Llevaba casi treinta minutos de pie sobre el tablero intentando quitar las manchas del techo, sin éxito.

Me hizo señal de que la siguiera y nos dirigimos a la otra mitad de la casa que yo aún no había visto. El dormitorio principal conservaba todo el mobiliario y solo habían vaciado a medias el armario. Una gruesa manta de lana con lobos estampados cubría lo que parecía un colchón de agua. No pude evitar hacer una mueca al imaginar a ese hombre —en cuya cocina acababa de pasarme dos horas retirando restos de comida reseca— divirtiéndose con alguna mujer en ese dormitorio. Me pregunté qué clase de mujer compartiría con él las ondulaciones de su manta peluda con lobos estampados.

Gracias a esas visualizaciones o suposiciones sobre mis clientes conseguía superar las jornadas de angustia personal, fatiga y soledad. Los ocupantes imaginados de las casas se movían a mi alrededor. Los veía incorporándose de la cama de madrugada, un día laborable, restregándose con una toallita mojada en la ducha (la misma que encontraba hecha una bola en el suelo y recogía con cautela, incluso llevando guantes). También dejaban rastros de su presencia y de lo que hacían. Podía verlos de pie frente a la ventana de la cocina, bebiendo su taza matutina de café, cuando limpiaba el círculo que había dejado la taza.

Cuando tenía dieciséis años trabajé un tiempo en una tienda de mascotas donde limpiaba las jaulas de los animales: ratas, ratones, jerbos, erizos, hurones y pájaros. La dueña hablaba en un tono que rezumaba agresividad pasiva, suficientemente alto para hacerme estremecer. Una mañana me presenté en la tienda ya muy estresada por las tareas que me tocaba hacer, consciente de que sería incapaz de aguantar un día más metiendo las manos en las jaulas de los pájaros, cuyo furioso aleteo me provocaba unas ansias incontrolables de salir huyendo. Me dirigí con paso firme al despacho de mi jefa y le anuncié:

—Este trabajo es demasiado estresante. Tendré que dejarlo.

—Bueno —respondió sarcástica desde detrás de su escritorio, situado junto a las jaulas de los roedores macho reproductores—, pues tendré que dejarte marchar antes de que te venza el estrés.

Tardé varias semanas en recibir por correo el cheque con mi finiquito. Desde entonces, nunca había dejado un trabajo, pero el dormitorio principal de la casa prefabricada casi pudo conmigo.

El segundo día, regresé yo sola. Aparqué en el camino de entrada, cerré con llave las puertas del coche y después me encerré dentro de la casa. Evité asomarme a las ventanas por temor a ver pasar al Bandido Descalzo. Aquella mañana había dejado a Mia en la guardería después de administrarle una dosis de Tylenol porque tenía un poco de fiebre. El día antes había podido constatar que la cobertura para el móvil era absolutamente nula en la casa prefabricada. Si el estado de Mia empeoraba, no podrían localizarme, y punto. Mi inquietud al encontrarme sola, encerrada en esa casa, sin teléfono, fue creciendo y no conseguía librarme de ella. A lo cual se sumaba el estrés de estar desaparecida en una especie de vacío durante toda la jornada laboral. En mi calidad de madre, quería poder estar siempre localizable, como mínimo, por si ocurría cualquier cosa.

Casi habíamos terminado el día antes, pero tenía que repasar lo que había hecho Sheila. Los cajones de la nevera seguían en remojo en el fregadero y todavía me faltaba fregar el suelo de linóleo de la cocina, con un desgastado triángulo marrón que unía el fregadero, los fogones y la nevera. Pero la mayor parte de la jornada la dedicaría al cuarto de baño principal.

El día antes, Pam me había dicho que me tomara un tiempo antes de empezar a fregar después de rociarlo todo. Me sugirió que hiciera el cuarto de baño por partes y entremedias me trasladase a otras zonas de la casa, para volver a ocuparme más tarde de otra sección del baño. Mi método, consistente en avanzar de derecha a izquierda y de arriba hacia abajo, no parecía una estrategia adecuada para el desastre que tenía ante mí. Un moho negro cubría buena parte del techo y el extremo superior de las paredes de la ducha. Usé dos frascos de espray contra el moho para rociarlo y retirarlo luego con un estropajo, resguardada tras unas gafas protectoras y una mascarilla para evitar inhalar el producto.

Los rincones y fisuras del interior de la ducha estaban cubiertos de moho rosáceo. El producto de limpieza chorreaba hasta mis pies arrastrando ríos marrones y negros de moho y suciedad. Conseguí limpiar pequeñas zonas y enseguida lo lamenté, pues eso me obligaría a restregar con la misma intensidad hasta el último centímetro de la minúscula ducha. Mantuve la nariz cubierta con el cuello de la camisa, en vez de usar la mascarilla, y salí varias veces al dormitorio principal para respirar aire fresco.

Cuando me arrodillé junto al váter y vi de cerca el estado en que se encontraba, me incorporé de golpe y salí de la casa. Ya no aguantaba más. Me quedé al menos quince minutos sentada en el porche, en medio de la llovizna. Casi anhelé tener un cigarrillo o poder comer como es debido o beber algo que no fuera agua. Ya hacía rato que me había tomado el café y el bocadillo de crema de cacahuete que había llevado conmigo por la mañana.

Allí en ese porche, experimenté un cúmulo de emociones. Enfado, sin duda, por cobrar poco más del salario mínimo por fregar a mano la mierda de los váteres. Ni siquiera el triple bastaría para compensar lo que tenía que hacer. En el cuarto de baño principal de la casa prefabricada había charcos de orina cristalizada alrededor de la base del váter. La parte inferior del asiento, el reborde y el saliente superior de la taza estaban salpicados de manchitas marrones que supuse debían ser de caca y otras amarillas y anaranjadas que parecían de vómito. Me había puesto un par de guantes de caucho amarillos e iba armada con el Comet. Pero el hombre que había utilizado ese baño había comprado esos discos azules, tal vez en un intento de conseguir la apariencia de un váter limpio, y estos habían dejado un rastro azulado a la altura de la línea de agua y desde el punto de entrada del agua limpia de la cisterna, debajo del reborde. Tendría que introducir la mano hasta allí y restregar esas marcas oscuras con piedra pómez una y otra vez hasta hacerlas desaparecer.

—No me pagan lo bastante para tener que hacer esto —murmuré y luego lo grité en dirección a los árboles. Estaba sola, sentada en el porche, mientras la lluvia goteaba del techo, y hasta a mí me sorprendió el furor de mi voz. A esas alturas —después de soportar los ataques imprevistos de Jamie, que me dejaban con las rodillas paralizadas, los pulmones contraídos y una opresión en el pecho, como si una persona corpulenta me retuviera entre sus gruesos brazos—, me había vuelto estoica. El suelo ya se había hundido demasiadas veces bajo mis pies y todavía caminaba con cuidado, consciente de que cualquier contratiempo podría volver a arrastrarme hasta el punto de partida, un refugio para personas sin hogar. Tenía que mantener la entereza. Sobre todo —y a pesar de la incertidumbre de cosas que escapaban a mi control— tenía que conservar la calma. Tenía que ser fiable. Me pondría manos a la obra y haría lo que tenía que hacer. «¡No puedes venirte abajo!», me repetía. Había llegado a ser mi mantra, que me repetía mentalmente y a veces incluso en voz alta.

Mi Subaru marrón relucía bajo la lluvia. De repente se abrieron las nubes y el sol brilló sobre la carrocería del coche. Nunca había anhelado tanto dejar un trabajo. Me sentía insultada por ese váter, por el hombre que lo había dejado en ese estado, por la empresa que me pagaba el salario mínimo. Contemplé el Subaru mientras imaginaba mi huida.

No tenía escapatoria. Travis y yo ya casi no nos hablábamos. Los fines de semana que Mia iba a casa de su padre, se enfadaba conmigo si me quedaba durmiendo hasta tarde en vez de levantarme a las siete para ayudarlo en la granja. Ya me era indiferente y él lo sabía. Llevábamos meses coexistiendo en medio de ese malestar. No tenía manera de poder pagar un lugar donde vivir. Por lo tanto, volvería a entrar y limpiaría ese váter. Dejar ese trabajo supondría varios meses desesperados sin ningún ingreso. La pensión de alimentos que recibía para la niña apenas cubría el coste de la gasolina. La totalidad de los 275 dólares mensuales se me iba en los viajes para que Mia pudiera ver a su padre. Perder mi empleo significaría estar en deuda con Travis. Supondría perder mi dignidad.

Cerré los puños y me levanté. Volví a entrar en la casa apretando los dientes. Ese no era mi destino. No acabaría así. Estaba decidida a demostrar que no me equivocaba al pensarlo.

La casa prefabricada me causó pesadillas. Soñaba que mientras conducía de regreso a casa, mi teléfono empezaba a emitir mensajes de voz. O alguien me llamaba desde un número desconocido. Cuando respondía, la mujer que me llamaba hablaba con tanta desesperanza que no conseguía entenderla hasta que decía la palabra «hospital». Una imagen de Mia tendida en una cama, con parte de su pelo castaño rizado cubierto de sangre, aparecía ante mí antes de que la mujer empezara a preguntarme dónde estaba y por qué no había dejado una lista de contactos para situaciones de emergencia. «¡Estoy sola! —repetía yo en el sueño—. ¡No hay nadie más!».

Pero la casa prefabricada también reapareció de otro modo. Después de pasarme doce horas limpiándola, Lonnie me llamó al cabo de un par de días. Su voz no tenía la firmeza habitual. El cliente no había quedado satisfecho con la limpieza, me dijo. Algo sobre restos de polvo en las bombillas, o las persianas, o unas manchas en los espejos, o todo a la vez.

—Tendrás que volver para arreglarlo —me dijo quedamente—. Y, como está estipulado en tu contrato… —Hizo una pausa para tomar aliento—. No pagamos esas horas.

Mi corazón empezó a latir aceleradamente, aporreando con enormes golpes secos las paredes de mi pecho.

—No puedo hacerlo de ningún modo —repliqué, mientras se me atragantaban las palabras. La casa estaba a cuarenta minutos de distancia en coche y nadie me pagaría el coste de la gasolina. Negarme a ir suponía correr el riesgo de perder mi empleo, pero si regresaba a esa casa, me arriesgaba a dejarlo definitivamente—. Creo que no sería capaz de volver allí. Ese váter me hizo pensar en dejar este trabajo.

Lonnie suspiró. Sabía cuán desesperadamente necesitaba trabajar y cuán cierto era que no podía permitirme un gasto adicional en gasolina.

—Ya encontraré alguna solución —dijo y colgó. Nunca llegué a saber si había enviado a otra en mi lugar. Puede que le pidiera a Sheila que volviera a esa casa, pero lo más probable es que le tocara a Pam acabar el trabajo. Si así fue, nunca me lo comentó.

10

La casa de Henry

Lonnie y yo nos detuvimos en el porche hormigonado de un nuevo cliente cuya casa ella se disponía a presentarme. Después de llamar a la puerta de madera roja, tuvimos que esperar al menos un minuto mientras oíamos un coro de ladridos y el rumor de pasos de alguien que intentaba calmar a los perros. El hombre que abrió la puerta iba vestido con una bata, una camisa blanca, pantalones de chándal de color azul marino y zapatillas.

—¡Ya están aquí! —exclamó con voz sonora. Los perros, dos exuberantes pastores australianos, brincaban excitados meneando sus colas amputadas.

—Henry —dijo Lonnie—, le presento a Stephanie, nuestra mejor trabajadora.

—Pasen, pasen —dijo él y acto seguido se acercó para ayudarme a acarrear el material que llevaba. Lonnie sonrió y le dio las gracias, mientras él cerraba la puerta detrás de nosotras. Después, dejó en el suelo la bolsa llena de trapos blancos doblados en cuatro y dijo—: Ahora le indicaré lo que espero que haga.

Henry había pedido una nueva asistenta. Lonnie me elogió mucho y lo convenció de que lo haría mejor que la anterior. Antes ya me había indicado que debería limpiar la casa conforme a sus instrucciones, hacer las cosas en el orden que él quería, no llegar nunca tarde, no pasarme de la hora. Y hacerlo siempre todo lo mejor posible. La limpieza me ocuparía cuatro horas un viernes cada quince días. «Prepárate para sudar», me había dicho Lonnie.

Henry ya me intimidaba. Cuando por fin lo vi, después de haberle oído decir a Lonnie lo exigente que era, involuntariamente me encogí. Era un palmo y medio más alto que yo, con un porte muy erecto y seguro de sí, y una gran barriga prominente.

Comenzamos por el salón delantero, que Henry y su mujer usaban como despacho. Ambos tenían grandes escritorios de caoba reluciente. El de Henry estaba situado frente a la ventana principal, donde la mayoría de la gente habría colocado un elegante sofá. Los estantes de la pared estaban llenos de novelas del Oeste, libros de viajes y manuales de programación. Tenía dos pantallas de ordenador encima del escritorio en forma de L. Se habían mudado a esa casa tras su jubilación, procedentes de Hawái, donde él trabajaba en algún empleo de carácter tecnológico. Pilas de facturas y manuales y varias cámaras ocultaban la superficie de la mesa. El escritorio de su esposa era, en cambio, más pequeño y estaba más ordenado, con un escáner, una plastificadora, pilas de recortes de revistas con recetas y recomendaciones para confeccionar un álbum, y fotos de sus perros y gatos.

Henry estaría en casa mientras yo trabajaba y necesitaba que siguiese un orden determinado para hacer la limpieza a fin de adecuarme a su rutina. Limpiaría el despacho y el comedor de invitados mientras él terminaba de desayunar y veía las noticias. Cuando entrara en antena *The Price Is Right* (El precio justo), me trasladaría al otro extremo de la casa y antes de limpiar el cuarto de baño de invitados, me detendría para hacer el cuarto de lavar, y después me ocuparía del baño principal.

En el baño principal, empezaría por dejar apiladas frente a la puerta las cuatro alfombras, que limpiaría más tarde. En primer lugar, limpiaría el váter, que estaba situado frente a una cabina de ducha con dos rociadores y losas de gravilla en el suelo. Henry dijo que él se encargaría de limpiar la ducha. Después de doblar las toallas, pasaría el trapo por las paredes del *jacuzzi* que había en una esquina y que, por lo que pude ver, no debían de usar nunca. Se bañaban en la tina de agua caliente que tenían en el porche, nos explicó Henry, señalando los bañadores colgados detrás de la puerta. A continuación de la bañera, limpiaría el espejo, tan grande que tendría que arrodillarme sobre la encimera para alcanzar el extremo superior, y quitaría el polvo a las lámparas, los lavabos gemelos y la encimera repleta. En el lado de la esposa había varios cajones de plástico traslúcido y soportes con orificios de formas diversas para los cepillos y otros adminículos de tocador que no supe identificar. En el lado de Henry había numerosos recipientes para medicamentos, del tipo con varios compartimentos y la primera letra del día de la semana inscrita encima. Tenía varios cepillos de dientes y había restos de pasta dentífrica por todas partes.

Antes de pasar la aspiradora a las alfombras, tendría que limpiar de manchas las paredes y fregar el suelo. Al volver a colocar las alfombras en su sitio, debía procurar no alterar la alineación de las fibras trazada por la aspiradora. Después quitaría el polvo a los numerosos estantes de su cuarto ropero, para limpiar a continuación su dormitorio y pasar la aspiradora desde el interior hacia afuera.

Aquel primer día en casa de Henry, nos detuvimos en el vestíbulo para admirar una vitrina. Su *hobby* era tallar madera e interrumpió el recorrido por la casa para decirnos que la mayoría de las piezas eran obra de artistas de mucho mayor talento que él. La mitad de su garaje estaba ocupado por un taller de carpintero, añadió con cierto pudor, pero ya raras veces hacía algún mueble.

Permanecí callada durante todo el recorrido, procurando asimilar las numerosas instrucciones mientras me preguntaba si Henry se enfadaría si no las seguía correctamente. En la sala de estar había un televisor más grande que mi coche. Debajo había un armario con varios controles electrónicos, para reproducir DVD o para la televisión por cable, y para conectar y controlar el volumen de los numerosos altavoces distribuidos por toda la sala. Solo había visto esa clase de instalaciones en las tiendas. En la otra pared había una chimenea completa, con el marco y un banco de ladrillos. Tendría que desplazar los dos pesados sillones de cuero dotados de deslizadores y la mesa situada entre ambos, procurando que no se movieran los cinco controles remotos que tenía encima. Cuando empecé a pasar la aspiradora por la alfombra roja, constaté que, sin la fina capa de pelos de perro que la cubría, era más bien de color ladrillo. Después de la sala de estar, me tocaría limpiar el *office*, la nevera de acero inoxidable, las encimeras de mármol y el suelo de la cocina y, por último, el aseo de la entrada.

Las primeras veces que acudí a hacer la limpieza, me asustaba oír la voz de Henry. Trabajaba sin parar, con solo una pequeña pausa para ajustar mi iPod Shuffle o consultar el reloj y asegurarme de que no me estaba retrasando. Los primeros viernes me pasé de la hora y Lonnie se preocupó tanto que llamó a Pam para comentárselo, tras lo cual Pam me telefoneó a mí para averiguar si había algún problema. Pero pasado un tiempo, ya sabía dónde se acumulaban los pelos, qué manchas podía quitar pasando rápidamente un trapo, cuáles tenía que rascar y cuáles no tenían remedio. Todo pasó a formar parte de una sucesión de movimientos automáticos y me pasaba el rato dando vueltas a otras cosas que estaban ocurriendo en mi vida.

Cuando llegaba a casa de Henry por la mañana, siempre charlábamos un ratito. Después él trapicheaba por la cocina para prepararse el desayuno, que de costumbre consistía en dos gruesas rebanadas de pan con tomate y aguacate. Yo me encargaba luego de limpiar la mesa de madera donde comía, recogía las migas y retiraba la bandeja giratoria con diferentes tipos de sal y salsas picantes, para pasar el trapo debajo. Cuando terminaba de limpiar el pasillo, él ya estaba sentado ante su escritorio trabajando y ya no se movía de allí hasta que yo me iba.

Un viernes me preguntó si podría trabajar un día extra la semana siguiente.

—Lo siento, pero no podré —le dije—. Tengo que ir a otra casa que también hago los viernes, aquí mismo, enfrente de la suya.

La Casa-Granja también era nueva y con una sorprendente similitud con la de Henry, según pude saber, en el sentido de que por allí habían pasado, antes de mí, casi todas las limpiadoras de la empresa. La limpieza de ambas casas era una tarea que hacía sudar y exigía trabajar a ritmo rápido durante cuatro horas con alfombras espantosas y muchos animales. Contuve un estremecimiento involuntario al recordar el trabajo que me daba limpiar con la aspiradora la alfombra azul marino que recubría la escalera.

—Ah —suspiró Henry y bajó la vista.

—Pero podría venir este fin de semana —añadí—, si eso le ayuda. Mi hija pasa los fines de semana alternos en casa de su padre y yo la llevo cuando salgo de aquí.

Henry irguió un poco la espalda y pareció complacido.

—¡Estupendo, porque vamos a celebrar una cena! —dijo y me indicó que lo siguiera. Salimos por la cristalera de puertas correderas al patio cubierto de la parte de atrás—. Quiero que esta barbacoa esté reluciente.

Asentí, contemplando lo mugrienta que estaba, y pude ver en una esquina la tina de agua caliente con una botella vacía de champán. Sentí una punzada dolorosa en el cuerpo, anhelando poder tener, aunque solo fuera una vez, la oportunidad de beber champán en un baño caliente.

Una vez dentro, comencé a pasar la aspiradora por el comedor de invitados. Henry tenía allí una antigua consola de vídeopóker y una botella medio vacía de una ginebra sofisticada, abandonada junto al pequeño fregadero del bar. Sin saber cómo, me encontré pensando en cómo sería mi jubilación, si llegaba a jubilarme algún día. Desde luego, nunca llegaría a ser propietaria de una casa demasiado grande para poder limpiarla yo sola. Me parecía un despilfarro enorme contratar a alguien para que pasase la aspiradora sobre las mismas líneas que había trazado quince días antes. Procuré seguir la misma pauta, absorta en mis pensamientos, con la música tronando en mis oídos, hasta que Henry me dio un golpecito en el hombro. Ruborizada, me apresuré a desenchufar la aspiradora y me arranqué los auriculares de los oídos.

—¿Te gusta la langosta? —me preguntó.

Lo miré desconcertada.

—Los viernes suelo preparar un mar y montaña para cenar —me explicó—. Compro un par de langostas en el mercado.

Asentí, mientras me preguntaba por qué me habría hecho interrumpir mi tarea e intentaba recordar si alguna vez había visto a alguien comprar una de esas langostas de las peceras.

—¿Para cuántas personas vas a cocinar hoy? —siguió inquiriendo.

—Para dos —respondí.

—Muy bien, traeré un par para ti. Te agradezco que hagas ese trabajo extra para nuestra fiesta.

Balbuceé unas palabras de agradecimiento. Jamás me había encontrado con ningún cliente o clienta que me tratase con tanta amabilidad, como a un ser humano, y no sabía cómo responder a ello. Además, no había comido una langosta entera más de un par de veces en mi vida y no tenía idea de cómo cocinarla. Ya me sentía culpable al pensar que seguramente estropearía el generoso regalo con mis deficientes dotes culinarias.

Henry salió poco después y se llevó a los perros. Era la primera vez que me dejaba sola en la casa. Su confianza me llenó de satisfacción, tan acostumbrada estaba a que desconfiasen de mí. Me acordé de la mujer de la Casa-Granja que, la primera vez que había ido allí, estaba en casa y no paró de importunarme y dar vueltas a mi alrededor. Tuve la impresión de que intentaba tenderme una trampa, dejando a propósito sus joyas a la vista en vez de guardarlas en un cajón.

Cuando me llevé la mano al bolsillo para coger el móvil, miré a mi alrededor, aun a sabiendas de que estaba sola y nadie me vería. Marqué el número de Travis y cuando contestó, le conté muy excitada lo de las langostas y le pedí que sacara del congelador un par de bistecs que había comprado de oferta. Por algún motivo, compartir con él esa buena noticia, ese golpe de suerte, me hizo sentir que nuestra relación aún tenía esperanzas.

Pero él, sin hacer ningún comentario sobre las langostas ni los bistecs, me preguntó, en cambio, sin entonación:

—¿Has comprobado el nivel de lubricante de la transmisión de tu coche?

—Sí, está bajo —respondí alicaída. Dejé de mirar el cuadro del vestíbulo de Henry, una de esas representaciones metalizadas de un faro, y bajé la vista hacia mis pies calzados solo con las medias; uno de ellos había dejado un rastro sobre el encerado reluciente.

Quizás la manera que tenía Travis de expresar su amor por mí era preguntarme por mi coche, pero a mí no me llegaba. Solo me comunicaba esporádicamente con mi familia y necesitaba ese contacto.

—Te quiero —le dije cuando ya estábamos a punto de despedirnos, pero él no me lo repitió.

Después de colgar, empecé a limpiar el cuarto de baño de Henry, con la desilusión que me había causado la conversación con Travis todavía latente. Henry llegó justo cuando acababa de alargar el brazo para restregar el interior del váter con un estropajo.

—¿Sabes cómo manejar estos bichos? —preguntó. Tuve un sobresalto al oír resonar su voz contra las paredes. Cuando me volví, me indicó que lo siguiera hasta el cuarto de lavar. Allí, encima de la lavadora que yo acababa de limpiar, había un par de langostas, de las más grandes que jamás había visto. Eran de un color rojo amarronado. Estaban vivas. Y eran mías.

Henry me dio un papel impreso con las instrucciones para cocinarlas y un juego reluciente de cascalangostas.

—¿Sabe que quizás esté contribuyendo a salvar mi relación? —le dije mientras deslizaba el pulgar sobre el utensilio de plata.

—Ah, ¿en serio? —me preguntó mientras me lanzaba una mirada entre interesada y divertida.

—Sí —respondí y acto seguido me encogí de hombros como si no tuviese mayor importancia—. Hemos estado discutiendo mucho. Por el dinero y esas cosas.

—Pues sí que lo siento —dijo él cruzándose de brazos. Después me miró fijamente a los ojos, frunciendo ligeramente el ceño, y blandió un cascalangostas en dirección a mi nariz—. Cuando dejas de pasarlo bien, ya no queda nada.

Esas palabras siguieron resonando en mi cabeza durante el resto del día. Travis y yo no teníamos las mismas aficiones. A él le gustaba conducir vehículos recreativos a gran velocidad por una pista, mientras que a mí me gustaba beber cerveza de pequeños productores y hablar de política y libros en compañía. Intentábamos llegar a un compromiso. Él a menudo se sentaba afuera conmigo por las noches para beber una cerveza mientras contemplábamos el enorme huerto que habíamos plantado en un rincón del patio. Mia, abrazada a los dos, tendía un puente entre nuestras diferencias con sus brincos de alegría. En momentos como ese parecíamos una verdadera familia y yo me esforzaba por sentir el mismo cariño y alegría que sentía ella. Pero sabía que jamás lograría entender el nulo deseo de pasear sin rumbo o de asombrarse o de adquirir nuevos conocimientos que tenía Travis. Habíamos alcanzado el punto del resentimiento y cada uno culpaba al otro de nuestras diferencias.

Pensando en Mia, intenté aferrarme al sueño. La granja. Los caballos. El neumático que le servía de columpio en el patio delantero, los prados infinitos por los que podía corretear. Desde que el verano anterior la había visto arrancar puñados de zanahorias del terreno que cultivábamos, vestida solo con sus braguitas y camiseta y sus botitas camperas, había empezado a disculparme ante ella en secreto, susurrándole: «No sabes cuánto lamento no poder conformarme con esto».

Cuando acabé mi trabajo en casa de Henry, él me ayudó a transportar mi material de limpieza hasta el coche. Yo llevaba la bolsa con las langostas abrazada contra el pecho, pero a quien hubiera querido abrazar era a Henry, por su amabilidad, por tratarme no como a una criada, sino como a una persona merecedora de cariño y unas risas y una cena de langosta de vez en cuando. Cuando le di las gracias, esbozó una amplia sonrisa e hinchó el pecho.

—Ahora, vete a tu casa —me dijo, pero yo ya empezaba a tener claro que para mí esa casa era un lugar pasajero, una bomba de relojería, una explosión en ciernes.

Al llegar a la señal de *stop* del final de la calle, me detuve y aparqué en el arcén. Me incliné hacia delante y apoyé la cabeza sobre el volante. La charla con Henry me había hecho añorar a mi padre.

Me había ocurrido a menudo durante el último año y había comprobado que cuando me atenazaba el dolor por esa pérdida —como si mi pecho se hundiera justo sobre el vacío que tenía allí, en el centro—, lo mejor que podía hacer era detenerme y esperar, darle un tiempo a ese sentimiento. El dolor no quería ser ignorado. Necesitaba ser acogido con amor, como también lo necesitaba yo.

Allí, sentada en el coche, con la bolsa con las langostas a mi lado sobre el asiento del acompañante, inspiré y espiré varias veces contando hasta cinco cada vez, mientras me repetía quedamente: «Te quiero, yo cuidaré de ti». El consuelo de la autoestima era cuanto tenía.

Mia estaba durmiendo cuando fui a buscarla a la guardería para llevarla a casa de Jamie. Eran casi las dos y el tráfico se volvería imposible si nos retrasábamos más. Protestó cuando la cogí en brazos y mientras le ponía la chaqueta y la sentaba en su sillita con el cinturón abrochado. Pasamos por casa y dejé el coche en la entrada con el motor en marcha mientras entraba corriendo para dejar las langostas y recoger la mochilita especial de Mia para los fines de semana que pasaba fuera. Metí rápidamente algo de ropa, una mantita, el álbum de fotos que habíamos montado y su monito Jorge el Curioso. Mia se durmió durante el trayecto y aproveché para poner un CD que había grabado un tiempo atrás. Empezó a sonar una melodía *country* con una ridícula letra sobre un granjero que cultivaba heno. Travis siempre ponía los primeros compases muy altos cuando llevaba a Mia en su camioneta porque la canción empezaba imitando el ruido de un motor al arrancar, con un sonoro contrabajo cuyas notas le retumbaban a una en el pecho. Sonreí al recordar cómo Mia le pedía que lo pusiera otra vez, riendo y agitando los pies enfundados en sus botitas rosas con los caballitos marrones. Cuando empezó a verse el mar, extendí la mano hacia atrás para despertarla tocándole una pierna.

No estuve de vuelta en casa hasta las seis. A solas en la cocina, puse a hervir una olla de agua con sal. Cuando empezó a burbujear, la oculté con mi cuerpo a la vista de las langostas mientras leía por quinta o sexta vez las instrucciones. Travis había optado por quedarse en el porche junto a la barbacoa y probablemente estaría quemando los bistecs. Yo tendría que apañármelas para dejar caer las langostas vivas en la olla donde morirían hervidas.

En la olla que tenía no cabían las dos a la vez y tuve que cocerlas una tras otra. Papá solía cocinar grandes cantidades de chile con carne en esa olla y, por algún motivo, yo la había heredado tras el divorcio de mis padres. Era de metal esmaltado con un colador acoplado. Cuando tenía veintipocos años, en Alaska, estuve viviendo con mi novio de entonces en una cabaña que no tenía agua corriente y estaba instalada sobre un par de hectáreas de permafrost. Una vez que papá nos visitó, traía consigo una receta manuscrita para preparar su chile con carne. Incluso la había titulado «Chile con carne al estilo de papá». La guardé en una funda de plástico y la archivé en una carpeta de recetas que había empezado a coleccionar.

No era una receta complicada: carne picada, cebollas, judías pintas, un poco de comino. Estoy casi segura de que la había copiado de un recetario de Betty Crocker. Pero de niña disfrutaba cuando él la preparaba. Nos sentábamos a la mesa con nuestros platos humeantes y desmenuzábamos galletitas saladas, para luego apartar las migas y dejarlas caer al suelo bajo la mirada horrorizada de mamá. Cuando Mia y yo fuimos por primera vez a casa de papá y Charlotte, aproximadamente un mes antes de que Jamie destrozara la puerta y nos obligara a marcharnos, Charlotte no paró de darle la lata a papá hasta que preparó una olla de chile con carne para mí. Se ganó mi afecto por ello. Esos recuerdos comenzaron a aflorar mientras contemplaba el agua a punto de hervir en la olla y las langostas esperaban a que llegase su hora. Pensé en Charlotte, incapaz de recordar ya cuándo la había visto o por lo menos había hablado con ella por última vez.

Cuando introduje la primera langosta en el agua hirviendo, no emitió un chillido ni se agitó frenéticamente como pensaba que haría. Su caparazón adquirió un tono rojo vivo casi al instante y una espuma verdosa afloró luego a la superficie. Cuando estuvo hecha, retiré la espuma antes de cocer la segunda.

La mesa estaba servida: dos bistecs, dos langostas, dos cervezas. Pensé cuán distinta debía de ser la mesa de Henry. Ellos probablemente tendrían una vajilla que solo usaban en ocasiones como esa y grandes servilletas de lino extendidas sobre el regazo. Travis y yo comimos en silencio. Intenté sonreírle e ignorar su desagrado ante una cena tan complicada. Mientras él ponía una película, retiré los platos, puse en marcha el lavavajillas, lavé las fuentes más grandes y fregué la mesa y las encimeras de la cocina. Nos sentamos juntos en el sofá de cuero que él había heredado de sus padres, pero sin rozarnos. En mitad de la película, salí al porche y encendí un cigarrillo, algo que había empezado a hacer cuando Mia no estaba en casa. Me había comprado una cajetilla un par de semanas antes, después de limpiar la casa prefabricada. Progresivamente se estaba convirtiendo en un ritual. Travis salió y fumó medio cigarrillo antes de decirme que necesitaba irse a la cama.

—¿Quieres que te acompañe? —le pregunté mientras sacudía la ceniza del cigarrillo.

Se detuvo un momento.

—Me da igual —dijo y entró en la casa.

Había pensado que tal vez no le molestaría tanto que aquel fin de semana no lo ayudase a limpiar los establos porque tenía que trabajar. Incluso tenía la esperanza de que hiciéramos el amor, en vez de aproximarse a mí por la espalda y cogerme por las caderas, como solía hacer a veces por las noches —encajando mi pequeña cuchara en la suya, más grande—, sin que nuestros rostros entrasen en contacto en ningún momento, la oscuridad y el silencio interrumpidos solo por los faros de un coche al pasar.

La mañana siguiente, Henry salió a mi encuentro frente a su puerta roja.

—¿Cómo fue? —me preguntó sonriente cuando le devolví los sofisticados utensilios.

—Es lo más delicioso que he comido en mi vida —le dije con una gran sonrisa y después me interrumpí al comprender, de pronto, a qué se refería—. Pero no salvaron mi relación.

—Ah —dijo él mirando los utensilios de plata—, tal vez sea mejor así. No pareces el tipo de chica que necesita tener a un hombre cerca para que la salve. Eres una buena trabajadora.

A pesar de los elogios de Henry, sabía que jamás conseguiría trabajar lo bastante. Entre los estudios, la casa, Mia e intentar ganar lo suficiente para subsistir, el trabajo se había convertido en un esfuerzo incesante e infinito. Si bien cuando cobraba mi paga tenía la impresión de no haber trabajado gran cosa. Pero Henry me respetaba. Era el primer cliente con quien supe con certeza que era así.

Travis y yo rompimos poco después de la cena de langosta. Aquella tarde, al regresar a casa del trabajo preparé la cena, limpié la cocina, bañé a Mia y la acosté. Después dejé mis libros y mi portátil sobre la mesa de la cocina, me puse los auriculares para ahogar el sonido del televisor y comencé a hacer mis deberes. Entonces vi que el cubo de la basura estaba lleno a rebosar. Me levanté y me planté frente a Travis, ocultándole el televisor.

—¿Puedes hacer el favor de sacar la basura? —le dije con los brazos en jarras.

Sin vacilar ni un instante, él replicó:

—Creo que deberías marcharte.

Después se levantó y me apartó físicamente para volver a sentarse de nuevo enseguida. En el televisor sonó una carcajada y él sonrió, con el rostro iluminado por la pantalla. Regresé a la mesa y me dejé caer en la silla, abrumada por el peso de esas palabras que me aplastaban contra el suelo, hundiéndome en un hoyo del que no sabía con certeza si sería capaz de volver a salir.

PARTE II

PARTE II

11
El estudio

Travis nos dio un mes de plazo para marcharnos. No le dije nada a Mia; en parte porque no quería inquietarla y en parte porque no tenía ningún plan. Puse anuncios en Internet en busca de alguien con quien compartir un espacio, o la posibilidad de un intercambio, o un cuarto para alquilar. Ninguno dio resultado. El alquiler de todos los apartamentos que encontré superaba lo que cobraba por mi trabajo. Con mis ingresos, que rondaban los ochocientos dólares mensuales, era imposible pagar por adelantado el primer y el último mes, además de la fianza. No tenía forma de llegar a ganar lo suficiente para pagar el gas, la electricidad y el agua, además del alquiler, ni siquiera por una sola habitación. Por un apartamento pedían en torno a los setecientos dólares como mínimo. La posibilidad de disponer de más de un dormitorio estaba fuera de mi alcance. No tenía ahorros ni una tarjeta de crédito de los que poder echar mano, ni tampoco cumplía los requisitos para pedir un crédito. Jamás podría devolverlo. Además, tendría que disponer de electricidad y conexión a Internet para mis estudios. Tendría que adquirir un *router*. Tendría que comprar tantas cosas…

Acudí a algunas amistades, que me animaron a crear una cuenta de donaciones a través de PayPal enlazada a un blog con una explicación sencilla:

Travis me ha dado de plazo hasta finales de junio para dejar su casa, pero no tengo dinero para pagar una fianza. He creado una cuenta de PayPal para donaciones. Cualquier donación, aunque solo sea de cinco dólares, será una gran ayuda.

Muchas gracias.

Detestaba tener que pedir dinero. Detestaba tener que reconocer que de nuevo había sido incapaz de mantener una relación. La mayoría de la gente no sabía que Mia y yo habíamos vivido en un refugio para personas sin hogar, pero aun así la historia parecía repetirse. Entonces empecé a recibir mensajes de personas amigas a través de Facebook, llenos de palabras de ánimo y afecto. Algunas donaban diez dólares, otras, a veces, hasta cien. Cada donativo, por pequeño que fuese, me hacía saltar las lágrimas. Redacté una lista de deseos a través de Walmart y la compartí mediante una entrada en Facebook. Pronto empezaron a llegar a casa de Travis cajas con ollas y sartenes, ropa para Mia y cubiertos. Había vuelto a caer en un pozo, pero no estaba dispuesta a dejar que eso me hundiera. No podía volver a quedarme sin un techo. Después de que papá dijera a la familia que yo me inventaba historias para llamar la atención, pedir ayuda era lo más duro para mí. Me exponía a ser juzgada. Me obligaba a responder de mis actos, sobre todo por haber involucrado a Mia en una relación que debería haber previsto que estaba condenada al fracaso. Temía lo que pudiera pensar de mí la gente. Pero cada amiga, cada amigo, que me echaba una mano me levantaba un poquito más los ánimos. Conseguiría superar ese trance.

Después de instalarme en el refugio para personas sin hogar, había llamado a Melissa, una de mis más viejas amigas, y ella me estuvo escuchando mientras le contaba mis planes para rehacer mi vida. Casi todos ellos incluían el recurso a algún tipo de ayuda pública: cupones para alimentos, bonos del Programa Especial de Nutrición Complementaria para Mujeres, Bebés y Niños para adquirir leche, bonos para combustible, viviendas para personas con bajos ingresos, subvenciones para cubrir el gasto de electricidad y becas de guardería.

—Que te aproveche —dijo Melissa con un retintín.

—¿Por qué lo dices? —le pregunté mientras contemplaba a través de las gastadas cortinas azules del refugio el paso de un ciervo que cruzaba el patio trasero. Mia estaba durmiendo la siesta en la otra habitación.

—Todo eso se paga con mis impuestos —respondió y luego repitió—: Espero que te aproveche.

No le di las gracias. No dije gracias. No tenía claro qué podía decirle.

—Ay —exclamé con un falso tono de apremio—, Mia está llorando. Tendré que colgar.

La puerta de Mia crujió al abrirla. Me senté en el borde de la cama y me quedé mirando cómo subía y bajaba su pecho. Al principio, Melissa parecía bien dispuesta a ayudarme, pero yo sabía que en realidad no era así. Ya le había oído antes otros comentarios negativos sobre las personas que se aprovechaban de las ayudas sociales. No le gustaba la madre de su hijastra y la criticaba por haber abusado supuestamente del sistema.

Habría querido tener el valor de defenderme y de hablar en nombre de los millones de personas que estaban pasando por las mismas dificultades que yo: trabajadoras domésticas que recibían una remuneración mínima, cabezas de familias monoparentales. En cambio, mi respuesta fue esconderme. Sin decir nada, bloqueé a Melissa en Facebook y decidí no prestar atención a los comentarios o a los medios de comunicación que denostaban a las personas que recibían ayudas públicas. «La asistencia pública no existe», habría querido decirles. El apoyo que ellas y ellos imaginaban no existía. Yo no podía entrar en una oficina gubernamental y decirles que necesitaba recibir una cantidad suficiente para compensar el exiguo salario con el que tenía que pagar una vivienda. Si pasaba hambre, podría recibir un par de centenares de dólares al mes para comprar comida o acudir a un banco de alimentos. Pero no obtener lo necesario para completar mis ingresos hasta alcanzar la suma que en realidad necesitaba para sobrevivir.

Las donaciones de mis amistades, por pequeñas que fuesen, iban sumando y acabé reuniendo casi quinientos dólares, y Travis se ofreció a doblar esa cantidad. Finalmente, pude pagar un estudio en una vieja mansión de Mount Vernon que habían dividido en tres apartamentos. Nuestro estudio correspondía a la antigua sala de estar y una galería contigua. Por quinientos cincuenta dólares mensuales dispondríamos de un cuarto de baño con bañera, una minúscula cocina con una nevera de tamaño estándar y vistas sobre toda la ciudad a través de las ventanas alineadas a lo largo de las paredes.

Tras un intercambio de mensajes electrónicos, Jay, el casero, me dijo que podía acercarme en mi coche si quería verlo. Pasé ese mismo día al salir del trabajo, antes de ir a buscar a Mia, para comprobar cómo era. Ya sabía que sería pequeño; se sobreentendía en el caso de un estudio. Pero cuando me vi allí, en un cuarto más pequeño que aquel donde Travis y yo nos sentábamos a ver la televisión durante el último año, por un instante tuve el impulso de marcharme y rechazarlo. Recordé el apartamento que Mia y yo teníamos en Port Townsend, junto al parque de atracciones, con dormitorios separados, un comedor, una lavadora y una secadora. Allí no había nada de eso. Era solo un cuarto roñoso sobre una autovía, que me costaría un esfuerzo poder pagar.

En la habitación donde me encontraba, el parqué era viejo, posiblemente de la madera original aún, con grandes fisuras entre las tablas. Al otro lado de la puerta cristalera había una galería con vistas sobre la ciudad. Debajo de las ventanas había un banco con asientos que se podían levantar para guardar cosas debajo, pero alguien había dejado abandonadas allí varias persianas y barras de cortina. Había una alfombra de color verde oscuro e intenté visualizar mentalmente dónde colocaría la cama de Mia y sus juguetes, mientras me preguntaba si habría sitio para mi cómoda. En la otra zona, varios armarios dispuestos formando una L, con una placa eléctrica, una nevera y un fregadero hacían las veces de cocina. Recorrí el espacio entre una pared y otra. Unos treinta pasos.

—Es estupendo —le dije por teléfono a Jay—. Ahora estoy aquí y creo que podremos acomodarnos bien.

—¿Su hija tiene tres años? —me preguntó y rogué que no estuviera pensando en reconsiderar su oferta de alquilárnoslo.

—Pronto los cumplirá —respondí—, pero yo trabajo muchas horas y ella pasa los fines de semana con su padre. —Me acerqué a las ventanas de la cocina y miré los coches que circulaban por debajo a toda velocidad—. Seguramente no estaremos mucho en casa.

Contuve involuntariamente el aliento. Eso era solo una verdad a medias.

—De acuerdo, no hay ningún problema —dijo él—. ¿Querrá venir a por las llaves este fin de semana? Puede pagarme el alquiler y la fianza entonces.

—¿Podría pagar la fianza a plazos? —pregunté, asombrada de mi osadía. Quizás el hecho de encontrarme en ese sitio me había inducido a sentir que no tenía nada que perder—. Podría ir pagando cincuenta o cien dólares cada mes. Es solo que…, bueno…, este traslado ha sido algo inesperado y ahora mismo no tengo ningún ahorro.

Hubo un silencio y empecé a mordisquearme el labio inferior.

—Sí, claro, de acuerdo. Cien dólares mensuales a pagar junto con el alquiler durante los próximos cinco meses me parece bien.

Espiré el aire retenido, casi riendo.

—Muchas gracias. Se lo agradezco de verdad.

Cuando me reuní con Jay en el apartamento para pagarle el primer mes y recoger las llaves, él y su mujer estaban empezando a pintar el techo de mi nueva sala de estar con cocina. Él tenía aproximadamente mi edad, el pelo castaño y facciones corrientes. Su mujer, que dijo llamarse Mandy, era mucho más menuda que yo prácticamente en todos los aspectos. Parecían muy buenas personas. Amables. Fiables. Probablemente trabajadoras y honradas. Así lo esperaba, al menos.

—Veo que les espera una buena jornada de trabajo —comenté mientras ellos ensamblaban una larga vara.

—Sí —dijo Mandy, mirando al techo—. Por lo menos, los abuelos han aceptado quedarse con los críos todo el día.

—Es exactamente lo que querríamos hacer un sábado soleado —añadió Jay. Se miraron y él soltó un suspiro.

Sonreí, les dije adiós con la mano y les agradecí su comprensión con respecto al pago de la fianza. Me vi pasando un sábado en compañía de mi marido, pintando las paredes y el techo de una vieja casa de nuestra propiedad que nos disponíamos a alquilar, mientras mis padres cuidaban de los críos. «Exactamente así me gustaría pasar un sábado», me dije mientras conducía de regreso a casa de Travis. Tenía que empezar a empaquetar y a pensar qué cosas importantes me faltaban aún, como ropa de cama, tazones, tazas y algo que me sirviera de cama a mí. El apartamento tardaría un par de días en estar listo para poder ocuparlo, pero me habían dicho que podía ir por las tardes para empezar a hacer limpieza si quería. Fregar la suciedad de los armarios y los suelos de nuestro nuevo hogar sería mi versión de la incineración ritual de hojas de salvia.

Cuando mi amiga Sarah tuvo noticia de mi petición de ayuda a través de Internet, me envió un mensaje preguntándome si necesitaba algo. Impúdicamente, enumeré varias cosas de las que me inquietaba tener que prescindir. Me respondió ofreciéndome la cama individual de su hija. Travis me acompañó a recogerla. Durante todo ese trance, su rostro se había mantenido inexpresivo, sin denotar ninguna emoción. Si al entrar en la casa me veía llorando mientras intentaba reconciliarme con mi suerte, se refugiaba en el cobertizo. Solo hablábamos lo estrictamente necesario, pero supuse que le gustaría ayudar en lo que pudiera para vernos fuera de su casa. Yo ya había estado un par de veces en casa de Sarah para picar algo y tomar unas copas de vino los fines de semana que Mia estaba con Jamie. Sin embargo, aquel día, de pie en el porche de entrada, no pude evitar mantener la cabeza gacha con los hombros caídos.

—Está ahí dentro —dijo Sarah mirando a Travis con curiosidad. La seguimos por un pasillo hasta la habitación de su hija—. Vamos a comprarle una cama doble. Ya está un poco demasiado crecida para esta. —Quizás suponía que la cama era para Mia y no para mí, pero no se lo hice notar.

Antes de marcharnos, me abrazó.

—¡Ah! —exclamó—. Tengo algo para ti.

Entró en el lavadero y se perdió de vista para reaparecer con una caja que dejó encima de un banco junto a la entrada. Era una vajilla nueva completa, de un color azul luminoso, como los huevos de petirrojo que Mia y yo encontrábamos por todas partes en la granja en primavera. Asombrada, me llevé la mano a la boca al ver los cuatro platos llanos, platos para ensalada, tazas de café y tazones. Nuevos. Para inaugurar nuestra nueva etapa. La abracé y le di las gracias, y después respiré profundamente, cogí la caja y la llevé hasta la camioneta.

Era un primer paso, pero todavía me quedaba mucho trabajo por delante; no solo para el traslado, sino también para seguir pagando los gastos.

Durante dos semanas, acosté a Mia en casa de Travis para cargar después mi coche hasta los topes. En el nuevo estudio, fregué las encimeras, el fregadero, el lavabo y la bañera. Incluso les di un buen repaso a las paredes antes de colgar los pocos cuadros que había entre las creaciones artísticas que me había dado mi madre. Mis preferidos eran dos reproducciones del libro de Barbara Lavallee *Mama, Do You Love Me?* (Mamá, ¿me quieres?) que tenía desde que era niña. Las icónicas ilustraciones alaskeñas me recordaban un tiempo más feliz, cuando con mi familia pasábamos los veranos pescando y llenábamos el congelador del garaje de fletanes y salmones. Nuestro estudio era diminuto, de unos treinta metros cuadrados, con diez grandes ventanales —ocho en la zona donde dormiríamos y dos en la zona con suelo de madera—, así que tenía que escoger muy bien qué iba a colgar en la pared. Procuraba evitar mirarlo todo con ojos críticos, tal como también había hecho en el refugio para personas sin hogar. Temía que Mia no tuviese la misma actitud.

Regresaba a casa de Travis casi a medianoche, cuando él ya se había acostado, y me tumbaba en el sofá bajo una manta de viaje. Una semana antes del tercer cumpleaños de Mia, trasladé los últimos muebles y lo dejé todo instalado en el estudio. Decidí hacer la mudanza un fin de semana que Mia estuviera con Jamie. Travis y un amigo suyo me ayudaron a transportar las cosas más pesadas e incluso desmontaron y volvieron a montar la cama alta que sus padres le habían pasado a Mia. Lo hicieron mientras yo estaba limpiando la Casa-Granja. Por la mañana había dejado a Mia en la guardería, consciente de que cuando la recogiese, la llevaría a casa de su padre y ya nunca volvería a la casa que había sido su hogar durante el último año y medio. Mi intención era hacerlo todo yo sola, sin tener que pedirle ayuda a Travis, pero justamente esa semana me había lesionado la espalda en el trabajo, en un estúpido intento de mover una cama, y había tenido que tomar ochocientos miligramos de ibuprofeno dos o tres veces al día para seguir trabajando. El dolor físico me distraía de la angustia que sentía por Mia.

El sábado por la noche, ya lo tenía todo en el estudio. El domingo por la tarde, sus juguetes estaban en sus correspondientes contenedores y nuestra ropa doblada y guardada. Cuando fui a buscar a Mia y la llevé a nuestro pequeño estudio esperaba, como desearía cualquier madre, que le gustase el nuevo sitio. Confiaba en que se sintiese acogida en un lugar familiar, pero ella echó una mirada a su alrededor, examinó el cuarto de baño y después me pidió que la llevase a casa con Travis.

—Ahora viviremos aquí, cariño —le dije acariciándole el pelo.

—¿Y Travis vendrá a esta casa? —me preguntó. La tenía sentada en la falda, en la cama individual que me había dado Sarah.

—No —respondí—, Travis se ha quedado en su casa. Él dormirá allí. Esta es nuestra casa.

—No, mamá —protestó ella—. Quiero que venga Travis. ¿Dónde está papá Travis? —Y rompió en sollozos, con la cabeza contra mi cuerpo, temblando bajo el peso de su pequeño corazoncito herido. Le pedí perdón y lloré con ella, mientras me prometía tener más cuidado en adelante. Podía ser tan imprudente como quisiera con mi propio corazón, pero no con el suyo.

12

Minimalismo

Una de las grandes ventajas de estar dispuesta a ponerte de rodillas para fregar un váter es que nunca tendrás problemas para encontrar trabajo. Para complementar la insuficiencia de las horas que me ofrecían en Classic Clean, comencé a buscar más clientes por mi cuenta. Puse anuncios en Internet y en Facebook. Así conseguí la casa de Donna, una limpieza quincenal de cuatro horas las tardes de los viernes que no tenía que dejar a Mia con Jamie. La casa de Donna estaba en un lugar apartado de las colinas del valle de Skagit, en dirección a la cordillera de las Cascadas y la zona rural donde mi familia había vivido durante seis generaciones.

Donna colaboraba con la sección local de Hábitat para la Humanidad y me habló de algunas familias que habían tenido recientemente la oportunidad de adquirir su primera vivienda en propiedad, en gran parte gracias a la aportación de mano de obra de familiares, que colaboraban en la construcción clavando clavos y realizando trabajos de pintura o jardinería y con ello sufragaban la entrada inicial. Si encontrar tiempo para cumplir ese requisito ya me parecía difícil, para poder acceder a ese programa, en mi calidad de mujer adulta con una menor dependiente, tendría que contar con unos ingresos netos de mil seiscientos dólares mensuales.

—No creo que esté a mi alcance —le dije.

Ella me animó a ponerme en contacto con el programa de todos modos, pero, pensándolo seriamente, no acababa de tener claro si quería tener una casa en el valle de Skagit. Excepto Anacortes y Deception Pass, que estaban fuera del alcance de mis ingresos, el resto no me era familiar. Y Hábitat para la Humanidad no permitía escoger la zona del condado donde una preferiría vivir.

—Toda tu familia está aquí —insistió ella—. Más «familiar», imposible.

—Ya —respondí mientras sacudía el polvo de la parte superior de los cuadros de su salón—, pero es que tenía intención de ver qué posibilidades hay en Montana, en Missoula. Tenía previsto trasladarme allí para estudiar en la universidad cuando me quedé embarazada de Mia.

Donna, que había estado trabajando en un álbum mientras hablábamos, dejó de revisar las pilas de papeles, fotografías y adhesivos que tenía encima de la mesa del comedor y se me quedó mirando.

—¿Quieres saber cómo puedes hacer reír a Dios? —me preguntó.

—¿Cómo? —inquirí, sin entender qué relación podía tener eso con mi deseo de trasladarme a Missoula.

—Cuéntale tus planes —respondió—. Si quieres hacer reír a Dios, cuéntale tus planes. —Y soltó una ruidosa carcajada.

—Muy cierto —le dije y le volví la espalda para quitar el polvo de las molduras que decoraban el pasillo de entrada.

Donna me pagaba veinte dólares la hora por limpiar su casa y me había dicho que no aceptase menos en ningún caso. Classic Clean cobraba veinticinco dólares la hora por enviarme a limpiar una casa, pero aun así yo solo recibía nueve. Una vez deducidos los impuestos y gastos, me llevaba a casa seis dólares por hora trabajada. Encontrar y programar clientes por mi cuenta llevaba mucho tiempo, sobre todo si después de la primera visita no acababa cerrando un trato. Pero el trabajo no remunerado de encontrar y programar mi propia clientela seguía compensándome y me ayudaba a incrementar mis ingresos totales. Esto es, si conseguía no romper ni estropear nada.

Dejar la casa de Travis había sumado cuarenta minutos a nuestros desplazamientos diarios. Todos mis clientes de Classic Clean, excepto dos, vivían en la zona de Stanwood y la isla de Caamaño, pero la guardería de Mia seguía estando a la vuelta de la esquina de la casa de Travis y era inevitable pasar por delante. Casi involuntariamente reducía la marcha y alargaba el cuello para ver si lo veía cruzar la puerta con sus botas llenas de barro. Además de añorar el consuelo de vivir en compañía, había algo más a lo que me estaba resultando difícil renunciar. Después de pasar varias veces al día por delante durante un par de semanas, le pedí a Travis si me permitiría cuidar del huerto. No soportaba verlo tan mustio y lleno de malas hierbas, con el consiguiente despilfarro de alimentos perfectamente comestibles.

—De acuerdo —dijo tras un largo silencio.

—Podría traer a Mia para que se entretenga un rato —añadí.

No le pareció mal. Había dicho que, dentro de lo posible, procuraría seguir formando parte de la vida de Mia. Pero, con el verano, había llegado la estación de la siega y la mayoría de los días trabajaba desde el amanecer hasta el crepúsculo. A ella le gustaba montar en el tractor sobre sus rodillas mientras segaba la hierba. Por lo menos podría sentarse en su regazo unas cuantas veces más.

Nuestra nueva vida empezaba a las siete de la mañana. Yo me levantaba, me desperezaba para sacudirme el sueño y ponía a calentar agua para el café. Me hacía una taza para desayunar y vertía otra en un frasco para llevármelo. Mia solía comer copos de avena o cereales. A veces mezclaba un preparado para tortitas con un poco de agua caliente y le servía pequeñas tortitas humeantes del tamaño de un dólar de plata a las que luego añadía un poco de mantequilla y unas gotas de sirope. Por mi parte, me conformaba con la consabida barrita orgánica Clif Bar con sabor a crema de cacahuete que guardaba en el bolsillo de mis pantalones de faena y unas tostadas con crema de cacahuete y mermelada envueltas en una servilleta de papel y una hoja de papel de aluminio que reutilizaría hasta que se desintegraran.

Sumando el alquiler, el suministro de agua y electricidad, el seguro del coche, la gasolina, mi teléfono móvil y la conexión a Internet, la lavandería y los productos de aseo personal, mis gastos mensuales rondaban los mil dólares. Cuando Mia o yo necesitábamos zapatos nuevos o incluso un tubo de pasta de dientes, tenía que consultar el presupuesto que tenía colgado en la pared, con una lista de todas las facturas pendientes y la fecha en que las deducirían de mi cuenta bancaria. Lo cual significaba que solo me quedaba un remanente de veinte dólares para hacer frente a algún gasto inesperado, como una factura de electricidad más elevada de lo habitual. Si no hubiese recibido una subvención para la guardería, no habría podido trabajar. Al haber aumentado mis ingresos, tenía que asumir un copago de cincuenta dólares mensuales. Ganar más por mi trabajo suponía recibir menos cupones para alimentos —unos doscientos dólares mensuales—, que a pesar de todo eran todo lo que tenía para comida. Aunque ingresaba más dinero, también tenía que pagar más facturas, y la ayuda suplementaria que recibía del Gobierno se había reducido. De manera que la mayoría de los meses solo me quedaban unos cincuenta dólares para alguna actividad o para comprar algún artículo para la casa. Dada la cantidad de tiempo y energía que consumía físicamente en el trabajo, aún me escocía más como un agravio no poder llegar a cubrir los gastos básicos imprescindibles.

La situación de nuestro apartamento, en el centro de la ciudad, resultó una bendición. Cerca de allí había una cooperativa alimentaria donde Mia disponía de su propia cartilla en forma de plátano, que le daba derecho a recibir una manzana, una naranja o un plátano gratis cada vez que hacíamos una compra. Y yo podía usar nuestros cupones para alimentos para comprar uno de sus bocadillos de oferta y yogur o hummus y leche chocolatada para Mia, además de la fruta que hubiera escogido. Nos sentábamos a una mesa frente al gran ventanal que daba a la acera. Yo me compraba un café de filtro por un dólar y disfrutábamos sonrientes de esa posibilidad de comer fuera de casa.

Un poco más abajo, en la misma calle, había una tienda de artículos en depósito, llamada Sprouts, que había abierto hacía poco. Sadie, la joven propietaria, una chica rubia, estaba siempre allí con su hijita colgada al pecho en un portabebés o instalada en un parque.

—¿Podría traerte otra de esas cunas de viaje? —le pregunté mientras ella examinaba las bolsas de ropa que le había llevado.

Sadie se quedó pensando un momento.

—¿Está en buen estado? —me preguntó, balanceando un poco el cuerpo para mantener dormida a su bebé mientras examinaba todas las prendas.

Tuve que decirle que la malla lateral tenía un roto.

—Pero se ha usado poco —le dije y luego decidí añadir—: También tengo un cochecito de *jogging*.

—Por esos artículos solo puedo ofrecer cupones de crédito para comprar en la tienda —respondió arrugando la nariz para expresar contrariedad—. No los pago en efectivo.

—De acuerdo —balbucí.

Abrió la caja registradora para darme veinte dólares por la ropa.

—Hay algunas piezas muy bonitas —comentó con una sonrisa.

—Sí, ya lo sé —dije casi susurrando—. Las guardaba para… —Se me cortó la respiración al contemplar los peleles de recién nacido que había guardado con tanto esmero por si Travis y yo teníamos algún día una criatura—. Las he estado guardando sin motivo.

Sadie entendió de algún modo a qué me refería o puede que solo lo fingiera. Nos habíamos conocido gracias a que ella había visto los anuncios que yo había colgado en un grupo de Facebook de madres de la localidad, en busca de trabajo, y me había contratado para hacer una limpieza en su casa, que había tenido abandonada durante largo tiempo después de abrir la tienda mientras seguía cuidando de una criatura de un par de años y un bebé. Le pregunté si necesitaría ayuda en la tienda y primero me respondió que no; entonces le pregunté si estaría dispuesta a abrirme una cuenta de crédito para comprar algo de ropa a cambio de limpiarle el lavabo de la tienda. Sadie sonrió y nos miró, primero a mí y luego a Mia, que sostenía en la mano su nuevo pijama de una pieza con la locomotora Thomas estampada que yo había encontrado en la sección de niños, y enseguida asintió. Con ese trato, Mia podría escoger un vestido o cualquier otra prenda de su gusto en la tienda cuando le hiciera falta. Lo convertiría en una ocasión especial: un almuerzo en la cooperativa y luego una visita a Sprouts para que ella eligiera algo. Su guardarropa consistía solo en ropas de segunda mano y pantis elásticos comprados de rebajas en Walmart. Pero cada vez que llegaba la hora de escoger un vestido actuaba con el mismo aplomo que si hubiésemos estado en unos grandes almacenes de gama alta.

Cuando nos instalamos en el alojamiento transitorio, mamá me dio varias cajas con algunos de los objetos antiguos que decoraban la casa donde pasé mi niñez. En aquel momento, con el poco espacio del que disponía, más bien tuve la impresión de que había aprovechado la oportunidad para deshacerse de cosas que ya no quería y ahorrarse el gasto de un trastero. La mayoría de los objetos más voluminosos los llevé a centros caritativos o tiendas de trueque porque no me cabían en el reducido espacio del estudio, igual que me ocurría en el refugio para personas sin hogar, donde solo teníamos sitio para una maleta. Con tan poco espacio, solo podía permitirme conservar aquello que tuviera alguna utilidad. Recordaba algunas revistas que había hojeado, con artículos en los que se veía a parejas sonrientes que habían optado por minimizar sus pertenencias o mudarse a una casita minúscula y alardeaban de su preocupación por el medio ambiente. Eran gente que también podría decidir sin ningún problema volver a instalarse en una casa estándar con dos dormitorios, un despacho y dos cuartos de baño con cinco tomas de agua. Si supiera que podía permitirme una vivienda tres veces más grande, yo también vería con otros ojos mi estudio cada vez que pagaba el alquiler mensual.

Durante las primeras semanas después de mudarme de casa de Travis al estudio, Pam me cedió parte del altillo de su negocio para guardar mis cosas mientras decidía qué hacer con todo aquello. Había ido a la oficina de Classic Clean para reabastecerme de material, cobrar mi paga y cambiar mi dirección oficial.

—¿Qué tal la nueva casa? —me preguntó Pam con su habitual jovialidad; procuré darle una respuesta optimista o al menos intentar imitar su buena disposición.

—Estamos bien —respondí—, pero no sé qué hacer con mis cosas. Travis no quiere que deje nada allí y no puedo pagar un trastero.

No añadí nada más; no quería desahogar todo mi estrés con mi jefa. Pam tenía una manera tan sincera de preguntarme cómo estaba y escuchar luego atentamente mi respuesta que había empezado a ocupar el lugar de una figura materna que yo tan desesperadamente necesitaba en mi vida.

No me resultaba fácil decidir qué cosas conservar y cuáles donar o intentar vender. Todo lo que había venido guardando era de nula utilidad y de un valor inestimable al mismo tiempo. Libros para bebés, fotografías, viejas cartas y diarios sin valor material alguno ocupaban, en cambio, un espacio precioso. A continuación, reduje mi guardarropa y me deshice de todas las prendas de invierno y para la pesca que conservaba desde los tiempos de Alaska, también de los vestidos y camisas que no usaba habitualmente. Lo que más me costó fue decidir qué artículos domésticos conservar y de cuáles prescindir. Además de decidir para qué teníamos cabida, también tenía que pensar en el coste de reemplazar ciertas cosas. La olla del chile con carne de papá no tenía mayor utilidad, pero en cambio pesaba mucho en el aspecto sentimental, junto con las fuentes para horno que mis padres habían recibido como regalo de bodas. Objetos, eran solo objetos y yo no tenía espacio para conservar gran cosa. Mia y yo solo teníamos dos toallas, dos toallitas de baño y dos juegos de sábanas cada una. En mi armario, originariamente destinado a las escobas y fregonas, tenía todo mi guardarropa: dos pares de tejanos, un par de pantalones sencillos de color caqui, una blusa abotonada de vestir y un vestido «elegante» que me había comprado con mi dinero. Aparte de eso, solo las camisetas y pantalones del uniforme de trabajo de Classic Clean. No tuve valor para deshacerme de muchas de las cosas de Mia y le puse imaginación para conservar sus animalitos de peluche y sus juguetes de manera que parecieran formar parte de la decoración. Había una gran cantidad de objetos sobre los que era preciso decidir si me los quedaba o los tiraba; el sentimiento de pérdida era abrumador. Guardé algunas cosas en el sótano que había debajo de nuestro estudio, pero no muchas, por temor a que la humedad, el moho y los ratones acabaran con ellas. Pero tampoco podía deshacerme de todo. Nuestra historia estaba inscrita en esos objetos.

No habría podido decirle nada de todo eso en palabras a Pam en aquel momento, pero ella se me quedó mirando y pareció comprenderlo instintivamente. Quizás también se había enfrentado en algún momento al mismo dilema, como madre sola en un espacio compartimentado. De repente, su rostro se iluminó con un destello a lo Mamá Noel mientras me invitaba a seguirla.

Entramos en el cuartito situado entre la oficina y su casa y una vez allí me señaló un pequeño altillo poco visible.

—En realidad hay mucho sitio allí y ahora no se usa —comentó encogiéndose de hombros. Tendría que arreglármelas para subir mis cosas por una escalera de barrotes desvencijada. En el cuarto de abajo, donde nos encontrábamos, había un surtido de trastos viejos, como los que pueden encontrarse en un mercadillo doméstico cuando ya ha pasado mucha gente.

—Puedes llevarte lo que te convenga —dijo señalando los diferentes contenedores y estantes de plástico al ver que los miraba—. Escoge el lote que quieras. Nuestra iglesia necesita los donativos, pero si ves algo que te interesa, puedes llevártelo.

Al bajar la vista, vi un viejo taburete.

—Podría usarlo como mesita auxiliar —dije, y Pam asintió con una sonrisa—. Y este recipiente tal vez me serviría para los utensilios de cocina.

—Si necesitas cualquier otra cosa, también si necesitas que me encargue de lavar los trapos que usas en el trabajo, solo tienes que decírmelo —se ofreció.

Quise abrazarla. Deseé que ella me abrazara a mí. Necesitaba tanto un abrazo materno que ya me veía tragándome las lágrimas y pidiéndoselo.

—Y necesitaría ayuda para limpiar el patio, si tienes un hueco —añadió.

—¡El fin de semana que viene lo tengo libre con toda seguridad! —me apresuré a responder—. Puedo consultar mi agenda si necesitas que lo haga antes.

—Ya me va bien así. No hay prisa. —Abrió la puerta de un compartimento separado situado debajo del altillo, donde guardaba su material de limpieza—. Y tal vez podrías ordenar también este cuartito. —Cuando encendió la luz pude ver un largo pasadizo con varias aspiradoras de reserva, una pulidora y varias hileras de fregonas y frascos.

Por mi parte, ya había empezado a calcular mentalmente los ingresos extra que podría obtener.

Pam me sonrió. Sus ojos centellearon de nuevo. Contemplando su cuerpo redondeado y bajito y su actitud generosa, me pregunté si las demás empleadas la sentirían también tan cercana.

Empecé a dedicar mis fines de semana libres a revisar las cosas que tenía almacenadas en el altillo de Pam y logré reducir el volumen de papeles, libros y recuerdos a dos contenedores. La mayor parte fueron a parar a la basura o a tiendas de segunda mano.

Así fui desprendiéndome de cosas que en otro momento había doblado con esmero con la intención de conservarlas. Una tarde, cuando sabía que no habría nadie en el lugar, pasé revista a las últimas ropitas de bebé que había separado, los conjuntos especiales para recién nacidos que había reservado para el final, los que guardaba con la esperanza de que una criatura mía los vistiera algún día. Por lo menos podría cambiarlos en la tienda de segunda mano para poder vestir adecuadamente a la hija que ya tenía y que parecía necesitar pantalones y zapatos nuevos sin parar. Pero esa era tal vez la lección que podía extraer de todo ello: aprender a valorar lo que tenía, la vida que tenía, aprovechar el espacio del que disponía. Deseé que no hubiese sido un viaje obligado, pero sin dejar de reconocerlo como una adquisición importante que ya formaba parte de mí.

13
La casa de Wendy

Cuando fui por tercera vez a casa de Wendy, una nueva clienta, su salud había empezado a deteriorarse rápida y visiblemente.

—El cáncer no me da mucha tregua —comentaba a veces, como de pasada, en medio de una conversación, dejando caer los hombros en un gesto poco habitual en ella. Ninguna respuesta me parecía adecuada, de modo que me limitaba a imitar sus modosos gestos de asentimiento y aceptar su comentario con expresión compungida. Sin embargo, todavía llevaba las camisas bien planchadas y almidonadas y su casa estaba tan limpia que a menudo no alcanzaba a comprender para qué me había contratado.

A veces, cuando terminaba de limpiar la cocina, ella preparaba algo para las dos e insistía para que me sentase con ella en el comedor. Ante un mantel blanco con blondas, intercambiábamos anécdotas sobre nuestros hijos mientras comíamos emparedados de atún hechos con rebanadas de pan blanco, cortados en cuatro porciones triangulares, acompañados de bastoncitos de zanahoria. Wendy servía café instantáneo, que bebíamos a pequeños sorbos en tazas de té, con raciones de nata y sobrecitos de azúcar y una cucharilla de plata para removerlo. Me recordaba las meriendas que fingía celebrar en casa de mi abuela cuando era niña. Cuando se lo comenté, Wendy sonrió y después hizo ademán de quitarle importancia.

—Es buena usar el juego de té elegante mientras una todavía puede hacerlo —declaró.

El temblor de sus manos llegaba a hacer tintinear las tazas sobre los platillos ribeteados de flores rosadas. La casa de Wendy estaba llena de vitrinas con chucherías, fotos de su hijo y de sus nietos y nietas, y un retrato de su boda. Un día me descubrió mirándolo. Llevaba un rato contemplándolo, mientras pensaba cuán jóvenes se veían ella y su marido, y cómo era posible que, de pronto, esas personas ya fuesen viejas, cómo conseguían seguir enamoradas durante tanto tiempo, mientras sus corazones y sus cuerpos iban madurando juntos. Ella me sonrió mientras señalaba un ramo de rosas rojas de cristal que reposaba sobre el estante, junto a su retrato de bodas.

—Mi marido quiso asegurarse de que siempre tuviera un ramo de rosas rojas —me dijo, y tuve una extraña sensación de envidia y ganas de llorar a la vez.

La casa de Wendy era una «casa de la abuelita» tan típica que cuando estaba allí añoraba dolorosamente a mi familia o a mi abuela. Los estantes de la cocina estaban llenos de libros de recetas y pilas de papeles: listas de la compra y recetas para preparar batidos de verduras. Wendy tomaba el café con varios sobrecitos de edulcorante y tenía un cestito lleno junto a la cafetera eléctrica, que siempre parecía estar encendida.

La casa de Wendy, comparada con las demás que limpiaba, daba poco trabajo. Yo me encargaba de fregar los tableros, los armarios y el suelo, quitaba el polvo y pasaba la aspiradora; y también hacía el aseo de la planta baja. Wendy insistía en limpiar ella misma el baño de arriba.

En el suelo de la cocina había una zona, cerca del extremo de la barra, donde el linóleo estaba desgastado y había saltado algún trozo. Durante una de nuestras comidas, le pregunté el motivo y me dijo que su marido fumaba allí sentado. Hizo una mueca al recordarlo.

—Siempre me molestó —dijo, y bebió un sorbo de café. Asentí con la cabeza pensando en las huellas de barro que dejaba Travis con sus botas sobre el suelo de la cocina—. Pero es importante evitar que esas cosas interfieran —añadió mientras se alisaba el jersey blanco que llevaba encima de una blusa listada.

—Fue lo que ocurrió en mi caso —le dije.

Levantó la vista para mirarme, con su pelo canoso que casi parecía relucir, como un halo, bajo la luz de la tarde.

—Mi novio y yo rompimos hace poco. Llevábamos algo más de un año viviendo juntos. Mi hija tiene solo tres años y... estaban muy unidos. Ahora vivimos en un estudio diminuto que apenas alcanzo a pagar.

Cogí mi taza para beber el último sorbo de café y ocultar el rubor de mis mejillas. Decirlo así con todas las palabras, además de hacerme sufrir, también me hacía revivirlo todo como algo real, que en verdad había ocurrido, y no solo como una pesadilla en la que nos habíamos encontrado inmersas.

Wendy permaneció en silencio unos instantes.

—Necesito mucha ayuda aquí —dijo mientras se levantaba de la mesa para recoger sus platos.

Me apresuré a hacer lo mismo.

—Puedes dejarlos aquí. Ahora ven conmigo.

Subí tras ella la escalera, dejando atrás el asiento mecánico que usaba para salvarlas cuando tenía un día «malo», como ella decía. No parecía recibir muchas visitas y yo me preguntaba si tal vez se vestía y se arreglaba el pelo para mí. No había estado nunca en el piso de arriba, excepto un par de veces para pasar la aspiradora por la escalera. Su dormitorio estaba situado a la derecha del rellano. Allí dormía con su rollizo perro blanco, que roncaba y sabía tocar el timbre que había junto a la puerta corredera para pedir que lo dejara salir. Cuando abrió la puerta del cuarto de invitados, el pasillo donde estábamos se inundó de luz.

Junto a las paredes había alineadas docenas de cajas de zapatos, contenedores de plástico y cubos. También había varias pilas más en inestable equilibrio encima de la cama. Wendy suspiró.

—He estado intentando separar las cosas en pilas según su destino —me explicó—. A causa del cáncer. —Asentí mientras observaba todo el trabajo que ya había hecho—. La mayoría de las cosas que serán para mi hijo están en el garaje. Las herramientas y todo eso. Pero mis sobrinas y sobrinos y sus hijos e hijas querrán muchas de estas cosas.

Me fue señalando las pilas mientras me iba diciendo qué sería para quién y yo la admiré. En todo el tiempo que llevaba trabajando como asistenta había participado en varias operaciones de despeje y en la reorganización del espacio de algún garaje para celebrar un mercadillo doméstico o reducir el volumen de trastos. Pero en aquel caso se trataba de algo distinto: un proyecto con vistas al más allá. Wendy había estado separando objetos con el propósito de que sus familiares los recibieran después de su muerte.

No sabría decir con certeza si Wendy sabía cuánto tiempo de vida le quedaba, pero si lo sabía, nunca me lo dijo. Gracias a las horas adicionales para las que me contrató durante el mes de julio, Mia y yo pudimos sobrevivir y hacer frente al gasto inesperado de la mudanza y a una factura de trescientos dólares por una reparación del coche, que de lo contrario me habría ocasionado un descalabro. Estuve arrancando hierbas del jardín, organizando las pilas de objetos y limpiando a fondo algunas partes de la casa para que su familia no tuviera que ocuparse de ello. Wendy me encargaba esas tareas con toda naturalidad y yo la admiraba por ello, pese a mi desconcierto, mientras deseaba poder sentir esa misma serenidad al final de mi vida y ser capaz de organizar mis objetos en pilas en vez de afanarme por enmendar agravios o ir tachando experiencias de una lista.

Pasé la mayor parte del fin de semana del Cuatro de Julio arrancando las malas hierbas en torno a sus macizos de flores y debajo de los arbustos perennes. Llevaba ya algún tiempo sin hacer ese trabajo y había olvidado cuánto me gustaba trabajar al aire libre. En aquel momento, pasaba la mayor parte de mis días trabajando en casas cerradas y vacías, con la calefacción o el aire acondicionado apagados en ausencia de sus ocupantes.

En casa, libraba una batalla sin cuartel contra el moho negro. La zona donde dormíamos, cerrada por grandes ventanales, se convertía en una sauna bajo el sol poniente. Después de una lluvia reciente, más bien parecía un invernadero. A Mia, que siempre había dormido sin que nada la alterase, ni siquiera los fuegos artificiales, le resultaba casi imposible conciliar el sueño. Una tarde que Travis había pasado a ver a la niña, de repente dio un paso atrás al ver el calor que hacía y se marchó a toda prisa en su camioneta, para regresar al cabo de media hora con un aparato de aire acondicionado que instaló en una ventana. Lo puso en marcha a tope y Mia y yo acercamos la cara al aire fresco. Me pareció un lujo, un regalo caro. Seguramente solo lo conectaría en el momento de llegar a casa o justo antes de acostarnos para refrescar un poco el cuarto sin que aumentara demasiado la factura de electricidad. Me preocupaba la humedad que creía notar en el aire. Cualquier cosa parecía exacerbar la formación de moho negro sobre los alféizares de las ventanas que rodeaban el lugar donde dormíamos.

En el jardín, podía respirar a gusto. Mientras trabajaba escuchaba los ruidos del vecindario en vez de la música de mi iPod. Aquel fin de semana del Cuatro de Julio, en muchas de las casas vecinas de Wendy ya habían empezado a tirar cohetes o a asar carne en la barbacoa. De vez en cuando, me llegaba un ligero olor a bistecs o a hamburguesas y se me hacía la boca agua. Me imaginaba la lechuga crujiente y gruesas rodajas de tomate, con queso y generosas dosis de kétchup y mayonesa, todo ello acompañado de una botella de cerveza. Desde donde me encontraba, debajo del árbol de hoja perenne, imaginaba a los críos correteando por los jardines con bengalas encendidas desde uno al otro extremo del vecindario. Ese fin de semana, Mia estaba con Jamie y pensé que ojalá estuviera haciendo una barbacoa con su papá, rodeada de niñas y niños de su edad. Esperaba que tuviese oportunidad de ver fuegos artificiales aquella noche.

Wendy rellenaba los cheques con mano temblorosa e insistía en pagarme también la tarifa habitual por el rato dedicado a la comida.

—Tu tiempo es valioso —me decía cuando me entregaba el cheque con un dibujo de rosas rosadas junto a su nombre y dirección.

Al cabo de un par de meses, Wendy anuló su contrato.

—Ya no puedo permitirme ese gasto —me dijo por teléfono, y me pareció captar un deje quejumbroso en el hilo de su voz.

Aunque no supe cuándo falleció, me preguntaba si habría sido poco después de que yo dejara de ir a su casa. Recordaba a menudo nuestras conversaciones mientras comíamos emparedados y bebíamos café, y que ella nunca probaba los bastoncitos de zanahoria que tenía delante, y me preguntaba si su finalidad no sería sobre todo guardar las apariencias, demostrar que, aunque no tenía apetito, ninguna de las dos comería sola. Rememorar esas tardes con Wendy no solo me recordaba que mi tiempo era valioso sino que yo misma también era valiosa, aunque estuviera allí para limpiar el váter o retirar los envoltorios de caramelos enredados entre las ramas de sus enebros.

Un silencio ensordecedor poblaba los fines de semana que no trabajaba y tampoco tenía a Mia. No tenía que hacer deberes, dado que la beca Bell solo cubría el curso escolar y el gasto de alquiler ya no me permitía pagar la matrícula del curso de verano, ni tampoco tenía un jardín que cuidar, ni dinero para salir a tomar algo con una amiga. Incluso coger el coche y acercarme hasta Seattle o Bellingham costaba demasiado, de modo que me quedaba en casa. Había intentado ir al parque para leer un libro tumbada en el césped sobre una manta, pero me corroía la envidia al ver a las familias y parejas compartiendo sus cajas de comida para llevar, los padres jugando con los críos mientras las madres los contemplaban sentadas a la sombra con sus bebés.

Comprar comida, prepararla y consumirla se había convertido en una obligación más que un placer, dado lo monótono de mi dieta. Cuando me alcanzaba el dinero, compraba patatas y el domingo preparaba una buena cantidad de puré para hacer tortitas, que freía con mantequilla y luego comía acompañadas de un huevo frito para desayunar o como tentempié después del trabajo. Además de las barritas de proteínas y los bocadillos de crema de cacahuete y mermelada, comía grandes platos de fideos *ramen* instantáneos. Había aprendido a prepararme yo misma una salsa con vinagre de arroz, salsa *sriracha* de chile fermentado, salsa de soja, un poco de azúcar y aceite de sésamo. El coste inicial de los ingredientes era alto, unos veinte dólares, pero no soportaba los condimentos envasados. Esos grandes platos de fideos con salsa eran mi cena especial. Les añadía un salteado de col, coliflor, cebolla o lo que encontrase rebajado, coronado con un par de huevos duros y rodajas de algún embutido que estuviera de oferta. Los productos frescos habían llegado a ser un manjar. Solo compraba verduras que costasen menos de un dólar el medio kilo y solo a principios de mes.

Por un motivo u otro —ya fuese porque Mia había comido más de lo habitual porque había estado en casa enferma, y entonces tenía que darle el desayuno, un tentempié y la comida, o porque estaba dando un estirón y tenía más apetito—, la segunda compra del mes siempre tenía que reducirse a un mínimo, que apenas alcanzaba a llenarnos el estómago sin dejarnos nunca satisfechas. Entonces compraba el pan más barato y las galletas más sencillas, la mermelada que sabía que era toda azúcar, ingredientes artificiales y sirope de maíz, con un alto contenido de fructosa y poca cosa más, con la que a pesar de todo me veía obligada a alimentar a mi hija en edad de crecimiento, además de algún plato precocinado barato o una caja de comida preparada. Durante un par de semanas no podía permitirme tomar café. Lo sustituía por té negro y se me saltaban las lágrimas. Aunque sabía que era una posibilidad, nunca acudí a un banco de alimentos ni a un comedor social. Nunca me decidía a ir porque, si bien teníamos poco margen de elección, tampoco pasábamos hambre. Siempre me parecía que había muchísimas personas más necesitadas que yo.

Mia, por suerte, no parecía notarlo, ya que la que comía menos era yo. Pero una tarde, cuando la fui a buscar a casa de su padre, se pasó los primeros veinte minutos hablando entusiasmada de una fiesta de cumpleaños a la que había ido. No por las amiguitas y amiguitos que había allí ni por los juegos, sino por la comida.

—¡Tenían tantas frutas del bosque, mamá! —me repitió varias veces—. Fresitas y frambuesas y de muchas otras clases. ¡Y pude comer todo lo quise!

Aquella noche, después de acostarla, busqué en Internet a ver si algunas amistades de Port Townsend habían colgado alguna foto de la fiesta y encontré unas cuantas. Mia no salía en ninguna, pero pude ver claramente las frutas del bosque. Toda la mesa estaba cubierta de fuentes y cuencos llenos. Comprendí el entusiasmo de Mia. Una pequeña bolsita de frutas del bosque costaba cinco dólares y era un festín increíblemente especial para ella, del que solía dar buena cuenta en cuestión de minutos.

Otras clientas también me propusieron hacer más horas durante esos meses y continuamente recibía llamadas interesándose por un anuncio por palabras que había publicado en el portal Craigslist de Internet:

TRABAJO 25 HORAS A LA SEMANA
COMO LIMPIADORA PROFESIONAL, PERO NO ME ALCANZA
PARA PAGAR LAS FACTURAS.

Casi todos los demás anuncios que competían con el mío eran de matrimonios que tenían una camioneta y se ofrecían para retirar trastos y llevarlos al vertedero. Algunos eran de empresas registradas, parecidas a la de Jenny, que estaban aseguradas y tenían unas cuantas personas empleadas para poder asumir trabajos de más enjundia. No esperaba que mi anuncio destacase demasiado ni que pudiera llegar a proporcionarme ingresos adicionales, pero cada vez que publicaba una nueva versión, recibía media docena de llamadas.

Una mujer bajita de mirada despierta, llamada Sharon, me contrató para limpiar un apartamento antes de que se instalara un nuevo inquilino. Estaba sucio pero no espantosamente mugriento y, mientras me lo mostraba, reconoció que era la primera vez que contrataba a alguien para limpiarlo. Me pidió que limpiase el horno y la nevera, pero no las persianas. Intenté calcular cuánto tiempo me llevaría, pero tenía a Mia conmigo y con ella en brazos apoyada sobre mi cadera, me costó hacerme una idea.

—¿Cuatro o cinco horas? —aventuré, distraída por la niña que continuamente intentaba coger una u otra cosa del tablero de la cocina.

—Ah, tenía previsto pagarte cien dólares —me dijo Sharon camino de la puerta y me entregó un fajo de billetes.

Me la quedé mirando unos instantes con el rostro en blanco, sin saber cómo reaccionar. Era mucho más de lo que jamás me habían pagado por una limpieza. Pero ella me instó a coger el dinero.

—Me gustó tu anuncio —dijo—. Recuerdo lo que es intentar salir adelante cuando tienes a alguien que depende de ti. —Y miró a Mia que, cohibida por su mirada directa, escondió la cara contra mi hombro.

—Gracias —le dije, intentando reprimir la sensación de haber conseguido algo inmerecido—. No quedarás descontenta.

Después instalé a Mia en su sillita, me senté tras el volante y me quedé mirando el tablero de mandos. «Lo haré —me dije—. Sí, ¡qué diantres, hoy lo haré!». Me volví a mirar a Mia y sentí que se me henchía el corazón. Habíamos pasado un montón de cosas juntas, pero estaba consiguiendo sacarnos adelante.

—¿Te gustaría cenar una Happy Meal del McDonald's? —le pregunté.

Palpé satisfecha el fajo de billetes que tenía en el bolsillo. A Mia se le iluminó la cara.

—¡Siií, yupiii! —exclamó desde el asiento trasero alzando los brazos. Parpadeé para sacudirme un par de lágrimas y yo también lancé un grito de alegría riendo.

14
La Casa de las Plantas

El reloj despertador sonó por tercera vez solo treinta minutos antes de la hora a la que estábamos citadas en la consulta del especialista para que operasen a Mia de los oídos. Me habían indicado que la bañase por la mañana y la vistiese con ropa cómoda, pero lo que hice, en cambio, fue intentar llamar a la consulta para cancelar la visita. Densas mucosidades verdosas supuraban de su cabeza y su pecho. Incluso había vomitado la noche anterior y, de nuevo, esa mañana, directamente en el suelo. Era imposible que la operasen estando tan mala, pero seguí las indicaciones paso a paso, la instalé en el coche y llegamos sin retraso a la consulta.

Mia estaba más o menos al corriente de la situación. Le había dicho que el médico tenía que examinarle de nuevo los oídos, pero que yo no podría estar con ella en la sala esa vez. Para entonces, ya habíamos acudido varias veces al médico a causa de sus oídos y habíamos estado en la consulta del especialista en una ocasión para que determinase si era conveniente operarla. Más que el procedimiento en sí, sobre todo me inquietaba la anestesia.

«Le he colocado tubos de ventilación a mi propio hijo —me había dicho el especialista—. Su hija recibirá exactamente el mismo tratamiento».

Cuando llegamos a la consulta, a las ocho de la mañana, nos hicieron pasar a una habitación donde ya había una batita, una gorra para cubrirle el pelo, peúcos y una bolsa para guardar su ropa. Cada vez que entraba una nueva enfermera a hacernos preguntas, mi estómago se encogía un poquito más. Mia estaba tensa y callada, sin mirarlas a la cara mientras la pesaban, le tomaban la temperatura, comprobaban el nivel de oxigenación, la auscultaban e incluso le sacaban una foto con una cámara Polaroid.

—Está muy enferma —le dije a la primera enfermera, que se limitó a asentir levemente con la cabeza.

—Ha estado muy resfriada. Con tos y mucosidad verdosa. Creo que tiene una infección —le comenté a la enfermera siguiente.

—El especialista la examinará para ver si es necesario extirparle las vegetaciones. No la operará directamente. Primero la examinará.

Nuestra enfermera, una mujer morena algo mayor, con las manos tan frías que Mia se había echado atrás para evitar su contacto cuando intentó auscultarle el corazón, me preguntó si teníamos un humidificador en casa. Respondí que no con la cabeza, mientras pensaba en nuestros cristales empañados, los cantos de las ventanas cubiertos de ese moho negro que había limpiado antes de instalarnos y que volvía a reaparecer cuando llovía.

—No puedo... —empecé a decirle.

—Pues tendrá que comprar uno hoy —me dijo mientras escribía algo en la ficha de Mia.

—Es que... —Bajé la vista—. No tengo dinero para pagarlo.

La enfermera se puso muy tiesa, frunció los labios y se cruzó de brazos, mirando a Mia en vez de a mí.

—¿Y dónde están sus abuelos? ¿Esta niña no tiene abuelos? Si fuese mi nieta, yo me ofrecería a comprarle estas cosas.

—Mi familia no puede ayudarme —intenté explicarle rápidamente, ofreciendo probablemente más información de la debida a una desconocida—. O, más bien dicho, papá y mi madrastra no pueden. Mamá vive en Europa y dice que no puede ayudarme, pero papá realmente no tiene dinero.

La enfermera chasqueó la lengua. Mia miraba fijamente sus manitas, que había entrecruzado y deslizado entre las piernas. Debía de tener frío. O quizás necesitaba hacer pis. Cada vez que se lo preguntaba, negaba con la cabeza.

—No entiendo cómo una abuela puede vivir tan lejos de su nieta —dijo la enfermera y después me miró a los ojos de un modo que me hizo sentir la necesidad de responderle, pero entonces Mia me susurró al oído:

—Tengo pipí. —Su aliento tenía ese olor penetrante a mocos infectados, tan distinto de su olor habitual.

La enfermera nos indicó que el lavabo estaba al final del pasillo y salió de la habitación. Llevé a Mia en brazos y la senté en el váter. Su cuerpecito se dobló, con el pecho contra las piernas y vomitó un gran charco de mucosidades verdosas. Una de las enfermeras estaba en la puerta de nuestra habitación y acababa de preguntarle a la mujer del mostrador de la entrada dónde habíamos ido. La llamé con la mano para mostrarle lo ocurrido. «Puede comprobarlo usted misma —habría querido decirle—. Mi nena está demasiado enferma».

—Yo lo limpiaré —dijo la enfermera—. Ustedes vuelvan a la habitación.

Solo estuvimos unos cinco minutos allí, o el tiempo que tardé en hartarme de la situación y coger la bolsa para empezar a vestir a Mia con su ropa.

Llamaron a la puerta y entró el especialista. No saludó —nunca lo hacía— y se sentó en la silla con aspecto derrotado. Los tres nos quedamos sentados unos instantes mirándonos, mientras él nos tomaba la medida.

—Probablemente ha vomitado porque está nerviosa. Si usted está nerviosa, ella también lo estará.

—No he tenido tiempo de ponerme nerviosa —murmuré.

Se recostó contra el respaldo y cruzó los brazos, después se levantó, se acercó a nosotras y se nos quedó mirando.

—Si usted no quiere que la opere, por mí no hay problema. Me ahorrará tiempo, eso seguro.

—No —repliqué frunciendo el entrecejo mientras me preguntaba si me habría hablado de ese modo si hubiese estado acompañada de mi marido o si Mia tuviera un seguro médico privado y no Medicaid, el seguro público para gente necesitada—. Yo no he dicho nada parecido. La niña ha estado enferma. Está enferma. Demasiado para operarla hoy, me ha parecido. Ni siquiera sé por qué he venido. Estoy demasiado cansada para darle más vueltas.

—La operación la ayudará —dijo él—. Mi intención es ayudarla.

Incliné la cabeza en señal de asentimiento. Llena de frustración, procuré no llorar, ignorando la abrumadora necesidad de dejar caer la cabeza entre los brazos y sollozar, de rendirme y dejarme vencer por las dificultades de tener a una hija tan enferma mientras tenía que luchar como un soldado para pagar el alquiler, con un trabajo que no me daba derecho a absolutamente ninguna prestación y que si no me presentaba tal vez ya no existiría cuando por fin pudiera reincorporarme. Aunque tampoco esperaba otra cosa. La ausencia de prestaciones simplemente era parte integrante del panorama de los empleos con una remuneración próxima al salario mínimo; pero me parecía que deberían hacer una excepción con las personas que teníamos a otras a nuestro cargo.

—Confío en usted —dije mirando a Mia, con un brazo en torno a sus hombros, consciente de que tendría que dejar que se fuese con él.

Entró otra enfermera distinta para llevar a Mia al quirófano. Luego vino otra con algunos papeles para mí: instrucciones sobre los cuidados que necesitaría Mia durante el siguiente par de semanas.

—Eres la hija de Dan y Karen, ¿verdad? —me preguntó, y yo asentí—. Me había parecido reconocerte. ¡Vaya, Mia es igualita a ti! Exactamente como tú eras de pequeña.

Mi expresión desconcertada la indujo a presentarse de manera detallada. Era la esposa del abogado que había defendido mi caso después de un accidente de coche. Yo tenía entonces dieciséis años.

—¡Pero conozco a tus padres desde que empezaron a ir a la iglesia evangelista cuando tú todavía llevabas pañales!

Al oírle decir «pañales» recordé la anécdota que siempre contaba mamá sobre una ocasión en que habían salido de casa con retraso para ir a la iglesia un domingo y llegaron cuando ya había empezado el sermón. Cuando papá me pasó a los brazos de mamá, su mano tocó mi culito desnudo. Yo acababa de cumplir dos años y ellos apenas tenían veintiuno. En sus prisas por salir de casa se les había olvidado ponerme un pañal y no llevaban ninguno consigo. Me pregunté si esa enfermera los habría visto. Y si también los habría ayudado.

Su charla intrascendente me ayudó a pasar el rato mientras Mia estaba en el quirófano. Había leído un montón de artículos en Internet sobre lo que cabía esperar cuando una criatura pequeña se despertaba de la anestesia, pero aun así no estaba preparada emocionalmente. Fue agradable tener esa distracción y la compañía de alguien que me ayudara a seguir respirando. Perder a mi hija, que no despertase de la anestesia, que algo fuese horriblemente mal, tenía que evitar pensar en todo eso para mantenerme fuerte, si no por mí, por lo menos por ella. Ninguna de las dos necesitaba ese estrés adicional.

Mia regresó a la habitación a las nueve de la mañana, transportada en una camilla con una gasa en la boca. Tenía la cara empapada de lágrimas, roja de rabia, y miraba a su alrededor con ojos aterrados, muy abiertos, como si no pudiera ver. Empujaron la camilla hasta la cama fija de la habitación para que pudiera arrastrarse de una a la otra. Me incliné sobre ella, le puse una mano en la espalda y empecé a susurrarle en el oído, sin saber si podía oírme bien, preguntándome si le dolerían los oídos y qué debían de haberle hecho ahí dentro; cuánto miedo debía de haber pasado sin tenerme a su lado para cogerle la mano.

—Ya está, bonita. Ya ha pasado.

Mia tensó todo el cuerpo, tendida de costado, completamente rígida y después empezó a retorcerse y a gruñir mientras intentaba arrancarse el esparadrapo que sostenía las agujas hipodérmicas clavadas en sus brazos. Una enfermera y yo intentamos calmarla como pudimos. Mia se puso de cuatro patas y escupió la gasa que tenía en la boca, después se incorporó apoyada sobre las rodillas. Me tendió los brazos conectados a los tubos. Miré a la enfermera y ella asintió para indicarme que podía abrazar a mi hija y levantarla en brazos justo lo necesario para poder sentarla en mi regazo y mecerla mientras le repetía mi promesa de que todo iría bien.

—Quiero un poco de zumo —me dijo con voz ronca y se dejó caer contra mi cuerpo vencida por el esfuerzo y posiblemente también por el dolor de vocalizar y pronunciar esas palabras. La oí gimotear. La enfermera le dio un vaso con boquilla. Mia se bebió la mitad sentada y después volvió a acurrucarse entre mis brazos.

Pasada una hora, me encontré en el aparcamiento con Mia, vestida pero todavía abrazada a mí, sin estar aún en condiciones para poder sentarla en el coche y conducir la corta distancia hasta casa. Nos habían enviado a casa a toda prisa, con un humidificador prestado que tenía forma de ratón Mickey.

—Sí, aquí hacemos las cosas deprisa —me dijo la enfermera después de dejarlo sobre el capó del coche.

Me quedé quince minutos más ahí de pie, en el aparcamiento, con mi hija en brazos, mirando el edificio y sintiéndome más sola de lo que jamás me había sentido en la vida. Habíamos superado el trance esa mañana, Mia había sobrevivido a la operación, pero en aquel momento sentí caer sobre mí algo así como un manto. No fue un momento de empoderamiento ni de celebración por haberlo conseguido, sino de saturación, de inmersión en nuevas profundidades de soledad en las que tendría que aprender a respirar, dejando entrar y salir el aire. Una nueva existencia. Y en ella me despertaría cada día y me iría a dormir.

* * *

El lunes siguiente, la dueña de la Casa de las Plantas ya había despejado el suelo y retirado cuanto había podido antes de que yo llegara, por la mañana temprano, para hacer la limpieza mensual. Las alfombras estaban enrolladas, pilas de revistas ocupaban las sillas, y encima de la cama había depositado los libros, aparatos de gimnasia y zapatos. Sus instrucciones eran rigurosas, las más detalladas entre todas mis clientas y clientes: limpiar a fondo todos los suelos, la cocina y los baños, y revisar los alféizares y los marcos de las ventanas para asegurarme de que no estuvieran ennegrecidos por el moho.

Los propietarios de la Casa de las Plantas tenían el síndrome del nido vacío. La habitación de su hijo no parecía haber cambiado gran cosa después de su partida. Sus trofeos seguían ocupando el alféizar de la ventana, detrás de su cama. Allí habían instalado un escritorio y un gran teclado, donde la mujer daba clases de piano. Yo me preguntaba si no habría sido más sencillo usar el piano vertical que tenían junto a la puerta de entrada. El marido era pastor de alguna iglesia o a lo mejor trabajaba allí. En las paredes, en vez de cuadros, tenían colgadas oraciones enmarcadas.

La mujer tenía enormes plantas en macetas sobre ruedas, que yo desplazaba para barrer y fregar debajo. En cada ventana de la sala de estar había media docena de macetas con lazos de amor, sobre el alféizar o colgadas de un gancho. Junto a ellas había macetas con cactus de Navidad y dejaba crecer los filodendros por encima de la barra de las cortinas. Un día corté a hurtadillas un par de brotes de lazos de amor para llevármelos a casa y plantarlos en una maceta. También quería vivir rodeada de vegetación, de vida. Pero no podía permitirme comprar los retoños en una tienda.

En el cuarto de baño no había plantas. Pero había moho. Me subía sobre el canto de la bañera para retirarlo de la confluencia entre la pared y el techo. La mujer dejaba la cortina de la ducha recogida encima de la barra y retiraba los felpudos y las toallas para meterlos en la lavadora. Cuando yo llegaba, el cuarto de baño estaba vacío, desnudo, todo blanco. Después de apagar el humidificador que ella usaba para filtrar el aire, todos mis movimientos resonaban. Me gustaba cantar en ese cuarto de baño y oír reverberar mi voz contra las paredes.

De niña cantaba en el coro de la escuela y participaba en las representaciones teatrales que hacíamos en otoño y en los musicales de primavera. Nunca había cantado un solo, pero me gustaba subir al escenario. Con mis amigas entonábamos melodías mientras íbamos por la calle. Las casas vacías me ofrecían un lugar donde poder cantar de nuevo sin temor a que nadie me oyera. A voz en cuello, interpretaba las canciones de Adele, Tegan & Sara y Widespread Panic.

El lunes después de la operación de Mia, de pie dentro de la bañera de la Casa de las Plantas, estuve cantando a viva voz hasta que, de repente, rompí a llorar sin poder parar. Mientras pasaba por última vez el trapo por las paredes de la ducha para secarlas, se me llenaron los ojos de lágrimas, me llevé rápidamente la mano a la cara para retenerlas y se me escapó un sollozo. Entonces me dejé caer de rodillas y recordé cómo nos habían hecho salir a toda prisa de la sala de recuperación. En cuanto Mia hubo bebido un poco de zumo y hecho pis, tuvimos que marcharnos. Ni siquiera me permitieron quedarme sentada con ella en la sala de espera. Pero yo no podía dejar de tenerla en brazos, me sentía incapaz de conducir atenta a la circulación. Me recosté contra la carrocería del coche que todavía conservaba el calor del sol matutino y dejé reposar su cuerpo sobre el mío, busqué con la mano sus chancletas rosas y luego fui subiendo para apretarle la pantorrilla, después el muslo, hasta estrecharla entre mis brazos, con la cabeza contra su cuello. Había estado allí a su lado, pero necesitaba tener también a alguien a mi lado que me cogiese la mano a mí. A veces las madres también necesitan el cuidado materno.

Mia raras veces me veía llorar. Llorar suponía admitir una derrota. Sentía que mi cuerpo y mi mente se rendían y hacía todo lo posible por evitar esa sensación. Mi temor era ser incapaz de parar de llorar. Quedarme sin aire. Verme impelida a pensar que podía morir. Llorar de ese modo, en esa bañera, me hizo sentir casi lo mismo, como si me hubiese perdido, arrastrada por ese desahogo incontrolable que necesitaba mi cuerpo. Con tantas cosas sobre las que no tenía control moviéndose a mi alrededor, al menos me quedaba la posibilidad de controlar mis reacciones frente a ellas. Si empezaba a llorar cada vez que tuviera una experiencia difícil o espantosa, acabaría llorando todo el rato.

Cuando empezaba a sentir que podría acabar rindiéndome, algo cambió. Las paredes de la Casa de las Plantas me envolvieron. Me sentí segura. Esa casa me había hablado. Me había visto consultar su listín telefónico para buscar iglesias que pudieran ofrecerme apoyo económico para pagar el alquiler cuando supe que la lista de espera para acceder a las ayudas previstas en el artículo 8 de la Ley sobre la Vivienda era de cinco años. Esa casa me conocía y yo la conocía. Sabía que la propietaria sufría de sinusitis crónica, que hacía gimnasia en su dormitorio siguiendo antiguos vídeos de aeróbic de los años ochenta. La casa había sido testigo de mis llamadas desesperadas a las trabajadoras sociales para intentar averiguar si había alguna forma de conseguir una ayuda monetaria. Había discutido empecinadamente con Jamie mientras fregaba su cocina. Había limpiado todo el salón mientras estaba en capilla, pendiente de la renovación de mis cupones para alimentos. Durante unos minutos, mientras seguía arrodillada en el refugio de la bañera, las paredes de la Casa de las Plantas me protegieron y me confortaron con su estoico silencio.

15

La Casa del Chef

Cuando vivíamos en el refugio para personas sin hogar, me quedaba levantada hasta muy tarde por las noches, mucho después de acostar a Mia. Mientras avanzaba la noche, visualizaba el cuadro de una vida «feliz». Tendríamos un gran jardín con un césped verde recién cortado y un árbol con un columpio colgado de una rama. Nuestra casa no sería muy grande, pero sí lo suficiente para que Mia pudiera corretear, tal vez en compañía de un perro, y construir un fuerte debajo de los muebles. Y ella no solo tendría un dormitorio separado, sino también su propio cuarto de baño. Quizás tendríamos un verdadero cuarto de invitados o un estudio donde yo podría escribir. Un auténtico sofá con otro más pequeño de dos plazas a juego. Y un garaje. Si pudiéramos tener todas esas cosas, seríamos felices, me decía.

La mayoría de las personas para quienes trabajaba tenían todo eso —todo lo que yo anhelaba durante aquellas largas noches mientras permanecía sentada a solas, en vela— y no parecían disfrutar más que yo de la vida. La mayoría trabajaban largas jornadas, lejos de las casas que les había costado tanto esfuerzo pagar, con desplazamientos diarios aún mayores que los míos. Empecé a prestar atención a los objetos que se acumulaban sobre los tableros de sus cocinas: facturas de alfombras que costaban tanto como mi coche, un recibo de la tintorería que podría pagar la sustitución de la mitad de mi guardarropa. En cambio, yo dividía lo que cobraba por hora en tramos de quince minutos para calcular qué parte de mi esfuerzo físico estaba destinada a sufragar el coste de la gasolina. La mayoría de los días dedicaba por lo menos una hora a conseguir tan solo el dinero que gastaba en gasolina para llegar hasta mi lugar de trabajo. Pero mis clientes y clientas trabajaban largas horas para pagar coches, barcos y sofás lujosos que luego tenían cubiertos con una sábana.

Trabajaban para pagar a Classic Clean, que me pagaba a mí poco más del salario mínimo, para mantenerlo todo impecable, ordenado, aceptable. Pagaban por mi trabajo como si fuese un hada mágica, pero yo distaba mucho de serlo cuando me movía por su casa como un fantasma. Mi cara tenía una tonalidad cenicienta por la falta de sol, con grandes ojeras oscuras por la carencia de sueño. Solía llevar el pelo sin lavar, recogido en una coleta o debajo de un pañuelo o una gorra. Vestía unos pantalones de faena Carhartt hasta que los rotos de las rodillas comenzaban a ser tan impresentables que mi jefa me ordenaba sustituirlos por otros. Con lo que ganaba no disponía de mucho dinero para ropa, ni siquiera de trabajo. Trabajaba aunque estuviera enferma y llevaba a mi hija a la guardería cuando debería haberse quedado en casa. Mis condiciones laborales no incluían bajas por enfermedad, ni vacaciones pagadas, ni la previsión de un posible aumento salarial y, sin embargo, a pesar de todo, yo suplicaba que me dieran más trabajo. Raras veces conseguía recuperar los ingresos perdidos si alguna vez faltaba al trabajo, y si faltaba demasiado a menudo, corría el riesgo de ser despedida. Era vital que no me fallara el coche, pues un conducto roto, un fallo del termostato o incluso un pinchazo podía desequilibrar nuestro presupuesto, hacernos retroceder y precipitarnos hacia el abismo, de vuelta al refugio para personas sin hogar. Vivíamos, sobrevivíamos, en un mesurado desequilibrio. Esa era mi existencia ignorada, mientras sacaba lustre a la de otras personas para que pareciera perfecta.

La Casa del Chef estaba dividida en dos alas: el dormitorio de invitados y el despacho en un extremo y en el otro, el baño principal con un vestíbulo que comunicaba con un garaje remodelado, donde sus perros, dos terrier Westminster blancos, dejaban siempre charcos de orina. Los días que yo iba a limpiar, el señor Lund o su esposa se los llevaban al trabajo. Uno de ellos también había empezado a cagarse en el comedor sin que yo lo advirtiera y un buen día pisé accidentalmente los restos. Solté un gruñido. La alfombra era beis. De un beis claro. Casi blanco, joder. No conseguiría eliminar las manchas de mierda de ningún modo.

Hasta entonces solo había visto una vez al dueño de la Casa del Chef en los seis meses que llevaba limpiándola, un jueves cada quince días durante tres horas. Esa casa había sido uno de los encargos iniciales de Pam, que solía limpiarla semanalmente en dos horas. Un esfuerzo del que yo no me veía capaz, porque la casa era enorme. Esa casa me hacía sudar mientras me afanaba, demasiado atareada para entretenerme enviando un mensaje de texto o llamando a alguien, por temor a no poder acabar la limpieza a la hora establecida. Desde luego, no podía entretenerme en restregar manchas de mierda.

Aquel día tenía que limpiar una segunda casa —la Casa de la Mujer que Fumaba Cigarrillos—, otras tres horas de trabajo, con veinte minutos de desplazamiento entre un lugar y otro. Habitualmente, tener ocupada toda la jornada me servía de algún modo de evasión. Durante tres, cuatro o hasta seis horas no paraba de moverme, avanzando de izquierda a derecha del tablero, sacando brillo al fregadero, fregando los suelos, quitando el polvo, limpiando las manchas que dejaban los perros sobre los cristales de las puertas correderas, pasando la aspiradora por los pasillos, fregando los váteres, limpiando los espejos sin detenerme ni un instante a contemplar mi reflejo, ignorando las agujetas, que se iban convirtiendo en una inflamación constante a medida que avanzaba el día hasta causarme a veces una punzada o una sensación de hormigueo a lo largo de los brazos o las piernas. Después de repetir durante semanas los mismos movimientos cada quince días, desde que empezaba hasta que acababa, siempre a la misma hora, en el mismo orden, ya no tenía que pensar qué debía hacer a continuación. Los gestos se habían vuelto rutinarios, automáticos. Mis músculos se habían fortalecido y estaban entrenados. Estar en movimiento y seguir mecánicamente las rutinas domésticas me proporcionaba un respiro muy necesario en unos momentos en que todos los demás aspectos de mi vida implicaban una sucesión de decisiones difíciles, a cuál más dura. Y así, demasiado abstraída tal vez, había acabado pisando mierda.

La Casa del Chef era una de las que envidiaba, con su vista, su jardín, árboles que dejaban caer manzanas que comenzaban a pudrirse sobre la hierba antes de que los jardineros acudieran a segarla. Deseaba tener su porche trasero con muebles conjuntados de madera barnizada y cojines marrones. Me imaginaba las tardes ociosas que debían pasar allí los fines de semana: los langostinos asándose en la parrilla, el vino rosado helado en copas de pie alargado, saboreado bajo el toldo listado que se extendía desde la pared lateral de la casa. Parecía un sueño, y esa gente, con sus pasillos llenos de cuadros con escenas parisienses, lo vivía a diario.

Los tableros de la cocina estaban llenos de comida y la boca se me hacía agua al ver las latas de sofisticadas galletas, cuidadosamente alineadas. Su decoración navideña era impecable. Me había detenido a examinar los adornos del árbol y tenían toda la colección de figuritas de la serie Frosty Friends de Hallmark que mamá también coleccionaba durante los años que estuvimos en Alaska. Me las había regalado todas después del divorcio, pero con los traslados, se me había extraviado la mitad. Cuando vi la correspondiente a 1985, el año que pasamos nuestra primera Navidad en Alaska, la cogí y la sostuve con cuidado en la palma de la mano, mientras recordaba el momento en que mamá había desenvuelto el kayak con el niño esquimal y su perro y me había dejado colgarla en el árbol. Dentro de seis meses volvería a ser Navidad y ni siquiera sabía si podría permitirme comprar un árbol del tamaño adecuado para colgar los adornos, ni si podría hacerle sitio en nuestro estudio. Mia solía pasar la Navidad con Jamie, ya que a mí me correspondía siempre el Día de Acción de Gracias. Deseaba enormemente que ella pudiera tener una vida en la que exactamente los mismos adornos decorasen cada año el árbol. Unas tradiciones tan insignificantes que de niña no les prestaba atención y, en cambio, en aquel momento eran todo lo que deseaba para mi hija.

Una tercera parte del tiempo que pasaba en la Casa del Chef lo dedicaba a los suelos. A veces, al acabar, caminaba hasta el coche con el cuerpo encorvado y una mano sobre los músculos de la base de la espalda, junto a la columna. Sentir dolor no era una experiencia desconocida para mí, pero las horas que pasaba agachada limpiando tenían un precio. Mi columna se encogía, arqueada como un signo de interrogación, y ya me había obligado a ir a urgencias varias veces. Tenía que procurar no dañarla y cuando eso ocurría me tomaba varias dosis de ochocientos miligramos de ibuprofeno a lo largo de la jornada. Mi error más reciente había sido inclinarme un poco para coger un sofá por un extremo y acercarlo a la pared. Parecía pesar más que mi coche. Los músculos de la espalda, preparados para levantar un peso ligero, reaccionaron como un elástico tensado al soltarlo y quedaron agarrotados. Pasé varios días apretando los dientes para soportar los espasmos, con un dolor que no me dejaba dormir. No toleraba bien los analgésicos. Me provocaban mareos y náuseas, como si estuviese un poco bebida.

Cuando vi que grandes frascos de grageas con hidrocodona, de venta con receta, empezaban a ocupar los tableros de la Casa del Chef, casi estuve tentada de llevarme unos cuantos. En casi todas las casas que limpiaba, las repisas y los botiquines del cuarto de baño estaban llenos de medicamentos bajo prescripción médica, pero allí había frascos gigantes en casi todas las habitaciones, que se vaciaban en las dos semanas que mediaban entre mis visitas.

Lonnie y yo no comentábamos nunca los secretos que revelaban las casas en ausencia de sus dueños. La mayoría de las personas para quienes trabajaba tomaban somníferos, algunas para tratar la depresión o la ansiedad, otras para el dolor. Tal vez fuera debido a que esas personas podían acceder más fácilmente a un médico o tenían seguros de enfermedad con cláusulas generosas que cubrían los medicamentos bajo receta; o quizás el acceso a la atención médica iba asociado por defecto a la prescripción de medicamentos como solución. Aunque tenía cubierta la atención médica para Mia, yo misma ganaba demasiado para acceder a la cobertura de Medicaid, de manera que no podía acudir al médico por mi dolor de espalda crónico o la sinusitis y tos persistentes. Por suerte, Mia siempre había tenido cobertura, de manera que nunca había tenido esa preocupación, y el procedimiento para solicitarla era sencillo, ya que usaban la misma documentación que presentaba para obtener los cupones para alimentos. No habría podido pagar de ningún modo las revisiones periódicas y las vacunas, y mucho menos la última intervención, pero siempre me preguntaba si el personal médico y de enfermería nos trataba de un modo distinto debido al tipo de seguro que teníamos, dado que Mia tenía la cobertura de Medicaid. Aunque me habría convenido mucho recibir atención médica y fisioterapia o incluso tener acceso a una ginecóloga, jamás podría asumir ese gasto por mi cuenta. Tenía que procurar no lesionarme, no caer enferma e intentar gestionar el dolor sin ayuda. Pero las vitaminas, los medicamentos para el resfriado y la gripe que podía adquirir sin receta o incluso el Tylenol o el ibuprofeno suponían un gasto importante y ocupaban un lugar tan secundario en mi presupuesto que racionaba las reservas que tenía. Convivir con la enfermedad y el dolor formaba parte de mi vida cotidiana. Era un aspecto más de mi agotamiento. Pero ¿por qué tenían esos problemas las personas para quienes trabajaba? Diríase que tener acceso a alimentos saludables, inscripciones a un gimnasio, servicios médicos y demás debería mantener a una persona en forma y en buen estado de salud. Quizás el estrés de mantener una vivienda de dos pisos y un matrimonio desgraciado y sostener la ilusión de poderío castigaba sus cuerpos de manera similar a como la pobreza castigaba el mío.

* * *

Me dirigí a la Casa de la Mujer que Fumaba Cigarrillos con todas las ventanillas del coche bajadas. La temperatura exterior debía de rondar los veintisiete grados, lo cual significaba que cuando llegásemos a casa habría alcanzado los treinta en nuestro dormitorio. Se me acumulaba el sudor en los pliegues de la piel. La mayoría de las ventanas de la casa de la mujer estaban orientadas al norte y el interior estaría más fresco, pero estarían todas cerradas, y el ambiente enrarecido combinado con la mezcla de olor a tabaco y a velas aromáticas era mareante. Al entrar, cuando fui a dejar mi carpeta sobre el tablero donde ella tenía el teléfono inalámbrico, junto a una agenda donde solo tenía anotadas citas para tratamientos de cutis y masajes en un *spa*, vi que me había dejado una nota: «He pensado que te gustaría esta vela perfumada para tu casa». Cogí la cajita de lata plateada y, al abrirla, vi que estaba llena de cera de color naranja vivo que olía a melocotón bien maduro.

Mi aroma preferido. Sonreí, volví a inhalar el perfume de la vela y me guardé la cajita en el bolso antes de telefonear para fichar.

La señora de esa casa era un misterio para mí. Solo nos habíamos visto brevemente una vez, un día que me presenté en su cocina dos horas antes de lo previsto. Ella salió a toda prisa, sin que llegásemos a decirnos nada, pero me dio tiempo a constatar que iba impecablemente peinada y maquillada, y pude satisfacer mi curiosidad sobre uno de los detalles que me tenían intrigada. En su cuarto de baño había siempre nuevos envases de maquillaje o de crema antiarrugas o algún otro frasquito minúsculo. Por cada nuevo producto había recibos de cincuenta dólares como mínimo, pero nunca vi frascos vacíos ni envases completamente utilizados. Ella recibía un masaje y un tratamiento facial cada quince días, y también se hacía la manicura y la pedicura, y yo me preguntaba a menudo si alguien la inducía a comprar esos productos, que a lo mejor no tenía intención de usar. Su aspecto lo desmentía. Se la veía impecable, incluso una tarde de un jueves cualquiera.

Su casa lindaba directamente con un campo de golf y parecía dedicar gran cantidad de tiempo a practicar esa afición. En el cuartito de abajo, encima de la lavadora y la secadora, había varias tarjetas de resultados enmarcadas y una foto suya de pie al lado de Tiger Woods. Ella llevaba una camisa blanca a juego con sus pantalones cortos bien planchados, también blancos, y el pelo recogido sobre la cabeza, separado de la cara por una visera. La planta baja de la casa parecía haber quedado detenida en el tiempo. Cuando la recorría con mi aspiradora, mis trapos y mi bandeja de productos de limpieza, con sus muebles anticuados sobre una gruesa alfombra blanca, me parecía estar adentrándome en los últimos años de la década de los ochenta o los primeros noventa. El dormitorio de invitados estaba decorado con cuadros de gansos del Canadá, que habría jurado que eran idénticos a los que me habían acompañado durante mi niñez. En el despacho había un escritorio con un tablero de aglomerado de madera y una cinta de correr de aspecto gastado frente a un viejo televisor con un reproductor de vídeo acoplado, como el que tenía yo en casa.

En la segunda planta habían hecho varias reformas e instalado suelos de madera, nuevas encimeras y una nevera de acero inoxidable donde, por lo que yo había podido ver, conservaba sobre todo botellas de agua y lechugas. Los muebles eran elegantes y modernos, y a juzgar por la cantidad de polvo depositado encima, no se usaban nunca. En el armario tenía una chaqueta de cachemira de color tostado y yo se la envidiaba tanto que, cada vez que entraba para pasar la aspiradora, me detenía, bajaba la cremallera y me la ponía, con la capucha subida, procurando que las mangas me cubriesen las manos, y restregaba la mejilla sobre el suave tejido.

Resultaba difícil encontrar indicios de que la casa había estado ocupada, salvo en el pequeño cuarto de baño anexo al dormitorio principal y en el lavabo de invitados que había frente a la cocina. Siempre levantaba con aprensión la tapa de esos váteres para limpiar la taza, que casi siempre encontraba manchada con salpicaduras de vómito bajo el reborde.

Después de acudir unas cuantas veces a su casa, empecé a hacerme una idea de cómo pasaba ella su tiempo allí. Su marido era propietario de una constructora, que él mismo dirigía desde la sede situada a una hora de distancia de la ciudad como mínimo. Corría 2010 y el sector de la construcción aún no parecía recuperar la actividad. Probablemente les preocupaba su seguridad económica y temían ser las siguientes víctimas de la crisis. La casa siempre parecía estar dispuesta para celebrar una cena, con velas de imitación encendidas y manteles individuales dispuestos sobre la mesa, pero el polvo acumulado encima de las mesas y las sillas indicaba que las veladas con invitados y comidas sofisticadas no eran frecuentes. Cuando estaba en casa, ella parecía pasar la mayor parte del tiempo sentada en un taburete alto de bar frente a la placa de cocina empotrada en el tablero. Detrás, junto al lugar donde ella se sentaba, había una entrada de aire para el extractor, donde solía encontrar un rastro de cenizas de cigarrillo. Al lado tenía un pequeño televisor, su agenda y un teléfono inalámbrico, y se veían restos de migas en el suelo.

En un estante, junto a la mesa del comedor, había varios ambientadores eléctricos con un calentador de cera. La combinación de olores me daba jaqueca. Una vez vi que había dejado un encendedor junto a la agenda, pero, salvo por el cenicero ya limpio que encontré debajo del fregadero, no descubrí ningún rastro de cigarrillos. Más adelante, un día, al cruzar el garaje para salir, vi un congelador, y al abrirlo descubrí varias pilas de cartones de Virginia Slims. Tras la sorpresa inicial, sonreí complacida. Misterio aclarado.

Podía imaginármela, con el mentón apoyado sobre una mano, mientras aplastaba un cigarrillo para apagarlo y a continuación exhalaba una bocanada de humo cuidadosamente dirigida hacia el extractor de la encimera, para incorporarse luego y, agitando levemente la melena, acercarse hasta el garaje para vaciar el cenicero antes de enjuagarlo y secarlo meticulosamente hasta dejarlo bien limpio. Me preguntaba si llevaría los cigarrillos en el bolso o si solo fumaba en casa, en ese lugar concreto de la cocina. No me llamaba la atención que fumase. Yo también fumaba de vez en cuando. No le daba la menor importancia. Lo que me fascinaba era el secretismo, la cantidad de esfuerzo que dedicaba a mantener una apariencia perfecta e impoluta.

16

La casa de Donna

Durante el verano se reavivó la propuesta de someter a los receptores de ayuda pública a pruebas de detección de drogas. Desde la recesión, millones de personas habían solicitado auxilio al Gobierno, mientras aumentaba el número de contribuyentes de clase media en dificultades que protestaban airados por la injusticia de que otros recibieran apoyo, lo cual causaba tensiones entre quienes ya eran beneficiarios de la asistencia pública y usaban cupones para alimentos y los que no reunían los requisitos para acceder a ellos. Imponer la realización de pruebas para la detección de drogas perpetuaba una capa adicional de prejuicios contra quienes recibíamos ayuda, al crear un nuevo relato que nos presentaba como personas aprovechadas, holgazanas y ahora posiblemente también drogadictas, que nos beneficiábamos del dinero público. En Internet circulaban memes que presentaban a las personas que recibían cupones para alimentos como animales salvajes. En uno de ellos se veía a un oso sentado frente a una mesa de pícnic, con un texto que decía:

> Incongruencias, la lección del día: El programa de cupones para alimentos del Ministerio de Agricultura se congratula de haber repartido el mayor volumen de cupones para alimentos de la historia. Mientras tanto, el Servicio de Parques Forestales, adscrito también al Ministerio de Agricultura, nos dice SE RUEGA NO DAR COMIDA A LOS ANIMALES, porque podrían volverse dependientes y nunca aprenderían a valerse por sí mismos.

En otro muy popular se veía una bota de trabajo reforzada con el lema: «Si yo tengo que pasar una prueba de detección de drogas para trabajar, tú tendrías que pasarla para recibir ayuda pública». Otro decía: «Si puedes permitirte comprar droga, bebidas alcohólicas y cigarrillos, no necesitas cupones para alimentos». Una de las personas con quienes me relacionaba a través de Facebook trabajaba en una tienda de alimentación y había empezado a colgar notas con lo que la gente compraba con los cupones para hacer mofa: «¿Patatas fritas? ¿Con los cupones para alimentos? ¿Acompañadas de un refresco?». Animaba a sus amistades a burlarse de la clase de comida que las personas pobres apenas podían permitirse comprar.

Unos 47 millones de familias estaban inscritas en los programas de ayuda del Gobierno aquel año, además de mí. En las cajas de las tiendas no era raro ver pagar con las tarjetas electrónicas que repartía el Ministerio de Salud y Servicios Sociales como sustitutos de los cupones para alimentos o como un medio para la transferencia de ayudas monetarias. Las expendedurías de *pizzas* para llevar y hornear en casa habían empezado a aceptar también el pago con esas tarjetas, pero yo raras veces gastaba en eso mi asignación de cupones para alimentos. Mount Vernon, la población más grande del condado de Skagit con sus 33.000 habitantes, acogía a un gran número de trabajadoras y trabajadores migrantes durante la temporada de cultivo y muchas de esas familias habían decidido quedarse todo el año. Pero con el aumento de la población inmigrante, estaba quedando al descubierto el conservadurismo de esa zona.

Donna parecía tener muchísimas quejas al respecto. Por mi parte, había llegado a depender mucho de los veinte dólares por hora que ella me pagaba, con una propina adicional de diez dólares que siempre me dejaba, pero el viaje de ida y vuelta hasta su casa consumía una hora de mi jornada laboral. Casi la mitad de las veces, Donna estaba en casa cuando yo llegaba. Un día la encontré cuando estaba a punto de salir para ir a comprar ingredientes para preparar batidos de frutas, pues acababa de comprarse una batidora especial.

—¡No lo había hecho nunca! —me dijo al pasar—. Pero hoy iré a la cooperativa. Ya no me gustan los grandes supermercados.

—¿En serio? —le pregunté con fingido interés. A Donna le gustaba usar aceites para el baño Mary Kay que dejaban una película adherida a las paredes de la bañera, como un velcro donde se acumulaban los pelos y hasta la última célula de piel muerta que se desprendía de su cuerpo. Me costaba mantener una conversación con ella sin que me vinieran a la cabeza intermitentemente imágenes de esa bañera. Nunca sabía si esperaba que dejase de trabajar para charlar con ella o que siguiera limpiando mientras mantenía una conversación con la persona cuyos restos de vello púbico y pelos rasurados tenía que rascar del cerco grasiento de su bañera de hidromasaje.

—La última vez que fui al supermercado, me tocó hacer cola detrás de una familia mexicana —me dijo— y pagaron con cupones para alimentos. ¡Y esos críos iban vestidos de punta en blanco!

Continué quitando el polvo del alféizar de una ventana de su sala de estar, lleno de estatuillas de angelitos con las manos unidas para rezar. Lo dijo con sarcasmo. Me mordí la lengua mientras pensaba cuánto le gustaban a Mia los vestidos con adornos y los zapatos lustrosos que le compraba a crédito en la tienda de segunda mano. Tal vez Donna no era consciente de que yo también recibía cupones para alimentos.

Habría querido decirle que lo que compraba o comía o cómo se vestía esa familia no era asunto suyo, y que yo no soportaba que las cajeras del supermercado me preguntasen: «¿Te lo cargo en la ETB?» en un tono suficientemente alto para que todo el mundo en la cola lo pudiera oír. Habría querido decirle que las personas indocumentadas no podían recibir ayuda para alimentos ni beneficiarse de desgravaciones fiscales, a pesar de que también pagaban impuestos. No podían recibir ningún tipo de ayuda pública. Solo podían acceder a ella las personas nacidas aquí o que hubiesen obtenido la documentación necesaria para quedarse. O sea, que esos niños, cuyos padres habían arriesgado tanto para ofrecerles una buena vida, eran ciudadanos tan merecedores de la ayuda del Gobierno como mi hija. Lo sabía porque había estado sentada al lado de esas personas en incontables oficinas gubernamentales. Había oído sus conversaciones con las y los trabajadores sociales sentados al otro lado de una ventanilla y había presenciado cómo no conseguían comunicarse a causa de la barrera lingüística. Pero esa actitud hacia los inmigrantes, acusados de venir a robar nuestros recursos, empezaba a extenderse y el estigma era muy parecido al que recaía sobre cualquiera que dependiese de la ayuda pública para sobrevivir. Cualquier persona que usase cupones para alimentos era vista como alguien que no trabajaba o que había tomado malas decisiones que la habían llevado a ocupar ese lugar más bajo en el escalafón. Era como si pensasen que era algo deliberado y que nos aprovechábamos del sistema para apropiarnos de los impuestos que ellos y ellas pagaban, y dejar así sin fondos al Gobierno. Entre las y los contribuyentes —incluida mi clienta— parecía prevalecer más que nunca la convicción de estar subvencionando con su dinero a la gente pobre holgazana.

Donna se fue a la tienda sin sospechar la reacción emocional que me habían provocado sus palabras. Después de esa experiencia, comencé a sentirme dos veces más vulnerable cuando iba a comprar comida. Sumada a los comentarios en las redes sociales, llegó a convencerme de que la gente vigilaba todo lo que hacía. Me inquietaba comprar cosas demasiado bonitas o demasiado frívolas. Si algún día llegara a tener que usar los cupones para alimentos para comprar un huevo de Pascua de chocolate para Mia o bombones para su botita navideña, iría tarde por la noche y usaría la caja de autoservicio. Aunque lo necesitaba de verdad, dejé de usar los cupones del Programa Especial de Nutrición Complementaria para comprar leche, queso, huevos y crema de cacahuete porque, además, nunca parecía acertar con el tamaño, la marca o el color de los huevos, el tipo de zumo o el número exacto de gramos de cereales. Lo que podía comprar con cada cupón debía cumplir unos requisitos tan específicos que contenía la respiración cada vez que la cajera marcaba un producto. Siempre la cagaba y provocaba un atasco en la caja. Puede que a otras les ocurriera lo mismo, pues las cajeras siempre ponían ostensiblemente mala cara cuando veían uno de esos cupones alargados del Programa Especial de Nutrición Complementaria sobre la cinta transportadora. Una vez, después de un cúmulo de fallos comunicativos con la cajera, una pareja mayor empezó a bufar y menear la cabeza detrás mío.

La asistenta social encargada de mi caso incluso me lo había advertido en la oficina del programa. Acababan de rebajar de orgánica a no orgánica la calidad de la leche que se podía adquirir con los cupones, lo cual me privaría de una porción de mi presupuesto para alimentos que no podría compensar. En la medida de lo posible, procuraba darle a Mia solo leche orgánica entera. La leche no orgánica con un dos por ciento de materia grasa no era mejor que agua teñida de blanco, a mi entender, llena de azúcar, sal, antibióticos y hormonas. Durante un tiempo, esos cupones fueron mi último recurso para poder ofrecerle el único alimento orgánico que tomaba (aparte de las cajitas de macarrones con queso marca Annie's).

Cuando refunfuñé por haber perdido la posibilidad de comprar leche orgánica entera, la trabajadora social asintió con un suspiro.

—Simplemente ya no nos alcanzan los fondos —me dijo y, en cierto modo, lo entendí, pues un envase de dos litros costaba casi cuatro dólares—. Las tasas de obesidad infantil están aumentando —añadió— y el objetivo de este programa es ofrecer la mejor alimentación posible.

—¿No son conscientes de que la leche desnatada contiene muchísimo azúcar? —le pregunté mientras dejaba que Mia saltase de mi regazo y pudiera ir a entretenerse en el rincón de juegos.

—¡También han añadido diez dólares para hortalizas! —añadió ella con satisfacción, ignorando mi actitud gruñona—. Podrás comprar las que prefieras, excepto patatas.

—¿Por qué patatas no? —Pensé en las grandes cantidades de puré de patatas que preparaba para completar mi dieta.

—La gente acostumbra a freírlas o les añade montones de mantequilla —respondió con cara de no acabar de entenderlo tampoco—. ¡Pero se pueden comprar boniatos!

Me explicó que tendría que comprar productos por valor de diez dólares exactos, o menos, o el cupón sería rechazado. Si los productos elegidos costaban menos de diez dólares no recibiría la diferencia. Los cupones no tenían verdadero valor monetario.

Cuando fui a comprar aquel día, consciente de que era el último mes que podría adquirir leche orgánica, quería llevarme toda la que pudiera.

—Los cupones no son válidos para esta leche —me repitió la cajera—. La máquina no los acepta.

Se volvió hacia el joven que estaba llenando las bolsas con el resto de nuestra compra y suspiró. Comprendí que se disponía a decirle que fuese a buscar leche de la clase adecuada. Era lo que me ocurría continuamente con los huevos. Mis cupones no estaban caducados, pero la tienda ya había actualizado el sistema. Normalmente, me habría dejado intimidar, habría aceptado la leche no orgánica y me habría marchado corriendo, sobre todo con dos personas mayores meneando la cabeza molestas. Volví a mirarlos de reojo y descubrí al hombre cruzado de brazos y con la cabeza inclinada apuntando hacia los rotos en las rodilleras de mis pantalones. Mis zapatos también empezaban a abrirse por la punta. El viejo volvió a suspirar ruidosamente.

Dije que quería hablar con la persona responsable de la tienda. La cajera arqueó las cejas mientras se encogía de hombros y levantaba las manos como si yo acabase de apuntarla con una pistola para exigirle que me entregase todo el dinero.

—Como usted quiera —dijo sin inmutarse, en el tono de la encargada de un servicio de atención al cliente obligada a tratar con una compradora desmandada—. Ahora mismo aviso al encargado.

Cuando este acudió, pude ver a su subalterna muy agitada que lo seguía, con la cara encendida y gesticulando furiosamente, señalándome incluso, para darle su versión de lo ocurrido. El hombre se excusó de inmediato y anuló la anotación de la caja registradora. Después marcó mi leche orgánica como un producto canjeable por el cupón, la puso en la bolsa y me deseó un magnífico día.

Mientras me alejaba empujando mi carrito con las manos todavía temblando, el hombre volvió la cabeza hacia mi compra y dijo:

—¡Que te aproveche!

Me enfurecí. «¿Qué quiere decir con eso?», habría querido replicarle. ¿Estaba molesto porque lo había tenido esperando detrás, impaciente, bufando y refunfuñando al oído de su esposa? No podía ser ese el motivo, sino el hecho de que yo era ostensiblemente pobre y estaba comprando en pleno día, con lo cual quedaba bien claro que no estaba trabajando. El hombre no sabía que había tenido que tomarme una tarde libre y perder los cuarenta dólares que hubiese cobrado por esas horas para acudir a la oficina del Programa de Nutrición, donde tenían que pesarnos a Mia y a mí.

Habíamos salido con un talonario de cupones para completar nuestra alimentación por un valor aproximadamente equivalente a esos cuarenta dólares perdidos, pero sin ninguna compensación para la clienta contrariada a quien había tenido que cambiarle la hora y que, si tenía que volver a hacerlo de nuevo, podría buscarse otra asistenta, porque mi trabajo era así de precario. Lo que él veía, en cambio, era que esos cupones estaban financiados con fondos públicos, con un dinero que él había aportado personalmente al pagar sus impuestos. Tal como él lo veía, era casi como si él mismo acabara de pagar la leche que yo había insistido en llevarme por capricho pero que, siendo tan ostensiblemente pobre, no me correspondía.

¿Clientas como Donna, las que me hacían confidencias como si fuese una buena amiga, las que me daban cuadernos de dibujo y lápices de colores para Mia, actuarían del mismo modo si me viesen en el supermercado? ¿Qué percepción tendrían de una mujer de la limpieza que usaba cupones para alimentos? ¿La verían como una trabajadora esforzada o como una fracasada? Me había vuelto tan susceptible al respecto que intentaba disimular tanto como podía los pormenores de mi situación. En mitad de una conversación, me preguntaba si la otra persona cambiaría su opinión de mí si supiera que recibía cupones para alimentos. ¿Deduciría que valía menos?

A veces me preguntaba cómo sería tener el dinero suficiente para contratar a alguien para que limpiara mi casa. Nunca me había encontrado en esa situación, y dudaba sinceramente que pudiera llegar a estarlo algún día. Si alguna vez tuviera que hacerlo, me decía, yo también le daría a esa persona una buena propina y probablemente le ofrecería algo de comer o le dejaría velas aromáticas. La trataría como a una invitada, no como a un fantasma. Como a una igual. Como hacían conmigo Wendy, Henry, Donna y la señora que fumaba cigarrillos.

17
Dentro de tres años

Solo una de mis clientas —la dueña de la Casa-Granja— tenía instaladas cámaras ocultas, que yo supiera. Me lo dijo con tanta naturalidad que me cogió desprevenida y me costó un gran esfuerzo asentir como si tener cámaras ocultas fuese lo más normal del mundo. La Casa-Granja constaba de dos plantas alfombradas con una moqueta azul marino llena de pelos blancos de sus gatos y perros. La escalera también estaba enmoquetada y los pelos quedaban atrapados en las esquinas y los pliegues de cada escalón. Antes de empezar a trabajar allí, Lonnie me explicó que había probado a todas las limpiadoras de la empresa sin lograr encontrar a ninguna adecuada para esa casa; yo era su última oportunidad para conservar esa clienta.

Nunca acabó de quedar claro en qué me diferenciaba yo tanto de las demás y, como casi nunca trabajaba con ellas, no podía comparar nuestras respectivas habilidades y nuestra ética laboral. A mí me aterraba que me viesen parar de trabajar. Y, además, no conseguía quitarme de la cabeza el recuerdo de lo que me había dicho Jamie en medio de un altercado de los muchos que teníamos: «Te pasas el día aquí sentada, sin hacer nada excepto cuidar del bebé, mientras el enlucido del baño está hecho un asco». Jamás pude olvidar lo que entonces sentí. Aunque me parecía estar haciendo cuanto podía, nunca era suficiente.

Inconscientemente, me pesaba el estigma social de recibir ayuda pública, con mayor intensidad aún después del incidente con la pareja mayor en el supermercado. Era como un chaleco lastrado del que no podía desprenderme o como si alguien me estuviera vigilando continuamente con una cámara oculta. Las personas con quienes hablaba raras veces suponían que yo pudiera necesitar los cupones para alimentos para sobrevivir y en las conversaciones se referían siempre a «esa gente». Pero «esa gente» nunca eran personas como yo. Eran inmigrantes o personas de color o gente blanca calificada a menudo como escoria.

Cuando la gente piensa en los cupones para alimentos, no se imagina a una persona como yo, con facciones corrientes y la piel blanca. Alguien como aquella chica que conocieron en el instituto, muy callada pero agradable. Alguien que podría ser una vecina. Alguien como ellas, como ellos. Quizás pensarlo les haría temer demasiado por su propia situación. Tal vez verían en mí lo azaroso de sus frágiles circunstancias, que bastaría la pérdida de un empleo o un divorcio para que se encontrasen exactamente como yo.

Algunos ciudadanos y ciudadanas parecían estar buscando la ocasión de censurar e increpar a la gente pobre por darnos algún gusto que en su opinión no merecíamos. Veían a alguien comprando una carne especial con una tarjeta de transferencia de ayudas públicas y lo citaban como confirmación de su teoría según la cual todo el mundo que recibía ayuda para alimentos hacía lo mismo. Seguro que alguien también debía de estarme controlando a mí. A veces me sentía así estando en casa, un espacio supuestamente seguro. Si no estaba trabajando o cuidando de Mia, sentía que debería estar ocupada en alguna otra cosa. Me parecía que estar sentada era señal de que no estaba haciendo lo suficiente, como la holgazana receptora de ayuda social que algunos suponían que era. Sentarme un rato en el sofá para leer un libro me parecía un lujo excesivo; como si esos momentos de ocio estuviesen reservados para otra clase de gente. Yo tenía que trabajar constantemente. Por ser perceptora de ayuda social, tenía que demostrar mi valía.

Aun así, de tarde en tarde, para evadirme, salía con algún chico. Llamaba a un antiguo novio o a alguien que había conocido a través de Internet o mi prima Jenn me presentaba a alguien. Durante unas horas anómalas podía volver a ser la persona que era más allá de la maternidad, más allá de ser una trabajadora doméstica. Era como una comedia, posiblemente más para mí que para el chico. Sabía que todo eso no era real. Hablaba de libros y de películas de un modo que me sonaba extraño. A veces necesitaba esa otra vida paralela para distanciarme mentalmente de la mía. Pero salir con alguien pronto dejó de ser un pasatiempo, un juego, y empezó a intensificar mi soledad o mi sensación de aislamiento. Un mensaje de texto sin respuesta o una llamada que iba a parar directamente al buzón de voz significaban un rechazo, la prueba de que no merecía ser amada. Detestaba sentir tal necesidad de cariño y estaba segura de que los hombres lo notaban, que quedaba flotando en el aire como un mal olor. Además, relacionarme socialmente me ponía en contacto con un doloroso recordatorio de que la mayoría de la gente llevaba una vida normal: podía pagarse un concierto, una comida para llevar, una excursión, sin perder una noche de sueño. A pesar del contacto y las demandas constantes de Mia, de su manita sudorosa que buscaba la mía, estaba hambrienta de afecto, de caricias, de amor. Y no anticipaba que pudiera llegar un momento en que no lo anhelase. Quería ser fuerte y no necesitarlo, pero sabía que siempre tendría esa ansia.

Caminaba al borde de un profundo abismo de desesperanza. Cada mañana traía consigo una continua ansiedad que me tenía en vilo por el temor de no saber si conseguiría llegar al trabajo y regresar de nuevo a casa sin que se me averiase el coche. Me dolía constantemente la espalda. Distraía las punzadas de hambre bebiendo café. Me parecía imposible salir de ese agujero. Mi única esperanza realista eran los estudios: una formación sería mi pasaporte para acceder a la libertad. Tenía que serlo o habría sido un despilfarro dedicarles una parte tan importante de mi precioso tiempo. Como una prisionera, calculaba cuánto tiempo me faltaba para completar los créditos suficientes para obtener un título. Tres años más. La beca Pell cubría el coste de las clases, pero no los libros de texto cuando el curso los requería. A veces podía salir del paso adquiriendo en Amazon una edición más antigua de segunda mano. Tres años de noches oscuras y fines de semana inclinada sobre los libros, redactando trabajos y respondiendo cuestionarios de exámenes. Esa vida de trabajo como limpiadora, de constante servidumbre, era algo temporal. Algunas noches lloraba hasta dormirme con el único consuelo de saber que mi historia no acabaría ahí.

De modo que dejé de intentar tener vida social y comencé a ocupar trabajando los fines de semana que tenía libres para mí. Acepté un nuevo encargo, una limpieza de cuatro horas, a cuarenta y cinco minutos de distancia de casa, los sábados que Mia estaba con Jamie en Port Townsend. Los dueños de esa Casa de los Fines de Semana siempre estaban allí, pero teníamos poca relación. Eran una joven pareja con un bebé de semanas. La abuela había estado una temporada con ellos para ayudarlos y su regalo de despedida era la limpieza de la casa durante dos meses.

No querían que fuese a limpiar cuando ellos no estaban, lo cual ya me parecía bien, pero tenerlos por en medio, usando distraídamente el tablero de la cocina que yo acababa de limpiar para prepararse unas tostadas o pisando el suelo recién fregado, me dificultaba el trabajo. Charlaban con las amistades que los visitaban con sus bebés y les ofrecían algo para comer como si yo no estuviese allí.

La segunda vez que fui a limpiar la casa, al llegar me encontré la puerta de entrada cerrada. Después de llamar un par de veces, me acerqué a mirar por la ventana del garaje haciendo visera con las manos sobre el cristal desusadamente limpio y vi que estaba vacío. Aunque era un sábado por la mañana, llamé al teléfono móvil de Lonnie.

—No están en casa, Lonnie —dije casi gritando, dejando traslucir mi indignación y mi fastidio, algo que hacía muy raras veces—. ¿Comentaron en algún momento la posibilidad de dejar la llave?

—No. Su madre solo me dijo que estarían siempre en casa. Espera que los llame y averigüe qué ha pasado. A lo mejor solo han salido a hacer algún recado y ya están en camino.

Intenté no calcular el gasto en gasolina que me supondría ese trayecto, puesto que tampoco me lo pagarían, pero sin pensar demasiado ya sabía que rondaría los diez dólares, más de lo que ganaba en una hora antes de deducir los impuestos y el coste de lavar los trapos que usaba. Cuando Lonnie volvió a llamar y me dijo que se les había olvidado, apreté los labios intentando no llorar de frustración.

—¿Crees que querrán que vuelva mañana? —pregunté—. Puedo hacerlo si no es muy tarde.

—No —dijo Lonnie y la oí suspirar—. Han anulado la limpieza de este sábado.

Me quedé tan callada durante unos instantes que Lonnie me preguntó si todavía seguía allí.

—Sí —respondí. Entonces me preguntó si estaba bien y le dije que no—. ¿Puedes preguntarle a Pam si podría cobrar al menos algo por la gasolina? Ya he perdido una hora y he tenido un gasto para venir hasta aquí. Y no voy sobrada, ya lo sabes. Me sequé las lágrimas que se me habían saltado sin querer y se escurrían por mis mejillas mientras procuraba que no me temblase demasiado la voz. Lonnie dijo que vería qué podía hacer, pero yo ya podía oír la voz de Pam diciéndome que la crisis estaba afectando al negocio y tenía que vigilar mucho los gastos, y empecé a arrepentirme de habérselo pedido.

Pasados quince días, volví para hacerles la limpieza. El marido se me acercó cuando estaba descargando mi material de trabajo frente a la entrada.

—Siento mucho lo ocurrido —me dijo.

Lo saludé con una inclinación de cabeza mientras me agachaba para coger un trapo y guardármelo en el bolsillo trasero.

—Es que no estamos acostumbrados a que venga alguien a hacer la limpieza.

—No pasa nada, no se preocupe —dije y alargué la mano para coger un frasco con pulverizador.

—Quiero darle esto —dijo él entonces y se llevó la mano al bolsillo trasero, de donde sacó dos entradas para un partido de béisbol de los Mariners de Seattle—. Son para mañana por la noche.

Intentó dármelas.

—Debería aceptarlas.

Las entradas estaban ilustradas con dibujos de los jugadores efectuando un lanzamiento o entrando en la tercera base. Eran entradas caras, para buenos asientos. De niña había ido a ver algún partido y también en 1995, durante la ronda de clasificación, cuando Ken Griffey Jr., Edgar Martinez y Randy Johnson jugaban en el equipo, pero desde entonces no había vuelto nunca más.

Estábamos de pie sobre las baldosas de la entrada que su madre nos había pedido que puliésemos. Pam me había enseñado cómo hacerlo antes de cargar la pulidora en la parte trasera de mi coche. Hacía tres semanas que la tenía allí, ocupando la mitad del espacio disponible en el maletero de mi Subaru. Resultó que tampoco quería que la pasara aquel día, porque los obreros que estaban repasando las junturas de la ducha estarían entrando y saliendo continuamente. Ya sabía que él no podía tener ni idea del fastidio que eso suponía para mí.

Volví a mirar las entradas. No podría pagar de ningún modo la gasolina y el aparcamiento necesarios para ir a ver ese partido. Levanté la vista y vi su cara cansada pero sonriente y la toallita azul que protegía su hombro, como si acabara de sostener a su hijito de apenas un mes para ayudarlo a eructar después de un biberón. Observé en sus ojos el cansancio que conocía tan bien. Aunque su experiencia de la vida con un recién nacido fuera completamente distinta de la mía —con una casa grande, buenos coches, cantidad de columpios y mecedoras, y visitas de familiares que traían comida y podían echar una mano—, sus obligaciones como padre eran universales. Iguales a las mías, incluso.

—No tiene importancia —dije, intentando convencerme de que era así, intentando olvidar mi enfado—. Quédese las entradas y úselas usted o déselas a alguien que pueda aprovecharlas. Yo no podría ir.

Estuve a punto de decirle que no podía pagar la gasolina para ir a ver el partido, pero no lo hice por temor a que, encima, me ofreciera dinero.

—Bueno, puede venderlas —dijo y volvió a alargarme las entradas—. Seguro que no tardará en encontrar comprador si pone un anuncio en Internet. Son asientos de primera fila.

Sentí flaquear mi decisión.

—¿En serio? —Asientos de primera fila para ver un partido de los Mariners. Era la oportunidad de hacer realidad un sueño que acariciaba desde que tenía la edad de Mia. Volví a mirarlo. De nuevo me pregunté si sería el tipo de padre que se levanta en mitad de la noche para cambiar un pañal. El tipo que mecía al bebé en la cocina mientras se calentaba el biberón y después se quedaba dormido en el sillón con una criaturita dormida sobre el pecho. Decidí que lo era.

—De acuerdo —dije mirando las entradas. Él me las alargó de nuevo y, cuando las cogí, me puso una mano en el hombro y lo estrechó, como si quisiera abrazarme.

Tenía razón, me fue fácil vender las entradas. La tarde siguiente puse un anuncio en Internet. El comprador se reunió conmigo en la lavandería y me dio, muy satisfecho, más de sesenta dólares.

—Son un regalo de cumpleaños para mi hijo —me dijo—. Va a cumplir cuatro años. ¡Será su primer partido de béisbol!

Sonreí y le deseé que lo disfrutaran.

18

La Casa Triste

Los sábados y los domingos, Mia y yo nos levantábamos a la hora de costumbre aunque no tuviéramos que ir a ningún sitio. Le preparaba unas tortitas, acompañadas de arándanos que había recolectado y congelado el verano anterior. Me sentaba frente a ella, al otro lado de la mesa, con mi taza de café muy cerca de la cara y la veía engullir ávidamente un bocado tras otro. Ella me sonreía con los carrillos llenos y los labios manchados de zumo de arándano. Yo le devolvía la sonrisa intentando contener las lágrimas y procuraba registrar mentalmente ese momento para rememorarlo cuando me fuese necesario. Nuestras vidas transcurrían con demasiada rapidez a través del ciclo a menudo caótico del trabajo, la cena y la hora de acostarse. Sabía que Mia dejaría atrás su melenita corta a lo Ramona Quimby y pronto ya no jugaría con los Pequeños Ponis que había alineado formando un semicírculo en torno a su bol. Siempre que la añoraba, mientras estaba trabajando o cuando ella estaba en casa de Jamie, reproducía mentalmente momentos como ese. Y también los recordaba por escrito.

Había empezado a escribir como un ejercicio mientras Mia se bañaba o estaba entretenida de algún otro modo: diez minutos durante los cuales tecleaba sin parar, escribiendo lo que en aquel momento rondaba mi mente. A veces, los fines de semana, escribía por la mañana y aquellos párrafos estaban llenos de comentarios sobre el buen tiempo y planes para disfrutarlo o sobre algún lugar secreto que me entusiasmaba poder compartir con mi hija. Otras veces escribía cuando ella ya dormía, tras una jornada agotadora en que se había estado rebelando contra mí a cada paso. Intentaba rescatar de mi memoria algún intercambio tierno, devolver al primer plano un momento fugaz de complicidad primigenia, como solo pueden darse entre una madre y su criatura, y ponerlo por escrito. Más que un diario, era más bien un álbum de recuerdos de infancia para Mia. Sobre todo, era consciente de que, años más tarde, rememoraría aquel tiempo como un periodo cargado de decisiones y obligaciones demasiado gravosas para una persona sola. Y necesitaría poder recordar también con cariño aquellos días, porque ella muy pronto ya habría crecido. Aunque viviésemos donde vivíamos y yo tuviese un trabajo horrible, y no pudiésemos permitirnos comprar gran cosa, esos momentos vividos con ella serían irrecuperables. Escribir era mi manera de valorar y crear un bonito cuadro de nuestra vida, nuestras aventuras. Me decía que, por lo menos, podría imprimir esos recuerdos en forma de libro para que Mia pudiera leerlos algún día.

Nuestra playa preferida estaba en el parque Washington, en la zona occidental de Anacortes. Nos sentábamos en las rocas a esperar que bajase la marea y entonces buscábamos criaturas marinas en las pequeñas charcas que quedaban.

—¡Mira ese cangrejo, mamá! —exclamaba Mia, y yo me ponía en cuclillas, sacaba la pala amarilla del cubo de plástico rojo e intentaba atraparlo para verlo de cerca—. No dejes que te pellizque. ¡Te pellizcará, mamá!

Los ferris iban y venían a lo lejos y de vez en cuando divisábamos una marsopa, un león marino o un águila. Cargaba la pequeña bicicleta de Mia en la parte trasera del coche y la descargaba al llegar para que ella pudiera recorrer pedaleando los tres kilómetros del sendero circular, sin recordar cuán largo era, de modo que acababa cargando con Mia y su bicicleta los últimos setecientos metros como mínimo. De regreso a casa, nos deteníamos en una heladería que estaba en ese mismo sitio desde que yo era niña. «Una cena de helado», la llamaba yo. Mia nunca pedía otra variedad que no fuera chocolate y siempre acababa con la cara untada.

Otros fines de semana buscaba en Internet cascadas secretas o arroyos con pozas donde poder nadar. Ponía una manta, mudas de ropa, una toalla y un tentempié para Mia en una cesta con asas de cuero y al cabo de pocos minutos ya estábamos en la puerta. El único gasto era la gasolina para el trayecto de ida y vuelta.

Aquellos ratos eran los más felices que compartíamos, tal vez por su simplicidad. En la ciudad, dejaba que montase en la bicicleta para ir a buscar una manzana a la tienda, conmigo trotando detrás. En el caso improbable de que lloviera, nos quedábamos en casa y hacíamos rompecabezas o construíamos un fuerte. A veces desplegábamos el sofá de dos plazas y le dejaba ver tantos DVD como quisiera, como una fiesta de pijamas que se prolongaba todo el fin de semana.

Entonces no lo sabía, pero esos fines de semana, esa vida apacible con Mia, sería lo que rememoraría con más nostalgia. Aunque algunas excursiones eran un total fracaso y acababan con pataletas y discusiones a gritos que nos dejaban a las dos hechas trizas y vacías, esas horas con mi niñita de tres años eran preciosas para mí. Ella se metía en mi cama y me despertaba rodeando mi cuello con sus bracitos, su carita enmarcada por suaves rizos, y me susurraba al oído si podríamos ser pandas aquel día. Mi semana de rechinar de dientes se desvanecía en un santiamén y quedábamos flotando a la deriva, en una burbuja, solo yo y esa asombrosa criatura.

Eran los únicos momentos en que lograba apaciguar mi mente, en que no me preguntaba preocupada si no debería estar trabajando o si estaba haciendo lo suficiente. No me inquietaba que alguien pudiese vernos como una «familia acogida a la beneficencia» que se aprovechaba del sistema cuando compartíamos unas porciones de queso sentadas sobre una manta en el parque. Esos días en su compañía no me preocupaba en absoluto nada de eso. Por una tarde, éramos el sol y la luna la una para la otra en nuestro pequeño mundo particular.

Mediado el verano, ya llevaba seis meses trabajando para Classic Clean y tenía garantizadas veinticinco horas semanales de trabajo. Además, lo combinaba con varias clientas particulares, cuyas casas o jardines limpiaba una o dos veces al mes. Además de los detalles ocasionales de la señora que fumaba cigarrillos, otras personas también empezaron a dejarme cosas sobre el tablero de la cocina. Henry siempre me ofrecía algo. Sabía que cuando salía de su casa, iba a buscar a Mia y la llevaba en coche a reunirse con su padre. Un día me regaló una caja de *donuts*, otra vez un gran frasco de zumo de manzana de una marca especial.

La salud de Henry parecía estar flaqueando un poco. Los frascos de pastillas se habían multiplicado encima de su lavabo y, a juzgar por el estado del váter, le habían revuelto bastante las tripas. Últimamente, su mujer también estaba en casa alguna vez, pero se pasaba la mayor parte del rato hablando por teléfono, discutiendo con las aseguradoras o con su madre, a quien, por lo que pude deducir, tenían que cambiar de residencia. Me encantaba verlos juntos. Los modales enérgicos de Henry se trocaban en una suave dulzura que yo anhelaba poder encontrar en una pareja en mi propia vida. Él le preparaba el té y comentaban juntos qué tendrían que ir a buscar a la tienda para la cena. Henry le decía que le prepararía «esa comida especial» que tanto le gustaba y ella le daba un fuerte abrazo antes de que se dirigiera presuroso hacia la puerta. Ella nunca dejaba de despedirse de mí, llamándome por mi nombre incluso, con tanta sinceridad que a veces casi esperaba que también me diese un abrazo.

Procuraba mantener vivo el recuerdo de esos momentos los días que limpiaba la Casa Porno. En esa casa se respiraba un ambiente de enfado o de insatisfacción. No me gustaba estar allí. Una nota sobre el tablero decía simplemente: «Cambie las sábanas, por favor». Al menos decía «por favor». Poco después del Día del Padre tuve una enorme discusión con Jamie un día que estaba limpiando la Casa Porno. Desde entonces, estar en esa casa me hacía pensar en él, por mucho que intentase romper esa asociación.

La pelea había sido a causa del apellido de Mia, que yo quería cambiar por el mío. Llegaría un día en que tendría que matricularla en la escuela, y cada vez que la llevaba al médico, me preguntaban si era su madre. No tenía sentido que llevase su apellido si vivía casi siempre conmigo.

Jamie se opuso vehementemente. Alegó que yo apenas estaba con ella, que la niña se pasaba la mayor parte del día en esa «asquerosa guardería». Lamenté haber dejado que su madre fuese a buscar a la niña un día que yo tenía que trabajar hasta tarde porque, desde entonces, Jamie esgrimía en mi contra su juicio crítico sobre las instalaciones. Pero de todos modos, hiciera lo que hiciera, para él nunca estaba bien. Si me quedaba en casa o trabajaba menos, me acusaba de no hacer nada y decía que la pensión de alimentos que pagaba por la niña servía para que yo me pasase las horas cruzada de brazos. Si estudiaba, estaba perdiendo el tiempo. Y ahora, aparentemente, trabajar demasiado también estaba mal.

Aquel día me dijo por teléfono:

—Y nunca me has felicitado el Día del Padre.

Ya casi había acabado de limpiar la cocina y estaba quitando las salpicaduras de grasa de la encimera de color ladrillo.

—¿Cómo dices? —exclamé sin que fuera realmente una pregunta. Jamie nunca me había felicitado el Día de la Madre. Nunca me había dicho que era una buena madre. Lo más cercano a un elogio que le había oído había sido para decirme que era lista y sabía tocar las teclas adecuadas y manipularlo para conseguir lo que quería. Incluso el primer verano, cuando empezamos a salir juntos, dudo que elogiase nunca mi aspecto. Y me había llamado fea varias veces después de quedarme embarazada y sobre todo después del nacimiento de Mia.

—Nunca me has dicho que soy un buen padre —añadió.

—Porque no lo eres, Jamie —le dije—. Culpas a los demás de todo. Nunca asumes tu responsabilidad. Todo es siempre culpa de alguna otra persona. ¿Qué le enseñará esto a Mia? ¿Qué le enseñarás tú?

Alargué el brazo para sacudir el polvo de la lámpara de lágrimas suspendida sobre la mesa del comedor.

—¡Le enseñaré montones de cosas a Emilia! —replicó él, y al oírle me pregunté de nuevo si en Port Townsend todo el mundo seguiría llamando Emilia a la niña. Él se negaba a llamarla Mia porque era un apodo que le había puesto yo. Ya había intentado explicarle que se lo había puesto ella misma y que se enfadaba si la llamaba por su nombre completo. Durante un tiempo, él había intentado que aceptara otro apodo que sonaba algo así como «Mi-laa», pero nunca llegó a cuajar. Cada vez que se lo oía decir, me preguntaba si la niña cambiaría tal vez inconscientemente de identidad cuando estaba con él.

—Jamie, si ni siquiera sabes nadar —le dije. Era raro que le hablase de ese modo. Trabajar todo el día y hacerlo todo por mi cuenta me había empoderado. Ya no estaba dispuesta a permitir que me hiciese sentir mal—. ¿Y qué harás cuando llegue a casa con los deberes de matemáticas? ¿O cuando tenga que redactar un trabajo? ¿Cómo vas a poder ayudarla?

No lo dije para zaherirle. Era algo que de verdad me preocupaba. Jamie siempre decía que estudiaría para obtener el certificado de estudios secundarios o prometía que ese verano aprendería a nadar, pero nunca cumplía nada de lo que decía, sino que siempre buscaba una excusa o se escudaba en una explicación inconexa de que todo era culpa de su madre porque él había tenido que ayudarla a cuidar de su hermano pequeño. Y ahora era culpa mía por haberle impuesto una paternidad, una vida que nunca había querido.

—Sé que soy un buen padre —replicó él, y no me costó imaginar su actitud, sacando pecho y probablemente señalándoselo, tal vez frente a un espejo—. Sé que lo soy porque ella me necesita.

Oí una breve inhalación. Ah. Estaba fuera, fumando un cigarrillo mientras paseaba de un lado a otro. Ahora me tocaba a mí apuntar al aire con el dedo índice y dar pasos entre la sala de estar y el dormitorio, con el plumero en la mano. Le había visto poner cara de pena, fingiendo llorar, hasta que Mia se volvía y le daba un último abrazo; lo hacía cada vez que iba a buscarla.

—La has manipulado para conseguir que te necesite.

Esto lo sacó de sus casillas. Sus diatribas y sus gritos ya me eran familiares.

—Todo el mundo en la ciudad comenta que eres un maldito desastre —exclamó—. Solo sabes lloriquear en Internet, en Facebook y en ese estúpido portal donde escribes un diario. No tienes ningún amigo ni ninguna amiga de verdad. Nadie te querrá nunca con esas tetas caídas.

Al oír esto, colgué. El ataque siempre subía de tono cuando empezaba así. Habitualmente me echaba en cara que estaba demasiado gorda, o que era demasiado fea, o que estaba demasiado flaca, o que era demasiado alta. Las «tetas caídas» eran un nuevo hallazgo. «Nadie te querrá nunca» era su frase preferida. Yo ya sabía cómo tensaba los labios, casi sonriendo, al decirlo, y podía verlo hacer el gesto aunque estuviésemos hablando por teléfono. Cuando vivía con él en el remolque, me llamaba «chiflada estúpida» o «puta loca», pero ahora ya solo me lo decía cuando quería herirme de verdad.

Aquel día acabé de limpiar la ducha de la Casa Porno en un tiempo récord gracias a la furia con que la restregué. Después fregué el suelo a mano y esperé a que se secara antes de volver a colocar las alfombras en su sitio, frente al váter y a los lavabos. Salí al vestíbulo mientras intentaba recuperar el aliento. En la pared situada a la derecha de la puerta había algunos retratos familiares de estudio, donde ambos miraban en la misma dirección con un idéntico resplandor en los ojos.

Me acerqué hasta el umbral del dormitorio. En algunos aspectos, la vida que yo deseaba era bastante parecida: una casa sin florituras con un gran jardín. No necesariamente en una zona residencial cara con vistas al océano, pero sería agradable vivir rodeada de un jardín con unos cuantos árboles bien altos. Me quedé mirando el frasco de vaselina sobre la mesita de noche junto al despertador y no pude evitar preguntarme con cuánta frecuencia debían de tener relaciones sexuales.

Pero quizás esa era la vida que creía desear y la que en verdad anhelaba era la de la vivienda vecina, la Casa Triste. Aquel día, después de la pelea con Jamie, fui a limpiar la Casa Triste por primera vez después de muchos meses. El dueño había estado enfermo. U hospitalizado. O ambas cosas. Por lo que yo alcanzaba a ver, ese hombre había estado casado con el amor de su vida. Después ella había muerto demasiado pronto y él se había quedado solo para seguir viviendo sin compañía los años en que más necesitaba tener a alguien que lo cuidase. La Casa Porno y la Casa Triste parecían proclamar lecciones de vida contrapuestas, ejemplificando en ambos casos que cualesquiera que sean las circunstancias, todas y todos acabamos estando solos de un modo u otro. El marido de la Casa Porno, masturbándose mientras su mujer trabajaba de noche o leía novelas románticas en el otro cuarto. Y el viudo.

En mi caso, estar sola había empezado a dolerme menos. Mia y yo habíamos llegado a hacer equipo. Me encantaba no tener que preocuparme de si otra persona adulta estaba pasando un buen rato ni angustiarme por sus suspiros de aburrimiento, una clara indicación de sus ganas de marcharse. No tenía que preguntarle a nadie qué quería comer para cenar. Podía comprar helados para la cena sin preocuparme por si la persona con quien convivía se sentiría excluida o pondría en tela de juicio mi comportamiento como madre.

Nuestro estudio tenía sus inconvenientes. Pero era un espacio que nos pertenecía. Podía cambiar la disposición de los muebles como quisiera, en el momento que quisiera. Podía tenerlo desordenado u obsesivamente limpio. Mia bailaba el zapateado y saltaba del sofá al suelo sin que nadie le dijera que se estuviese quieta. Cuando empecé a trabajar limpiando casas, pensé que me pasaría los días anhelándolas o envidiándolas. Ahora, al terminar mi jornada, regresaba a un lugar que no solo podía llamar hogar, sino que también podía sentirlo como tal. Era nuestro pequeño nido desde donde algún día levantaríamos el vuelo.

Cuando acabé de limpiar la Casa Porno intenté transportar todo mi material hasta la Casa Triste en un solo viaje. Afuera, había humedad y caía una leve llovizna. El tipo de tiempo que criaba moho. El tipo de tiempo que me ponía la piel de gallina como si empezaran a crecerme hongos o musgo.

Abrí la puerta corredera acristalada empujándola con el dedo meñique porque tenía las manos ocupadas sosteniendo la bandeja con el material de limpieza. La puerta daba a la cocina y nada más entrar noté el olor familiar a virutas de madera y *aftershave*, característico de la Casa Triste. Cuando me disponía a dejar la bandeja, volví la cabeza y di un grito.

El hombre tenía la cara llena de llagas abiertas. De inmediato me dolió haber gritado y me habría echado a llorar. Él nunca estaba en casa cuando yo iba a limpiar y no lo había visto nunca. Y ahora acababa de lanzar un grito al ver su cara con las huellas visibles de lo mucho que había estado sufriendo.

—Perdón, lo siento mucho —dije, y estuve a punto de dejar caer la bandeja, la bolsa con los trapos limpios y la bolsa de basura llena de trapos usados.

—No, no, soy yo el que lamenta haberla asustado —replicó él—. He ido un poco lento esta mañana. No la estorbaré, ya me disponía a salir.

Me aparté de la puerta corredera para dejarlo pasar. Ninguno de los dos nos presentamos ni intentamos estrecharnos la mano. Lo vi cruzar la puerta lateral del garaje. Desde la ventana, vi salir su

Oldsmobile beis por el camino de acceso. Me pregunté dónde iba, dónde creía que tenía que ir durante esas pocas horas.

La cocina tenía el aspecto habitual, salvo unos cuantos platos en el fregadero y encima del tablero. La barra de bar del fondo estaba llena de montones de facturas de médicos, instrucciones sobre cómo tomar la medicación y certificados de alta del hospital. Cuando me llamó para decirme que fuese a la Casa Triste esa semana, Lonnie me había dicho que la mujer de la Casa Porno lo había estado cuidando; a lo mejor porque era enfermera o quizás porque él no tenía a nadie más.

Las sábanas de la cama estaban retiradas, tal como él las había dejado al levantarse esa mañana. La otra mitad de la cama estaba intacta, exactamente como la había dejado yo la última vez que había hecho la limpieza, con los cojines decorativos aún en su sitio. Las sábanas tenían pequeñas manchitas de sangre. Retiré las mantas y cogí con cuidado las sábanas por las esquinas para doblarlas hacia el centro, después quité las fundas de las almohadas y lo metí todo en una de ellas. Cuando crucé el cuarto de baño para llevarlas hasta la lavadora, vi varias manchas de sangre en el suelo y habían instalado una nueva barra de apoyo junto al váter y otra en la ducha, y un asiento en la bañera.

La esposa, antes de morir, coleccionaba piedras, nidos y casitas para pájaros que tenía alineados sobre los alféizares de las ventanas de la sala de estar. Habían pasado mucho tiempo viajando por Centroamérica y América del Sur. Ella era profesora y me la imaginaba llevando a la escuela las muñequitas y la artesanía que traía de sus viajes para decorar el aula o mostrárselas a sus alumnas y alumnos. Me preguntaba si daría clases de español.

La Casa Triste tenía el aspecto de haber sido un lugar de vacaciones o el recurso para no llorar por las habitaciones vacías, inmóviles, sin ocupantes infantiles, una vez que los hijos habían volado del nido. Habían tenido dos hijos varones. Uno había muerto y el otro vivía en la zona pero no parecía visitar nunca la casa. A menudo me preguntaba si los habría perdido a todos a la vez, si tal vez la esposa y el hijo habían muerto en un accidente y el duelo había alejado al otro hijo. Me inventaba historias a partir de los objetos que veía en diferentes lugares de la casa: fotografías, notas garabateadas sobre hojas de papel, una postal enmarcada con una caricatura de un hombre y una mujer desnudos cogidos de la mano y un texto que decía: «Normas de las cabañas: Economicen agua. Dúchense juntos». La Casa Triste parecía haber quedado detenida en el tiempo, con proyectos pendientes, obras de arte en el armario de la entrada todavía a la espera de ser colgadas en las paredes. En el tablero de corcho de la cocina todavía seguía prendida una hoja ya amarillenta con una lista de tareas pendientes que la esposa tenía previsto hacer. «Comprar una manguera nueva. Arreglar el cerrojo de la puerta del jardín». Me la imaginaba arrancando malas hierbas de los macizos de flores y entrando luego a la cocina para servirse algo de beber y escribir esas notas antes de retomar su tarea. Debajo había un recibo por unos trabajos de jardinería con su firma. No llevaba fecha.

Con la mitad de mi jornada de trabajo de seis horas ya cumplida, acomodé con un suspiro un pulverizador en el bolsillo lateral de mis pantalones. Rocié ligeramente un trapo con la mezcla de agua y vinagre y lo metí en el otro bolsillo para usarlo para quitar el polvo y después cogí otro para restregar cualquier cosa que fuese necesario rociar primero. Pero la Casa Triste nunca llegaba a ensuciarse.

Cada vez que limpiaba el cuarto de baño parecía haber aumentado el número de medicamentos diversos que allí había. Los retiré para pasar el trapo por la encimera y luego di media vuelta para ocuparme de la bañera. Detrás tenía la repisa de mimbre. La primera vez había abierto las cajas con las cenizas por pura curiosidad. Desde entonces no podía evitar volver a inspeccionarlas de vez en cuando para comprobar si seguían allí. Me preguntaba si él habría esparcido una parte pero había querido conservar ese resto. Si le servía de consuelo tenerlas allí, detrás de la espalda, mientras se peinaba.

En la cocina, la pila de fotografías que ocupaba la barra de bar del fondo había quedado parcialmente oculta bajo los papeles del hospital. Examiné las fotos en busca de pistas, con la expectativa de ver tal vez algo distinto. Pero las imágenes eran siempre las mismas: grupos de gente alrededor de barbacoas cargadas de hamburguesas y pescado y el dueño de la Casa Triste, orgulloso y sonriente, junto a unos niños vestidos de rojo, blanco y azul con las manos alzadas para agitar sus bengalas. Todo el mundo sonríe en las fotos, pero ese hombre tenía una expresión radiante, como un niño con el primer pez que acaba de atrapar. Lo había hecho todo como es debido. Todas esas baratijas y esas fotos hablaban de una persona que había conseguido hacer realidad con éxito el sueño americano. Sin embargo, ahora se encontraba así, solo.

Nunca me dejó ninguna nota ni una tarjeta en el tablero y yo tampoco esperaba ni consideraba necesario que me diese una propina o una gratificación por Navidad. Era una manera curiosa de verlo, pero ese hombre me había regalado otra cosa. La Casa Triste me había ayudado a ver el pequeño espacio que compartía con Mia, el estudio donde vivíamos, como un hogar, lleno de amor, porque nosotras lo llenábamos. Aunque no teníamos bonitos coches ni una casa sobre el acantilado con una playa debajo, nos teníamos la una a la otra. Yo podía disfrutar de la compañía de Mia en vez de tener que vivir sola en un lugar lleno de recuerdos suyos. Seguía debatiéndome contra la soledad, anhelando compañía, pero no estaba sola. Mia me resguardaba de esa suerte.

19

La casa de Lori

El verano empezaba a declinar y el sol se ponía lentamente, inundando de rosa, naranja y morado los atardeceres en nuestro estudio, en vez de ese calor que nos dejaba las sábanas empapadas de sudor. Mia volvía a caer dormida antes de las nueve y yo me quedaba sentada frente a la mesita de nuestra cocina. Aquellas noches, oía pasar raudos los coches por la autovía y la charla de los chicos del barrio sentados en su punto de reunión habitual junto a la acera, y hasta mi ventana llegaba el olor de sus canutos. Demasiado cansada para abrir un libro, con la agenda abierta frente a mí, intentaba memorizar cuándo me tocaba ir a cada una de las veinte casas que limpiaba rotativamente cada semana, cada quince días o una vez al mes. La mayoría me ocupaban tres horas y solía limpiar dos o, a veces, tres casas en un día.

Nunca pensé que Mia y yo, una madre soltera de treinta y dos años con varios tatuajes, pudiésemos llegar a encajar en el nicho conservador que nos rodeaba. Mia vestía su disfraz de mono o un tutú de bailarina durante días seguidos, la cabeza coronada por una desordenada mata de rizos. Nuestra presencia en las tiendas contrastaba marcadamente con las mamás bien conjuntadas que no trabajaban fuera de casa. Cuando me cruzaba con ellas en el pasillo de los cereales, observaba de reojo sus grandes anillos de bodas relucientes y contemplaba a las niñitas que las seguían obedientes, con la ropa impoluta y el pelo todavía cuidadosamente recogido en una cola de caballo o con una diadema desde la mañana.

No obstante, un día, una mujer me miró un instante y una cálida sonrisa se dibujó en su cara. Reconocí a una antigua amiga de mi madre, aunque no pude recordar su nombre. Ella me preguntó cómo estábamos y dónde vivíamos. Cuando se lo dije, quiso saber si Mia iba a la guardería que había detrás de la escuela Madison, donde yo había estudiado segundo de primaria durante unos pocos meses antes de que mi familia se trasladase a Alaska. Le respondí con un gesto negativo.

—Tengo pocas posibilidades de escoger dónde llevarla —le dije, y esperé que me mirase extrañada antes de explicarme—. El parvulario tendría que aceptar cobrar a través de la beca que recibo para cubrir el coste de la guardería, y los centros privados no las aceptan.

Había acudido a la escuela Montessori y a otros centros privados y les había ofrecido mis servicios como limpiadora a cambio de la cuota de la niña, pero ninguno había aceptado. Para Mia habría sido una gran ventaja poder disfrutar del entorno enriquecedor de un verdadero parvulario en vez de ir a una guardería. Yo intentaba compensarlo leyéndole en voz alta cada noche durante media hora como mínimo.

—La guardería de la abuela Judy está adscrita a la Asociación de Jóvenes Cristianos y estoy casi segura de que aceptarían el pago a través de la beca —dijo ella.

—¿La abuela Judy? —pregunté mientras me agachaba para coger en brazos a Mia tras su tercer intento de esconderse bajo mi falda. La mujer alargó la mano para acariciarle la mejilla, pero Mia volvió la cara contra mi hombro y se puso rígida.

—Es quien lleva la guardería y es como una verdadera abuela para los críos —me explicó la mujer—. Mis hijos todavía van a verla a veces. El centro ocupa una de las edificaciones anexas que hay detrás de la escuela, pero Judy es tan acogedora que es casi como si fuesen a casa de la abuela.

Una semana después, la abuela Judy nos acogió efectivamente con los brazos abiertos. Una de las primeras veces que nos vimos, me hizo pasar a su despacho para que nos sentásemos un rato y pudiésemos empezar a conocernos. Quizás me cogió con la guardia baja tras un día difícil o en un momento en que me sentía terriblemente impotente y abrumada, pero el caso es que ahí sentada en su oficina, mientras le hablaba de nuestra vida cotidiana, rompí a llorar. Judy me ofreció un pañuelo de papel y me dijo:

—Eres una madre estupenda. Lo noto. Y yo sé distinguir una buena madre a simple vista. —La miré, tragándome las lágrimas, y de repente caí en la cuenta de que nadie me lo había dicho nunca hasta entonces. Bastaron esas pocas palabras para hacerme sentir que la abuela Judy ya casi había pasado a formar parte de mi familia.

Sabiendo que Mia pasaba el día en un entorno acogedor, ya no me dolía tanto dejarla para ir a trabajar. Empecé a aceptar el mayor número de casas posible y a ocupar con mi propia clientela los huecos que me dejaba libres la empresa. En esas casas cobraba el doble de lo que me pagaban en Classic Clean. Aquel verano, pude tener cubiertas todas las facturas del mes. Mia y yo formábamos un dúo inseparable cuando cantábamos siguiendo los compases de *The Perpetual Self*, de Sufjan Stevens, o, como la llamaba Mia, la canción del «oh, oh». «¡Todo está perdido! ¡Oh, oh!». La llamábamos la canción de nuestras mañanas felices y nunca dejábamos de escucharla antes de dirigirnos, muy contentas, a nuestros respectivos destinos. Formaba parte de nuestra rutina. Cuando llegó el otoño, me dispuse a añadir a la misma un paquete completo de clases telemáticas y perder horas de sueño. Cuando los estudios se sumaban a todas mis demás tareas, me tomaba una gran taza de café por las noches para poder terminar los deberes. Estudiaba los fines de semana. Ya sabía que cuando empezaran las clases estaría agotada, pero estudiar era el más importante de mis trabajos. El que nos permitiría alcanzar otros destinos.

Pam y Lonnie calculaban el tiempo necesario para limpiar una casa sobre la base de su propio ritmo de trabajo. Pero eran mujeres de media edad y no estaban demasiado en forma, mientras que yo me había convertido en una guerrera *ninja*. Tras varios meses de trabajar a jornada completa, tuve que buscar un cinturón para sostener mis pantalones. No habría podido engordar aunque quisiera. Terminaba de limpiar una casa en menos tiempo del asignado y ellas me decían que no corriera tanto. Si la clientela de repente empezaba a recibir facturas inferiores al presupuesto original, debido a que yo tardaba menos, esperarían pagar siempre esa misma cantidad más baja. Tenía que ajustarme a las horas previstas por consideración hacia quienquiera que pudiese sustituirme más adelante.

En algunas casas, eso me dejaba tiempo para hacer una pausa y hojear los libros que tenían en la mesita de noche o encima del tablero de la cocina. Empecé a examinar las reservas rápidamente crecientes de bebidas alcohólicas, las chocolatinas escondidas, las bolsas del centro comercial sin abrir, abandonadas durante meses sin que nadie las tocara. Comenzó a intrigarme cómo se las arreglaba la gente para salir adelante. Husmeaba por aburrimiento y porque, en cierto modo, ese llegó a ser mi recurso para seguir tirando.

Comencé a encariñarme con las casas que no resonaban como un lugar vacío. Valoraba las mañanas de los viernes en casa de Henry. Nunca husmeaba en las casas donde no era una presencia invisible, donde figuraba en su agenda como «Stephanie» y no como el «servicio de limpieza» o simplemente la «ASISTENTA». Y jamás tocaba las cosas de las clientas o los clientes que conseguía por mi cuenta, al margen de Classic Clean. Con esas personas manteníamos una relación de respeto mutuo y con el tiempo llegamos a hacer amistad. El fisgoneo era una forma de buscar pistas y encontrar pruebas de la vida secreta de una gente que parecía tenerlo todo. A pesar de ser rica y de tener las casas de dos plantas de nuestros sueños americanos —los cuartos de baño con lavabos de mármol, los despachos con miradores con vista al mar—, en sus vidas seguía faltando algo. Me tenían fascinada las cosas que mantenían ocultas en rincones secretos y los libros de autoayuda en los que buscaban esperanza. Quizás solo tenían pasillos más largos y armarios más grandes para poder esconder todo lo que temían.

* * *

La casa de Lori estaba pensada para ella y para las personas que sabían prestarle los cuidados que requería la enfermedad de Huntington que la aquejaba. Pasaba la mayor parte del día sentada en un sillón acolchado situado justo delante del televisor. Apenas podía hablar, pero quienes la cuidaban parecían entenderla. Sus extremidades actuaban por su cuenta y a veces se le disparaban las piernas. Sus cuidadoras le daban la comida, la lavaban y la ayudaban a ir al baño. Lori me observaba con sus ojos oscuros alerta mientras quitaba el polvo del televisor y las repisas llenas de fotografías.

Pasaba seis horas en su casa un jueves cada quince días. Era una casa grande y la había diseñado su marido, que tenía un altillo en la planta alta donde dormía casi todos los fines de semana. Lori tenía varias cuidadoras que se turnaban, pero Beth parecía estar siempre los días que yo iba. Me ofrecía un café y, aunque raras veces lo aceptaba, a menudo charlábamos mientras yo limpiaba.

La mañana del día en que me tocaba ir por segunda o tercera vez a limpiar la casa de Lori, se estropeó el reproductor de DVD que Travis le había comprado a Mia para su cumpleaños. La niña se echó a llorar y empezó a dar puntapiés contra el aparato desde su sillita de viaje. Habíamos llegado a contar mucho con ese artilugio durante las largas horas que pasábamos en el coche. Debía de haber escuchado fácilmente un centenar de veces la canción de Elmo sobre las narices y las bocas. Cuando llegué a casa de Lori estaba hecha un manojo de nervios y me apresuré a transportar todo mi material hasta el cuarto de baño principal, una habitación más grande que todo mi apartamento.

Tuve que esconderme en ese cuarto para evitar encontrarme con Beth hasta haber recuperado un poco la compostura. Era el único espacio de la planta baja que tenía puerta. La bañera estaba rodeada de ventanas y tenía que meterme dentro para poder limpiar los alféizares. «Y ni siquiera puedes comprarle otro» empezó a resonar penetrante y violentamente en mi cabeza. Mi cuerpo se hizo un ovillo y me quedé ahí sentada, jadeante, balanceándome con las rodillas abrazadas. El reproductor de DVD costaba menos de cien dólares, pero yo no podía permitirme comprar uno nuevo. Esa constatación desencadenó una espiral de imágenes de todas las otras cosas que no le podía ofrecer a mi hija: una vivienda digna, una familia, una habitación propia, una despensa llena de alimentos. Abracé mis piernas con más fuerza, sin molestarme en secarme las lágrimas de la cara y empecé a susurrar mi mantra para detener el torbellino negativo de angustia que me tenía presa. Para consolarme y evitar que la espiral descendente alcanzase un punto de verdadero pánico.

«Te quiero. Yo cuidaré de ti. Te quiero. Yo cuidaré de ti».

Una terapeuta me había iniciado por primera vez en el uso de los mantras cuando me quedé sin un hogar donde vivir; pero entonces eran frases como «nadie muere de un ataque de pánico» o visualizar a mi hija columpiándose y sincronizar mi respiración con el movimiento pendular del columpio. Ninguna de esas cosas me dio resultado. Lo que yo necesitaba era saber que tenía a mi lado a alguien que me ayudaría a salir adelante. Aquel verano, apretando los dientes, decidí que esa persona era yo, no un hombre ni una familia, y que siempre sería solo yo. Tenía que dejar de esperar que apareciera alguien que me quisiera. Tenía que salir adelante yo sola, agachar la cabeza y superar lo que fuera que me deparase la vida.

Después de esa mañana en que se estropeó el reproductor de DVD, cada vez que limpiaba la bañera de Lori lo hacía junto a una presencia que adoptaba la forma de mi persona tal como había estado allí aquel día, meciéndome y susurrando mientras esperaba que se calmase mi respiración. A veces me detenía a contemplar con compasión a ese fantasma, esa versión anterior de mí misma, desde un yo mayor y más sabio, dispuesto a ofrecerle un gesto afectuoso de consuelo. También aprendí a buscar en los momentos de pánico el apoyo de ese yo más sabio, de la persona que yo sería dentro de diez años, la que ya habría conseguido salir del infierno. Solo tenía que seguir teniendo fe en que esa persona existía.

Un jueves llamé a Pam para preguntarle si podría repartir en dos días la limpieza de la casa de Lori o, excepcionalmente, ir solo tres horas aquel día. Mia estaba enferma con sinusitis desde hacía varios días y ahora se le había sumado una conjuntivitis. No podía llevarla a la guardería y no podía permitirme perder más horas de trabajo. También llamé a Jamie para pedirle que se la quedara durante unos días. Pensaba llevarla a urgencias a primera hora para reunirme luego con él en el embarcadero del ferri y a continuación dar media vuelta para dirigirme a casa de Lori, donde podría quedarme hasta tarde para completar la limpieza.

Mia y yo compartíamos muchas veces mi cama individual, un arreglo que no era ideal ni siquiera cuando ella se encontraba bien. Se removía en sueños, me daba puntapiés, agitaba los brazos, me daba en el ojo con un puño. Hacía varios días que se despertaba en mitad de la noche llorando a causa de la nariz tapada, la fiebre y el malestar general, buscando mi consuelo, y yo llevaba ya varias noches durmiendo mal.

Desde que vivía sola con mi hija había empezado a definir las sucesivas fases por las que íbamos pasando como «un nuevo nivel insospechado de agotamiento». La mayor parte de los días parecía avanzar a la deriva, como una barca con el motor averiado, entre una espesa niebla. A veces la bruma se despejaba un poco y podía ver, podía pensar, podía bromear y sonreír y reír y sentir que era yo misma durante una tarde. Momentos así habían sido escasos desde que estábamos solas. Desde que nos habíamos quedado sin un lugar donde vivir. Desde entonces luchaba a diario para no tener que volver a un refugio para personas sin hogar. Pero también me preparaba mentalmente para acceder a otro estadio, sumando los estudios a la jornada que me esforzaba por tener completamente ocupada. Raras veces me interrogaba sobre el porqué de todo ello. Solo sabía que era preciso hacerlo. Y lo hacía.

Telefoneé a mi jefa y a Jamie desde el aparcamiento situado frente a la farmacia para comunicarles que ya estaba en camino. A mi jefa le dije que estaría en casa de Lori en algo más de dos horas; el trayecto para reunirme con Jamie y entregarle a Mia me tomaría poco más de una hora en cada sentido. La voz de Jamie a través del teléfono resonó con un alto nivel de irritación, pero lo ignoré. No le gustaba darle medicamentos a la niña, no confiaba en los médicos y culpaba a la guardería de que ella estuviera continuamente tan enferma. No tenía tiempo de discutir con él esa mañana y esto lo enfureció todavía más. Lo interrumpí para decirle que le dejaría a la niña con los medicamentos y todas las instrucciones y que las siguiese al pie de la letra.

—Esos antibióticos solo la enferman más —replicó con retintín. Lo repetía cada vez que Mia tenía que tomarlos para una sinusitis o una otitis. A mí tampoco me gustaba darle antibióticos, pues era consciente de que solo encubrirían el verdadero problema: que nuestra forma de vida, el lugar donde vivíamos, era la causa de sus enfermedades. Pero no parecía tener otra alternativa a mi alcance.

—Haz lo que te pido, Jamie, y no le des más vueltas —le dije con los ojos en blanco y colgué.

Acto seguido me volví a mirar a Mia, que estaba sentada detrás en su sillita. Llevaba una camiseta roja con un dibujo de un caballo con un sombrero de *cowboy* en la pechera y unos pantalones elásticos negros con un roto en la rodilla. Tenía en la falda su nuevo juguete para el baño que le había comprado por cinco dólares en el Walmart: una sirenita con una cola que cambiaba de color, del azul al violeta, al entrar en contacto con el agua caliente de la bañera. Me miró, embotada a causa de la nariz tapada, con los ojos enrojecidos y legañosos. Le di una palmadita en la rodilla, le acaricié un poco la pierna y después volví a mirar al frente, inspiré profundamente y arranqué.

Seguimos la autovía 20 en dirección oeste, rumbo a la costa. Había recorrido esa carretera entre Mount Vernon y Anacortes desde que nací. Un tramo en particular me recordó una noche, cuando debía de tener más o menos la edad de Mia y, de regreso a casa después de visitar a mis bisabuelos, estuve contemplando las estrellas. Era Navidad y yo forzaba la vista, escudriñando el cielo en busca de la nariz del reno Rudolph con su lucecita roja. Mia pertenecía a la séptima generación de nuestra familia nacida en esa zona. Tenía la esperanza de que esas profundas raíces nos ayudasen a sentirnos integradas, pero no había sido así. Eran demasiado distantes, habían quedado demasiado enterradas. No acabábamos de encontrar acomodo en el relato familiar. Me había cansado de preguntarles a las personas de la familia si querían ver a Mia, anhelaba poder tener abuelas y abuelos, tías y tíos que fuesen como algunas de las personas para quienes trabajaba, con las casas llenas de fotos, los teléfonos de sus hijos o hijas en primer lugar en el marcador automático, una cesta de juguetes en un rincón, siempre a mano para las nietas y nietos. Yo, en cambio, solo tenía la memoria de algunos breves instantes de intimidad familiar en una carretera, recuerdos tan profundamente enraizados que casi podrían pasar por un sentimiento de pertenencia.

Pensaba en esas cosas cuando llevaba demasiado tiempo rozando el fondo del pozo. Aunque le estaba agradecida a Jamie por quedarse con Mia durante una semana, sabía que eso tendría un coste. Me lo reprocharía, lo esgrimiría en mi contra cuando quisiera hacerme sentir mal por trabajar demasiado, lo mencionaría como un motivo por el que Mia debería vivir con él.

—Mamá —me llamó Mia desde el asiento trasero—. Mamá.

—Sí, Mia —respondí mientras conducía con el codo apoyado en la unión de la ventanilla y el panel de la puerta, mi mano sobre la frente.

—¿Puedo bajar el cristal? —me preguntó con su voz de enferma un poco aflautada—. Quiero que el viento haga volar el pelo de Ariel, como en la película.

Hice lo que me pedía, por ridículo que sonase. Solo pensaba en que necesitaba llegar a mi lugar de trabajo. Necesitaba terminar mi jornada. Necesitaba dormir.

Subimos la cuesta y cruzamos el canal que separa la tierra firme de la isla de Whidbey. Atisbé a mi derecha un Ford Bronco de color marrón algo antiguo que nos adelantaba. Mi mirada se cruzó con la del otro conductor, él me sonrió y a continuación señaló la ventanilla de Mia, y en ese momento mismo tuve una breve visión de una melena roja a través de la ventanilla trasera, detrás de la sillita de Mia.

—¡Mi Ariel! —gritó la niña y empezó a dar puntapiés contra el asiento que tenía delante. La había dejado asomar demasiado y la muñeca se le había escurrido de la mano.

Apreté los dientes y seguí mirando al frente. Mia aullaba como si el coche acabara de atropellar a un perrito recién nacido. Pasada la siguiente curva había un semáforo donde podría dar media vuelta. «Tengo tiempo», pensé. Podía volver atrás, seguir la autovía en dirección este, detenerme en el arcén, bajar corriendo del coche, recuperar la muñeca y tomar luego la salida siguiente, cruzar por debajo del puente, volver atrás y ya estaríamos de nuevo en camino. Me pareció un razonamiento lógico mientras conducía a noventa por hora sumida en una densa bruma de agotamiento en medio de los chillidos de una cría de tres años en el asiento trasero.

—Volveré atrás a buscarla —le grité para que dejara de emitir esos horribles bramidos. Me dolía la cabeza por la falta de sueño y las dos enormes tazas de café que me había tomado por la mañana para contrarrestarla. Llevaba varios días cuidando a una niña enferma y necesitaba desesperadamente un respiro. Solo quería que parasen esos gritos.

Después de dar media vuelta, continué en sentido contrario sin moverme del carril izquierdo, aceleré un poco y luego volví a aminorar la marcha y comencé a aproximarme al arcén. Hacía un día desusadamente cálido para el mes de septiembre. Cuando bajé del coche y pisé el asfalto, el aire que levantaban los vehículos que pasaban raudos por mi lado se notaba caliente al filtrarse a través de mi camiseta verde preferida, desgastada por el paso de los años. Escudriñé la franja de césped que separa el tráfico en dirección este y oeste; la coleta me azotaba la cara con tanta insistencia que tuve que sujetarla con una mano contra la cabeza. Debía verme rara allí buscando una muñeca entre los envoltorios de caramelos y botellas de refresco llenas de orina abandonadas en la mediana de la carretera.

Por fin, divisé un mechón de pelo rojo. Me acerqué; era Ariel. Pero solo su cabeza. «Mierda», farfullé por lo bajo y volví la mirada hacia el coche con un escalofrío y un peso repentino en el estómago. No había sido una buena idea volver atrás. Ahora Mia lloraría durante todo el trayecto hasta Port Townsend por una muñeca rota en vez de perdida. Quizás su padre podría arreglarla y pegar de algún modo las partes. Entonces divisé la forma de la cola, partida en dos, pero ni rastro de la parte superior del cuerpo con su bikini de conchas. «Mierda», repetí. Me agaché para cogerla y en aquel momento oí el estrépito.

El crujido de metal aplastado y el ruido simultáneo de cristales al estallar. Un sonido que ya conocía por los accidentes vividos siendo adolescente, aunque nunca lo había oído en circunstancias parecidas.

Un choque. De un coche contra otro coche. Mi coche. Con Mia sentada en el asiento trasero.

Ese sonido era el estallido del cristal de la ventana contiguo a la cabeza de mi niñita, que acababa de explotar como un globo de vidrio.

Dejé caer la cabeza de Ariel, di un grito y eché a correr. «No puede ser —pensé mientras corría—. No puede ser que esto haya ocurrido». Cuando llegué junto al coche, mi grito se había trocado en un reiterado «No. No. No, no, no».

Cuando abrí la puerta trasera del lado del conductor, topé con la sillita de viaje de Mia vuelta hacia mí, desplazada de su sitio. La ventanilla trasera había desaparecido. Sus ojitos muy abiertos clavaron su mirada en los míos, su boquita desencajada había quedado paralizada en un grito mudo. Respiré y ella me tendió los brazos para que la cogiera. Desplacé su sillita. El suelo del coche estaba deformado bajo sus pies, hundido hacia dentro y levantado por la fuerza del impacto hasta casi rozarlos. Ella levantó los piececitos, protegidos solo por unas sandalias con lucecitas.

Solté la hebilla de sujeción y en el acto sentí sus brazos en torno a mi cuello, mientras sus piernas hacían presión sobre el asiento con fuerza suficiente para apartarnos a las dos del coche. Me rodeó la cintura con las piernas y yo la estreché con fuerza, sollozando, para alejarla del coche destrozado.

Los vehículos que circulaban en ambas direcciones aminoraban la marcha al pasar y los conductores se asomaban por la ventanilla tensando el cuello para contemplar los daños. De pie en la mediana cubierta de hierba, a unos tres metros del coche del que dependíamos, abrazada a mi niñita de tres años, yo me sentía como si todo hubiese empezado a girar a nuestro alrededor como un ciclón.

El otro conductor, un adolescente desgarbado con el pelo peinado en puntas, caminó hacia nosotras desde el lugar donde se había detenido su coche, cien metros más adelante. Tenía abierta la ceja sobre el ojo izquierdo. La brisa agitaba su camisa blanca de manga corta abotonada, revelando la camiseta de tirantes listada que llevaba debajo.

—¿Estás bien? —me preguntó. Después su mirada se posó en Mia—. ¡Oh, Dios mío! ¿Ella estaba en el coche?

—¡Claro que estaba en el coche, imbécil! —le grité con una voz desconocida, sin comparación con ninguna que hubiera escuchado antes, que no parecía mía—. ¿Cómo has podido chocar contra mi maldito coche?

Él no dijo nada.

—¿Cómo has podido chocar contra mi maldito coche? —repetí. Y seguí repitiéndolo una y otra vez, sin dirigirme a nadie en realidad, dejando caer las palabras sobre el hombro de Mia. ¿Cómo podía habernos ocurrido una cosa así? ¿Cómo era posible que nos encontrásemos en la mediana de una carretera, solas, con un coche destrozado que todavía no había acabado de pagar, que me era necesario para ir a trabajar, que necesitábamos para sobrevivir? Era nuestro coche, tan importante como un brazo o una pierna para poder seguir avanzando.

El chico dio un paso atrás y yo presioné la frente de Mia con la mía y volví a preguntarle si estaba bien.

—Estoy bien, mamá —respondió en un tono sereno y calmado, impropio de ella—. Las dos estamos bien.

—¿Estamos bien? —exclamé boqueando en busca de aire—. ¿Estamos bien?

—Estamos bien —repitió ella—. Las dos estamos bien.

La abracé con fuerza mientras sentía que mi cuerpo empezaba a pasar del pánico a la aflicción.

Una mano fría me tocó el hombro y me volví bruscamente dispuesta a darle un bofetón a ese chico, antes de ver que la mano pertenecía a una mujer rubia menudita. Su voz tímida no me permitió oír ni entender lo que me decía, pero la expresión de su cara denotaba preocupación.

—¿Estás bien? —me preguntó.

No le respondí. Me quedé mirando unos instantes a esa mujer, traslúcida hasta parecer angélica. ¿Qué clase de pregunta era esa? ¿Quería saber si estaba bien? Imposible decirlo. Había estado a punto de perder a mi hija. La criatura que tenía en mis brazos. La criatura que esa mañana me había acercado la palma de la mano a la mejilla y me había susurrado: «Te quiero». La que compartía mi cama y adoraba las tortitas. Esa criatura podría haber muerto.

—Mi hija —dije en voz alta. Fue lo único que se me ocurrió decir antes de volver a hundir la cara entre el pelo de Mia.

Otro coche se detuvo detrás del monovolumen negro de la mujer. El conductor estaba hablando por teléfono. Yo solo era capaz de seguir aferrada a Mia. No podía parar de llorar. Mi coche. Mi coche estaba muerto en el arcén. Mi coche insustituible. El coche que no podía permitirme perder. El coche que necesitaba mantener en buen estado de funcionamiento para poder conservar mi empleo, para sobrevivir.

Primero llegó la policía para regular el tráfico y evaluar lo ocurrido. Me preguntaron qué había pasado y escucharon pacientemente mi explicación, interrumpida por grandes boqueadas en busca de aire. Unos agentes empezaron a examinar las marcas que habían dejado los neumáticos del coche, desplazado al menos unos treinta centímetros hacia la izquierda por el impacto del choque. El neumático trasero derecho se proyectaba hacia afuera, con el metal posterior retorcido y abollado. El impacto había desplazado todo lo que tenía dentro del coche. El casete colgaba suspendido del reproductor, a punto de caer en cualquier momento. Pero yo no podía dejar de mirar hacia el asiento trasero, donde estaba Mia, su sillita tan increíblemente cerca de la ventana hecha añicos, la chapa del suelo levantada hasta casi tocar los dedos de sus pies. El impacto había desplazado su sillita hacia un lado, alejándola de la ventana y de algún modo no había sufrido ningún daño.

Uno de los policías sacó una pequeña cinta de medir.

—¿Qué hace? —le pregunté mientras una nueva oleada de pánico golpeaba mi pecho.

—Tenemos que determinar la culpabilidad, señora —me respondió—. Apártese, por favor.

Culpabilidad. La culpa era mía. Claro que había sido culpa mía. Yo me había detenido en el arcén de una maldita carretera y había bajado a buscar una maldita muñeca, dejando a mi hija en el coche, donde podía sufrir daños.

Dos sanitarios bajaron de una ambulancia; uno corrió hacia el otro conductor y el otro hacia nosotras. Llegó otra ambulancia y después, un coche de bomberos. El tráfico avanzaba lentamente por la carretera. Procuré ignorar las miradas curiosas, el fisgoneo, la sensación de estar metidas en una maldita pecera.

Cuando la senté en la litera en la parte posterior de la ambulancia, Mia desasió sus bracitos de mi cuello por primera vez desde que había soltado la sujeción de su sillita. El sanitario le hizo varias preguntas, le pidió que le dejara examinar su pecho desnudo y le dio un osito de peluche vestido con un camisón y una gorra de dormir, con los ojos cerrados y las manos unidas como para rezar.

—Observe cómo está esta noche —me dijo, y su pelo negro, sus ojos oscuros, su piel olivácea me recordaron por alguna razón a mi hermano—. Si nota que tiene algún hematoma o si parece tener dolor por cualquier motivo, llévela inmediatamente a urgencias. —Volvió a mirar a Mia—. O podría llevarla ahora si quiere que le hagan una radiografía.

Miré a Mia mientras intentaba captar el sentido de lo que me había dicho, visualizando lo que podría haber ocurrido si el accidente hubiese sido más grave, si Mia hubiese quedado magullada, con algún hueso roto, sangrando, y esa ambulancia hubiese tenido que trasladarla al hospital. No acababa de entender cómo funcionaba el asunto. No sabía si Medicaid cubría un traslado en ambulancia y ya me veía recibiendo una factura por varios miles de dólares, que no podría pagar. Y no podía abandonar mi coche, que era casi un miembro de la familia; dentro tenía el material de limpieza que nos proporcionaba todos nuestros ingresos. Tendría que pagar su sustitución si le ocurría algo y no podía permitirme ese gasto. No podía dejarlo sin saber qué ocurriría a continuación.

Mia contemplaba los equipos de la ambulancia, abrazada a su osito. Por mi cabeza desfilaron de nuevo imágenes de su mirada aterrada mientras respiraba con ayuda de una máscara de oxígeno, el pelo manchado de sangre, el cuello sostenido por un collarín. Levantó los brazos hacia mí para que volviera a cogerla. La llevé hasta nuestro coche, saqué la cámara del bolso y tomé varias fotos mientras esperaba que la policía decidiese nuestro destino.

Uno de los policías se me acercó. El más bajo, calvo, con la barriga que le asomaba por encima del cinturón. Me repitió las mismas preguntas que ya había respondido antes: por qué me había detenido, cómo lo había hecho, hasta dónde me había apartado de la vía y si había encendido de inmediato los intermitentes de emergencia.

—Continuaremos investigando, señora, y comunicaremos los resultados a su aseguradora —me dijo—. No sabemos si el varón que chocó contra usted estaba asegurado.

Por un instante, sentí que me fallaban las rodillas. ¿Mi seguro cubría la posibilidad de un siniestro con un conductor que no estuviese asegurado? Seguro que debía cubrirlo. Todavía no había terminado de pagar el crédito sobre mi coche. Creía que siendo así, debía de tener un seguro a todo riesgo y no solo contra terceros. ¿Verdad? Había pedido que fuese así, ¿no es cierto? No podía recordarlo.

El policía sacó otra libretita y arrancó un boletín de denuncia que me entregó junto con mi permiso de conducir, la cédula de registro del coche y el certificado del seguro.

—Señor —le dije al ver la cifra de setenta dólares en el boletín de denuncia, negándome a aceptarla, incapaz de comprender cómo podía merecer eso—. ¿Qué significará esto económicamente para mí? —pregunté con la mirada fija en sus diminutos ojos azules.

Me miró, luego miró a Mia, que también había vuelto la cabeza para observarlo.

—No lo sé, señora —respondió molesto y al entregarme la denuncia, añadió—: Puede recurrir la multa.

Pero yo sabía que eso significaba que tendría que enfrentarme a él. Un agente de la policía. Ese hombre despiadado que acababa de depositar una multa en la mano de una madre llorosa que había estado a punto de perder a su hija, que no tenía dinero para reemplazar el coche y mucho menos para pagar esa multa. Me quedé mirando la denuncia por aparcar ilegalmente y cuando levanté los ojos vi que se acercaba la grúa.

—¡Señora! ¿Tiene alguien que pueda venir a buscarla? —me preguntó el policía. A juzgar por su tono, ya debía de haberlo preguntado más de una vez.

—No lo sé —respondí. Todas las personas a quienes se me ocurría que podría llamar estaban trabajando y a muchos kilómetros de distancia.

El policía sugirió que la grúa podría llevarme, pero cuando volví a preguntarle si eso tendría un coste, repitió de nuevo que no lo sabía.

—¿Por qué nadie sabe cuánto cuestan las cosas? —protesté y rompí a llorar otra vez.

Él se encogió de hombros y se marchó. El bombero había sacado mi material de limpieza del maletero del coche, junto con la sillita de Mia y su bolsa de viaje con un estampado de Hello Kitty para los fines de semana que pasaba en casa de su padre.

De pie en el arcén, contemplamos cómo subían nuestro coche por la rampa del remolque, arrastrando el neumático trasero ladeado como una extremidad rota. A mis pies, sobre la hierba, tenía mi bandeja de productos de limpieza, una bolsa llena de trapos y dos mangos de fregona rotos. Mia seguía abrazada a mi cuello. El lugar empezaba a despejarse. Pronto nos dejarían solas.

20

«No sé cómo
te las arreglas»

—¿Cómo se te ocurrió hacer eso? —me gritó Jamie por teléfono en un tono cada vez más alto, más apremiante—. ¿Por qué te detuviste en medio de la autovía? ¿Cómo puedes ser tan condenadamente estúpida?

Exactamente las mismas palabras que yo ya me había estado repitiendo mentalmente. Con su voz, incluso.

—De acuerdo, te llamaré más tarde —le dije antes de colgar.

Mia se echó a llorar. Quería hablar con él. Quería que él fuese a buscarla. Sentí un peso familiar en el estómago, el temor de que él pudiera usar lo ocurrido para conseguir la custodia, podía ser el argumento que le permitiera ganar la demanda con la que siempre me amenazaba cuando hacía algo que a él no le gustaba. Quería obligarme a pagarle una pensión de alimentos. Quería que sufriese.

El Oldsmobile azul pálido del abuelo avanzaba lentamente entre el tráfico todavía retenido a causa del accidente. Un par de policías le abrieron paso. Aunque era más bajo que el más bajo de los policías, el que me había dado la multa, el abuelo se mostró muy seguro cuando bajó del coche y saludó con una inclinación de cabeza a las cuatro o cinco personas de los servicios de emergencias que aún seguían allí. Pero cuando se acercó hasta donde estábamos nosotras junto al arcén, tenía la cara encendida. Por un instante pensé que podría estar enfadado conmigo.

—¿Tenemos que llevarnos todo eso? —preguntó señalando nuestras pertenencias apiladas desordenadamente en el arcén. Asentí.

Aseguré la sillita de Mia y los tres subimos al enorme coche. El abuelo dijo entonces que tenía que poner gasolina. Entramos en una gasolinera y aparcamos frente a la bomba expendedora. El abuelo se me quedó mirando un instante y después se volvió a mirar a Mia. Unas lágrimas asomaron a sus ojos.

—No me alcanza el dinero —dijo, y volvió a ruborizarse.

—Ya pago yo —me ofrecí mientras accionaba la manija de la puerta.

—¿Qué tal si voy a buscar un par de cafés? —dijo él—. Seguramente necesitas un café. Yo acabo de pasarme al té verde. ¿Te apetece un té verde?

Estuve a punto de responder bromeando que lo que necesitaba eran un par de tragos de *whisky*, pero me contuve al comprender que mi petición iría en serio.

—Gracias, abuelo —respondí, esforzándome por esbozar un remedo de sonrisa—. Un café me vendrá muy bien.

El abuelo había cuidado de mi abuela esquizofrénica durante la mayor parte de su matrimonio, a medida que su dolencia iba progresando, y al morir ella hacía un año y medio se había quedado con un montón de tiempo libre, sumido en la más desesperanzada soledad. Se conocían desde el jardín de infancia. Cuando se casaron, ella le sobrepasaba en estatura, sobre todo con los centímetros que le añadía su pelo crespado, ya que él apenas superaba el metro cincuenta. Cuando yo tenía la edad de Mia y me quedaba con ellos, el abuelo no dejaba pasar la menor ocasión de exhibirme ante sus amistades, les hablaba de las cintas que tenía grabadas donde yo cantaba *Popeye, el marino* y se ofrecía a ponérselas.

Tras la muerte de la abuela, había dejado la casa donde vivían, la única que yo le había conocido, aparte de la caravana que tenían, y se me hacía raro pensar que ya no existía. Durante una temporada había estado viviendo en la ciudad, en una habitación que le alquilaba una mujer. Recuerdo que cuando lo visité y vi las chucherías que había admirado y con las que había jugado de niña, me sentí muy rara viéndolo allí, sin poder pagar apenas una sola habitación. Seguía trabajando como agente inmobiliario, pero la recesión había afectado drásticamente la actividad y esta no se había recuperado luego. Él empezó a dormir en el trastero de su oficina. Ser incapaz de ayudarlo me hacía sentir profundamente culpable, sobre todo teniendo en cuenta que él nos había acogido una vez después de una pelea con Travis. Habría deseado enormemente poder ayudarlo de algún modo.

Cada vez que lo veía, intentaba darme algún recuerdo familiar o un cuaderno de dibujo con el nombre de mi madre escrito a mano en la cubierta. A veces aceptaba algunas cosas para tranquilizarlo y después las dejaba en el coche para regalarlas. No tenía sitio para ninguno de esos objetos. El abuelo insistía, sin embargo, para que me los llevase y me contaba su historia. «Tu trastatarabuela vendió su anillo de bodas para comprar esa máquina de coser», me decía. Yo no podía conservar ninguna de esas reliquias familiares ni ofrecerles el espacio que merecían ocupar. En mi vida no había sitio para atesorarlas.

* * *

Travis me devolvió la llamada cuando estaba poniendo gasolina. No me pidió ningún detalle; solo quería que le dijera dónde tenía que ir a buscarnos. Casi había olvidado que le había dejado un mensaje. Pensé que querría saber lo ocurrido. A lo mejor quería que lo supiera. Su voz sonaba agitada y escuché el ruido de un motor diésel en el trasfondo.

—¿Qué estás haciendo? —le pregunté. Mia me miró a través de la ventanilla. Le hice una mueca, intentando sonreír, y presioné el cristal con el dedo. Ella puso su dedo encima por el otro lado.

—Estoy enganchando la camioneta de mis padres al remolque —respondió jadeante. Me pregunté si se proponía ir a recoger nuestro coche escacharrado.

—No, Travis —le dije—. No hace falta. Estamos bien. Todo está ya resuelto.

Colgué antes de que pudiera detectar mi mentira. Me sentía demasiado vulnerable para verlo. Sabía, incluso mientras mi cuerpo seguía temblando del susto, que si Travis acudía en nuestra ayuda, dispuesto a colaborar para que todo volviera a estar en orden, corría el riesgo de querer volver con él. Había pasado todo ese tiempo intentando salir adelante sola. Aunque lo había telefoneado, no quería volver a lanzarme corriendo en sus brazos.

Durante el camino de regreso a casa, empezó a llover con fuerza. Le pedí al abuelo que parase frente a un Walmart y que esperase con Mia en el coche mientras yo entraba en la tienda. Corrí hasta la puerta con la cabeza agachada, evitando cruzar la mirada con nadie. Me imaginaba que cualquiera que me mirase me identificaría como la chica que había estado a punto de causar la muerte de su hija en al arcén de la autovía 20. Sentí el impulso, más intenso que de costumbre, de empezar a chillar en medio del supermercado, tan próximo a resultar incontrolable que me asusté. No podía dejar de escuchar el sonido de los cristales al saltar hechos trizas. El estallido seguía repitiéndose, tan fuerte que tuve que cerrar los ojos y apretar la mandíbula para continuar callada.

—¿Dónde están las malditas sirenas?

Comprendí que lo había dicho en voz alta cuando una niñita y su madre se volvieron a mirarme.

Las muñecas se habían agotado; el lugar que ocupaban estaba vacío. Pero debajo había la versión mejorada: una muñeca más grande, con más pelo y un botón que había que apretar para oírla hablar, al precio de 19,99 dólares. La cogí. Ya intentaría cuadrar las cuentas luego. No estaba dispuesta a renunciar de ningún modo a recuperar la maldita muñeca de mi hija aquella tarde.

Cuando aparcamos frente al estudio, seguía lloviendo. El abuelo y yo descargamos mi material de limpieza y las bolsas. Un trocito de cristal se desprendió de una de las bolsas y cayó al suelo del apartamento, donde se le clavó a Mia en un talón, pero por algún motivo le hizo tan poco daño que al principio ni lo notó. Esa sería la única herida que habría sufrido. Físicamente, al menos. Y yo misma pude curársela.

El abuelo miraba a su alrededor, de pie en el pequeño espacio libre que quedaba frente a la puerta de entrada. Nunca nos había visitado en ese apartamento. Nadie de mi familia había estado allí. Me pregunté si notaría que me había deshecho de las cosas que me había dado.

—No tienes microondas —dijo, con la mirada fija en el rincón donde teníamos la cocina.

Miré los tableros, despejados salvo una tabla de cortar y una escurridera para los platos y sin espacio para mucho más.

—No tengo sitio para un microondas —respondí.

—Podrías ponerlo encima de la nevera —dijo él, señalando el lugar donde yo tenía una planta—. En la oficina tengo uno que no uso. Te lo traeré.

—Por favor, abuelo —le supliqué mientras me agachaba para coger en brazos a Mia—. De verdad que no tengo sitio.

De nuevo se me saltaron las lágrimas. El teléfono empezó a sonar en mi bolsillo. Reconocí la larga sucesión de dígitos del número internacional de mamá.

—¿Has telefoneado a mamá? —pregunté, sin poder disimular mi disgusto.

—Naturalmente —dijo él—. Ella tiene que saber que su hija y su nieta han sufrido un accidente.

Sentí que se me agarrotaba la mandíbula. Sabía que, ahora que la abuela ya no estaba, mamá llamaba sin falta al abuelo todos los domingos por la tarde. Sabía que le preguntaba si nos había visto o cómo estábamos o qué hacíamos. En aquel momento, más que nunca, no me parecía que ella se hubiese hecho merecedora del derecho a recibir ninguna información sobre nuestro accidente. La había necesitado ese verano, cuando Mia había pasado tantas enfermedades y le habían tenido que poner tubos de ventilación en los oídos. La había necesitado muchas veces desde que se había ido a vivir a Europa. La había necesitado sin poder llamarla para decírselo. Ya casi no podíamos mantener una conversación, nuestras llamadas resonaban con un eco de fondo a causa de la terrible recepción y William siempre estaba cerca, escuchándolo todo. Casi podía escuchar su respiración. Soltaba una risita cada vez que mamá decía algo gracioso. No podía soportarlo. Ya no. De modo que había dejado de hablarle por completo, después de decidir que era menos doloroso que no formara parte de mi vida que darle cabida en ella. Me resultaba más fácil no querer ni esperar absolutamente nada de ella. Estaba enfadada con ella por haber abandonado su vida cerca de nosotros. Por permanecer alejada. Jamás comprendería cómo era capaz de hacer eso. Y no quería intentar comprenderlo.

El abuelo se marchó y yo senté a Mia en la bañera llena de burbujas con su muñeca nueva. Mamá volvió a llamar. Sentada sobre la tapa del váter junto a la bañera vi parpadear la luz del teléfono que tenía en la mano. Lo ignoré y seguí contemplando cómo jugaba Mia con su nueva sirena, sentada en la bañera con la piel escurridiza bajo las burbujas de jabón y el pelo adherido a las mejillas. Habría querido meterme en la bañera con ella, estrecharla entre mis brazos y pegar el oído a su pecho para oír latir su corazón.

Me pregunté si mamá se habría sentido alguna vez así conmigo. Me intrigaba por qué nunca se pegaba a mí después del beso de buenas noches, para confirmarme que estaba allí, que me quería mucho mucho. Habría querido saberlo, pero no tanto como para preguntárselo. A veces imaginaba que se lo preguntaba, que le pedía una respuesta por teléfono, pero sabía que no me aclararía nada. Ella estaba allí y con eso le bastaba. Quizás nunca sintió que tuviese que hacer nada más.

Mia se quedó despierta hasta tarde esa noche, no solo por culpa de la nariz tapada y el escozor de los ojos doloridos, sino porque yo me resistía a acostarla. Su alegre parloteo me impedía romper en sollozos. Sabía que tenía que mantenerme serena cuando ella me estaba mirando. Nos quedamos tumbadas en mi cama individual, con las cabezas sobre la misma almohada, mirándonos. Después sus ojos se cerraron, su cuerpo se estremeció soñoliento, emitió un suspiro y luego empezó a respirar acompasadamente. Yo seguí mirándola, con el oído atento.

Mia durmió solo una hora hasta que un ataque de tos volvió a despertarla. Ya le había dado toda la dosis de medicamento que podía. Su tos seca dio paso a una especie de gruñido irritado por estar despierta y tan cansada al mismo tiempo. Intenté calmarla cantándole *Wagon Wheel*, una canción que últimamente le encantaba, pero nada surtía efecto. Finalmente, conectando con un rincón casi primigenio de mi memoria, empecé a recitar *Buenas noches, luna*:[1]

---

[1] *Buenas noches, luna* es un cuento infantil muy popular, escrito por Margaret Wise Brown, con ilustraciones de Clement Hurd. Publicado por primera vez en 1947, su protagonista es un conejito que desea las buenas noches a todo lo que hay en su habitación.

Buenas noches, habitación, buenas noches, luna.
Buenas noches, vaca que saltas por encima de la luna.
Buenas noches, luz y el globo rojo.
Buenas noches, sillas, buenas noches, osos.[2]

Mia se calmó en el acto para escuchar la canción y volvió a caer dormida. Acaricié con un dedo el espacio entre sus cejas y lloré tan quedamente como pude, sin acabarme de creer aún que había sobrevivido.

La mañana siguiente la estuve mirando mientras comía sus cereales, sentada a su lado con una suerte de fascinación, todavía sobrecogida por el milagro de que no hubiese sufrido ningún daño, hasta el extremo de que su presencia me parecía irreal. Había telefoneado a Lonnie el día antes para explicarle lo ocurrido y pedirle un día libre para resolver las cosas, sin saber aún en aquel momento cómo podría hacerlo. Mi cuerpo y mi mente funcionaban en modo automático. Todd, un hombre con quien había salido un par de veces, iría a buscarnos después del desayuno. Habíamos quedado para salir ese fin de semana y la noche antes había atinado de algún modo a llamarlo para anular la cita y no se me ocurrió ninguna justificación salvo decirle la verdad. No quería reconocer que estaba en un aprieto, que ni siquiera mi familia podía ayudarme a salir del paso. Todd insistió en dejarme prestado un coche que ya no usaba. La perspectiva me asustó. En realidad, no sabía qué pensaba de él ni si me gustaba en serio o no. Había descubierto que algunos hombres manifestaban un cierto complejo de héroes cuando salían conmigo y se precipitaban a intentar salvar a la doncella en dificultades. No me gustaba representar ese papel, pero en aquellas circunstancias, no tenía elección. Necesitaba imperiosamente un coche.

Le dije a Mia que Todd era «un amigo» y le expliqué que nos llevaría a recoger un coche que no necesitaba y que me había dicho que podríamos usarlo durante un tiempo.

—Después te llevaré a casa de papá —le expliqué mientras lavaba los platos del desayuno.

---

[2] *Goodnight room, goodnight moon. / Goodnight cow jumping over the moon. / Goodnight light, and the red balloon. / Goodnight chairs, goodnight bears.*

Inspiré profundamente y retuve el aire, justo lo contrario de lo que supuestamente debía hacer en momentos como ese, cuando mi corazón daba un brinco y comenzaba a acelerarse. Tendría que recorrer el mismo trayecto que el día antes y conducir por la misma carretera; tendría que volver a subir a un coche con Mia. Por mucho que desease quedarme en la cama, pegada a ella, tenía que ir a trabajar. El día siguiente tenía que limpiar una casa, una de las más grandes, que me ocupaba la mayor parte de mi tiempo los jueves. Además, la semana siguiente empezaban las clases y tenía que conseguir los libros y las contraseñas para acceder a los materiales. Y suponía que también tendría que celebrar mi cumpleaños de alguna manera.

Mia iba sentada detrás, muy callada, mientras Todd nos conducía por la interestatal 5 hasta el lugar donde tenía el coche que iba a prestarnos. Su sillita de viaje parecía estar intacta, pero yo sabía que habiendo sufrido un accidente tendría que deshacerme de ella en cuanto pudiera pagar una nueva. Cada vez que la miraba, su visión me recordaba cuán cerca había estado de perder a mi hija.

De repente, Mia declaró:

—Ruby está muerto, mamá. —Ruby era el nombre que le había puesto a nuestro Subaru, por su color castaño y porque yo había dicho un día que era mi Suba-Ruby después de cargar muy satisfecha todo mi material de limpieza en el maletero.

Me volví a mirarla y le puse una mano en la pierna. La sentí muy frágil y pequeña y noté que mis ojos volvían a llenarse de lágrimas. Había comprado a Ruby de segunda mano pero en un estado inmaculado, con solo 140.000 kilómetros en el contador. Mia y yo pasábamos a veces la mitad de nuestra jornada en ese coche. Ruby tenía más de veinte años, pero era uno de los mejores vehículos que había tenido en varios años. Nuestra pérdida era grande. Inimaginable. No era capaz de pensar en ella.

—Ruby murió por mi culpa, mamá —dijo Mia con un hilo de voz mientras miraba por la ventana—. Porque Ariel salió volando por la ventana.

—Oh, cariño —exclamé mientras intentaba volverme para mirarla a la cara desde el asiento delantero—. No. Fue un accidente. No fue culpa tuya. Si acaso, la culpable soy yo.

—Estás llorando —constató ella y su carita enrojeció, su labio inferior esbozó un puchero y las lágrimas empezaron a acumularse bajo sus párpados—. Tú solo querías salvar a mi Ariel.

No pude seguir mirándola, pero mantuve la mano sobre su pierna. Deseaba enormemente poder taparme la cara con las manos, dejar que mis ojos y mi boca se contrajesen y abandonarme al impulso de un callado sollozo. Sin embargo, Todd y yo nos miramos y le dirigí una leve sonrisa. Tenía que estar bien. No me quedaba más remedio.

Todd salió de la autovía, recorrió unas cuantas manzanas y aparcó detrás de un Honda Accord de dos puertas, que me recordó los coches que conducían los chicos en el instituto, una versión de tamaño real de los cochecitos de carreras con los que jugaba mi hermano pequeño. Todd comprobó los niveles y el buen funcionamiento de los intermitentes, los frenos y los faros con una eficiencia y dominio que me resultaron atractivos. Tenía muchas cualidades que yo admiraba: trabajaba en la construcción y se estaba construyendo él mismo una cabaña en un terreno boscoso que tenía cerca de Port Townsend. No sabía muy bien por qué mi corazón no estaba en ello.

—Iba a venderlo, así que puedes usarlo todo el tiempo que te haga falta —me dijo y me entregó una llave.

—Gracias —conseguí farfullar y lo abracé. Confiaba en que ya sabría hasta qué punto me había salvado de caer en la más absoluta desesperación y posiblemente quedarme en la calle. Pero ¿cómo podía saberlo? No le había dicho cuán desesperada era mi situación. Quería aparecer a sus ojos como una igual y no como, yo qué sé, no como lo que era. Salir con alguien no parecía una cosa seria en esas condiciones.

Cuando salí del aparcamiento, me temblaban las manos. Sentía el cuerpo en tensión, como si acabara de tomarme diez tazas de café. No debería estar conduciendo, me dije. No estoy preparada. Me parecía que con toda seguridad volveríamos a tener otro accidente, pero yo era la única que podía conducirnos hasta donde necesitábamos llegar.

Cuando paré en un semáforo, consciente de que estaba a punto de llegar a la entrada de la autovía, deseé tener a alguien a quien poder llamar para pedirle ayuda o aunque solo fuese para charlar un poco. Pero no se me ocurría nadie que pudiera ser capaz de comprender el trance por el que estaba pasando, salvo que fuera alguien que supiera lo que es ser una madre sola, la única responsable de estirar el dinero para llegar a fin de mes como hacía yo.

Cuando les hablaba de mi vida a mis amigas, ofreciéndoles apenas un breve atisbo de los problemas organizativos, el estrés, los constantes malabarismos, siempre escuchaba el mismo comentario, repetido una y otra vez: «No sé cómo te las arreglas». Cuando sus maridos estaban de viaje o trabajaban siempre hasta muy tarde, me decían: «No sé cómo te las arreglas», meneando la cabeza, y yo siempre intentaba no saltar. Habría querido decirles: «Esas horas sin tu marido no se aproximan ni por asomo a lo que supone ser una madre sola», pero dejaba que creyesen que eran algo parecido. Discutir con ellas me habría obligado a revelar demasiados detalles sobre mí y nunca me gustó despertar compasión. Además, no podrían entenderlo a menos que hubiesen sufrido en carne propia el peso de la pobreza. La desesperación de tener que seguir adelante porque era la única alternativa. No podían saber lo que era estar en mi piel la mañana después del accidente, a punto de conducir un coche por la misma carretera donde había restos de los cristales de las ventanillas destrozadas de mi coche y continuar con mi vida como si todo estuviera en orden porque no tenía otra alternativa.

Aunque estoy segura de que las personas para quienes trabajaba lo habrían comprendido, la compañía de la luz, no. Solo quería quedarme sentada en el sofá con mi niñita enferma y llenar de vez en cuando de zumo su taza con boquilla mientras mirábamos tres veces seguidas su DVD de *Jorge el Curioso*. Pero tenía que volver a trabajar. Y tenía que conducir. Y no estaba segura de cuál de las dos cosas me parecía más imposible.

El problema no había sido nunca «cómo» hacer las cosas. Estoy segura de que cualquier madre o cualquier padre habría hecho lo mismo. Ser madre sola o padre solo no significa únicamente ser la única persona responsable del cuidado de una criatura. El problema no es poder «escapar» para tomarse un respiro o disfrutar de un baño y un rato en la cama en pareja; esa era la más ínfima de las dificultades que tenía que afrontar. Tenía una cantidad abrumadora de responsabilidades. Yo sacaba la basura. Yo cargaba con la comida que había seleccionado y comprado en la tienda. Yo cocinaba. Yo limpiaba. Yo reponía el rollo de papel de váter. Yo hacía la cama. Yo quitaba el polvo. Yo comprobaba el nivel del aceite del coche. Yo llevaba a Mia al médico y a casa de su padre. Yo la acompañaba a las clases de *ballet* cuando conseguía encontrar algún sitio donde ofrecieran becas y luego iba a buscarla para llevarla de nuevo a casa. Yo contemplaba cada una de sus piruetas, sus saltos, sus bajadas por el tobogán. Yo era la que empujaba su columpio, la que la acostaba por la noche, la que le daba un beso cuando se caía. Cuando me sentaba, siempre estaba preocupada, con la tensión que me corroía el estómago. Me preocupaba no cobrar lo suficiente para pagar todas las facturas del mes. Me preocupaba pensar en la Navidad aunque todavía faltaban cuatro meses. Me preocupaba que la tos de Mia resultase ser síntoma de una sinusitis que me impidiera llevarla a la guardería. Me preocupaba la escalada de las reacciones de Jamie, que tuviésemos una pelea, que retirase su ofrecimiento de ir a buscar a la niña a la guardería esa semana solo para crearme dificultades. Me preocupaba tener que modificar mis horas de trabajo o tener que faltar algún día.

Cada madre sola o padre solo al borde de la pobreza hace todo eso. Trabajamos, amamos, hacemos lo que hay que hacer. Y el estrés que todo ello supone, el agotamiento, nos deja vacíos. Rebañados. Una sombra de lo que éramos. Así me sentí durante los primeros días después del accidente, como si caminara sin estar plenamente conectada con el suelo. Consciente de que una brisa podría soplar y arrastrarme en cualquier momento.

21

La Casa de los Payasos

La llamaba la Casa de los Payasos. La mujer tenía predilección por los paisajes de Thomas Kinkade, que llenaban casi todas las paredes de la planta baja. Pero la larga escalera que conducía a la planta superior estaba flanqueada de cuadros de payasos. Payasos tristes. Primeros planos de caras de payaso que seguían mis movimientos con sus ojos. También tenía figuritas de payasos, pero lo peor eran las pinturas. Me hacían sentir indefensa. Las contemplaba con una mezcla de horror, desagrado y curiosidad; ¿qué podía impulsar a alguien a querer tenerlos colgados en la pared? ¿Y si se iba la luz y el foco de una linterna se posaba sobre una de esas caras? ¿No se llevarían un susto terrible?

Una vez al mes, limpiaba el piso de abajo, donde había dos dormitorios y un cuarto de baño preparados para acoger a sus dos hijos adultos. Al parecer, de niños no habían ocupado nunca esas habitaciones, pero la mayor parte de las reliquias de su infancia estaban ordenadamente dispuestas allí. Yo quitaba el polvo a los casetes de Bell Biv DeVoe, los anuarios, el reloj del ratón Mickey, mullía los almohadones y después volvía a dejar los ositos de peluche bien sentados. Sin embargo, aquel día, mi primer día de trabajo después del accidente, nada más llegar empecé directamente por el cuarto de baño.

Encerrarme en el reducido espacio del lavabo parecía la reacción lógica frente al vacío ensordecedor que me acosaba por todos lados. Los cuartos de baño eran un buen escondite. Habría querido hacerme un ovillo en el suelo, boca abajo, con los dedos entrelazados sobre la nuca, como en un simulacro de tornado, como si todo estuviera a punto de derrumbarse encima de mí. Después del accidente, la Casa de los Payasos, una enorme vivienda de tres pisos con vistas sobre la población donde había vivido con Travis, parecía amplificar la falta de control sobre mi vida que entonces sentía. Lo incierto de nuestro futuro. El riesgo de no poder sobrevivir económicamente.

Me arrodillé frente al váter, inspiré y conté hasta cinco antes de dejar salir el aire, para luego entretenerme doblando en forma de triángulo el extremo del rollo de papel higiénico, plegando primero una esquina, luego la otra hasta conseguir una punta perfecta. Alargué la mano para coger mis guantes amarillos de la bandeja. Esquirlas de cristal del accidente se esparcieron por el suelo.

Me cegaron las lágrimas. El lavabo, que momentos antes me había cobijado como un abrazo consolador, se convirtió en una trituradora de desechos. Busqué la manecilla de la puerta y salí disparada, jadeando en busca de aire. De mi garganta se escapó un grito gutural, seguido de fuertes sollozos. El día antes, Jamie me había fulminado con la mirada en el embarcadero del ferri después de correr a arrancarme a Mia de los brazos como un superhéroe dispuesto a salvar a su hija de las garras de la mala bruja que la había puesto en peligro. Mia se echó a llorar y alargó los brazos hacia mí.

—No, cariño —le dijo él—, tienes que venir conmigo.

Y luego, la mirada furiosa.

Me senté frente a la ducha, con la cabeza sobre las rodillas y acaricié las hebras de la alfombrilla marrón con la yema de los dedos. El sonido de las ventanillas del coche al saltar hechas añicos me retumbaba en los oídos, una arrolladora contracción comenzó a oprimirme el pecho. «Ya he fichado —pensé—. Voy a tener una crisis nerviosa en horas de trabajo».

Encontré trocitos de vidrio dentro de los dedos de los guantes. Los sacudí y me los puse, pero las lágrimas no me dejaban ver, así que volví a quitármelos y me cubrí la cara con las manos para resguardarme. Busqué mi teléfono móvil y pulsé el número de Pam para llamarla a su casa.

—No puedo parar de llorar —le dije—. Pam, no sé qué hacer. No puedo parar de llorar. —Boqueé intentando tomar aire.

—¿Stephanie? ¿Estás bien? ¿Dónde estás? —Su voz sonaba tan preocupada, tan maternal, que volví a sollozar.

—Estoy... *buuu* —me tapé la boca con la mano para no dejar escapar más sonidos indiscretos. No podía recordar el nombre de los propietarios—. En la casa grande con todos esos cuadros de payasos.

—¿En casa de los Garrison? —me preguntó ella.

—Sí —respondí. Ese parecía ser el nombre—. También tengo que hacer el piso de abajo. —Farfullé esas palabras como si acabara de correr una carrera—. Hay trozos de cristal entre mis cosas. Las esquirlas de cristal llovieron sobre Mia. Podría haber muerto.

—Bueno... —Hizo una pausa como si estuviera buscando las palabras adecuadas—. Tú no podías saber lo que pasaría... Dicen que la gente tiende a desviarse en la dirección en la que están mirando... Pero tú no aparcaste allí pensando que eso pudiera ocurrir, ¿verdad?

Vi al conductor —el cual había dado por supuesto que debía de estar tecleando en su móvil o encendiendo un cigarrillo o distraído de algún otro modo— mirándome, en cambio, a mí, de pie en la mediana. ¿Había sido yo la distracción que lo había hecho desviarse?

Pam conocía mi situación económica. Sabía que necesitaba trabajar esas horas, que no podía permitirme saltármelas y no cobrarlas. Aquella mañana me había estado escuchando mientras le decía que había tenido que volver a conducir y cómo me temblaban las manos, cómo había tenido que pasar de nuevo por el lugar del accidente, cómo había intentado no mirar las marcas negras de los neumáticos sobre el asfalto y los cristales rotos en el arcén, pero sin poder evitar verlos de todos modos. Aquel día solo tenía que limpiar una casa. Pero era incapaz de hacerlo.

—¿Por qué no te tomas el día libre? —me sugirió amablemente ella después de oírme—. Y mañana también.

—Mañana ya podré trabajar —alegué. Solo tenía que hacer la Casa-Granja. Sería un reto—. Estaré bien —afirmé en un intento de tranquilizarme a mí misma más que a ella—. Si hoy me tomo el día libre y aprovecho para telefonear a la compañía de seguros y planificar lo que debo hacer, posiblemente me sentiré menos insegura —dije, ya más convencida.

—De acuerdo —dijo ella, probablemente con una sonrisa—. Y entonces necesitaré que vuelvas a trabajar. Y tú necesitarás volver a trabajar. No te ayudará seguir desmoronándote de esta forma.

Se interrumpió un momento y pude oír el sonido de fondo de la televisión.

—Confía en tus fuerzas —añadió.

Pero en aquel momento me costaba confiar en que todavía las tuviera.

Después de colgar, exhalé un suspiro, sin ser consciente de lo mucho que necesitaba un poco de compasión. El día antes, mi padre me había reñido a gritos por teléfono por haber publicado una nota sobre el accidente en Facebook. Cualquiera podría ver la foto de mi coche destrozado y usarla en mi contra, me dijo.

—Tendría que ser un amigo o una amiga para poder verlo —repliqué, molesta por su paranoia y dolida porque eso fuese, al parecer, lo único que le preocupaba—. Necesito poder explicárselo a la gente, papá.

—Pues yo creo que no deberías comentarlo con nadie —me espetó—. ¿No te das cuenta de que la compañía de seguros podría pensar que fue culpa tuya? ¿No se te ha ocurrido pensar en eso?

Pero no entendió, o no podía entender, cuán necesario me era recibir apoyo en aquel momento, aunque fuese a través de un comentario que alguien había dejado bajo la foto, aunque esa persona estuviese a varios miles de kilómetros de distancia.

—Sí, papá —le dije sin subir la voz—, sí que lo pensé. —Hice una pausa y le oí dar una calada a su cigarrillo y exhalar el humo. Habría deseado que me hubiese invitado a ir a su casa, que se hubiese ofrecido a encargar una *pizza* para mí. Cualquier cosa, menos un sermón—. Bueno, ejem, tengo que colgar, papá.

Observé que no me había dicho que me quería antes de despedirse. Por otro lado, yo tampoco se lo había dicho.

En vez de irme a casa, fui al desguace a vaciar mi coche. Los collares de cuentas y la margarita de cristal de colores todavía colgaban del retrovisor. Recuperé mi taza de café, obra de una amiga, que podía contener perfectamente dos raciones de expreso. Retiré del cristal trasero la pegatina que decía «Las alaskeñas damos guerra». Tomé media docena de fotos de la parte trasera mutilada de Ruby, que había quedado irreconocible, con un extremo hundido, cerca de la tapa del depósito de gasolina, ahora inclinada hacia delante y arrugada como papel de aluminio desechado.

Acerqué la mano a la escotilla trasera, donde la ventana se unía con la chapa, en el punto donde ya no alcanzaba el limpiaparabrisas. Cerré los ojos, dejé caer la cabeza y juraría que pude captar su dolor.

Ese coche a toda prueba había mantenido a salvo a mi hija y su destino era ser desmantelado para vender sus piezas y el resto desechado como chatarra.

—Gracias —le dije.

A media tarde, sentada en mi sofá, contemplé el cielo gris que parecía cargado de lluvia, de la que cae a cántaros. El martes había hecho un día cálido y soleado, pero ya había vuelto el tiempo húmedo y frío que suele acompañar la llegada del otoño en el estado de Washington. Intenté dar gracias por no haber tenido que esperar bajo la lluvia. Parecía increíble que de eso hiciera solo dos días.

Con el móvil pegado al oído, escuché los compases chirriantes de una melodía clásica mientras daba pasos por el recuadro de suelo despejado de mi apartamento. Un policía me había llamado para comunicarme que el otro conductor estaba asegurado por un importe mínimo, visto lo cual había telefoneado enseguida a su aseguradora.

—Si nos hace llegar el número del modelo de la sillita de viaje, le mandaremos un cheque por el importe —me dijo por teléfono la agente de la otra compañía tras varios minutos de espera—. Y podemos indemnizarla por las horas de trabajo perdidas. También le ofreceremos un coche de alquiler y trasladaremos el suyo a otro sitio. Podremos pagarle la indemnización por la reparación o el coste del coche antes de...

—Espere un momento —la interrumpí—. ¿Entonces, no soy la culpable? ¿Ustedes asumen la responsabilidad?

—Sí —me respondió ella—. Asumimos plena responsabilidad por el accidente. Usted estaba aparcada en el arcén y tenía los intermitentes de emergencia encendidos. No es responsable del accidente.

¡Su voz sonó tan sincera! «No soy la responsable. No soy la responsable». Hasta yo empecé a creérmelo.

Había pasado la mayor parte de mi vida como madre caminando temerosa, de puntillas, sobre un suelo, real y también metafórico, en cuya solidez no acababa de confiar. Cada vez que reconstruía una base, con sus paredes y suelo y hasta un techo sobre nuestras cabezas, lo hacía con la certeza de que volvería a desmoronarse. Mi tarea era sobrevivir al derrumbe, sacudirme el polvo y empezar la reconstrucción. Por consiguiente, decidí confiar en mi instinto y le dije a Pam que solo podría limpiar una casa al día. Después de dejar a Mia en la guardería, conducir hasta una casa y limpiarla, la perspectiva de coger el coche para dirigirme a otra y empezar todo el proceso de nuevo era demasiado para mí. Ya no podía más.

Dos semanas después, volví a la Casa de los Payasos, cargué el material de limpieza escaleras arriba hasta el cuarto de baño principal, seguida por la mirada de esos ojos. Ese baño tenía lavabos dobles, una ducha del tamaño de una mesa de comedor formal y una bañera de hidromasaje montada sobre una plataforma en una esquina. De nuevo, la bañera me retuvo. De algún modo me atraía la idea de sentirme cobijada o sostenida. Me senté dentro con una rodilla doblada mientras marcaba el número de un abogado. Todavía tenía que buscar la manera de sobrevivir a la ruina económica que me había causado el accidente.

Le expliqué al abogado todos los detalles y lo que la compañía de seguros me había dicho que cubriría, pero la cantidad que me ofrecían por el coche apenas me alcanzaría para pagar el saldo pendiente del crédito. Él me indicó algunas frases que podía usar cuando volviese a hablar con la agente encargada de mi caso. Cuando la llamé unas horas más tarde, me temblaba la voz mientras le repetía las frases que había estado ensayando.

—Este accidente nos ha afectado muchísimo a mi hija y a mí —le dije, procurando no dejar traslucir que estaba leyendo unas notas—. La niña duerme mal por las noches y se sobresalta fácilmente con cualquier ruido. —Añadí que el coche de nuestro vecino petardeaba al arrancar y ahora Mia se estremecía, asustada, al oírlo y a veces incluso corría llorando hacia mí. Le describí mi propio estrés, mis dificultades para organizar y completar tareas que antes podía hacer con facilidad—. El estrés emocional que hemos sufrido, la conmoción que nos ha causado este accidente, sumados a la imposibilidad de asumir el gasto que supone la sustitución del vehículo, nos han dejado en una situación muy difícil.

Inspiré profundamente.

—Necesitamos atención especializada. Yo necesitaré terapia y posiblemente también medicación. Y Mia también necesita ayuda. No puedo asumir de ningún modo ese gasto sumado al coste de un nuevo coche. —Hice otra pausa para respirar hondo—. Si su compañía no está dispuesta a indemnizarnos por el coste de este trauma emocional, tendré que acudir a un abogado para reclamar una compensación adecuada.

Había estado siguiendo sobre el papel las palabras que tenía escritas mientras las decía, pero al llegar a la última frase mis dedos quedaron paralizados. Temblando, esperé la respuesta.

—Veré qué puedo hacer y volveré a llamarla —dijo la mujer.

Al cabo de una hora, me llamó para ofrecerme una cantidad que me permitiría disponer de algo más de mil dólares para comprar un coche nuevo una vez cubierto el saldo pendiente del crédito, además de la indemnización por las horas de trabajo perdidas. Intenté darle las gracias con formalidad, pero ojalá hubiese podido ver mi sonrisa después de colgar. Hacía muchísimo tiempo que no sonreía así.

Llevaba días consultando los anuncios por palabras, pero no era fácil encontrar un buen coche por mil doscientos dólares. Y entonces, de repente, lo vi. Un pequeño Honda Civic de cinco puertas de 1983. Azul pálido. Travis y Mia me acompañaron a verlo. Un matrimonio mayor, propietarios de una tienda, había dedicado un par de miles de dólares a repararlo para su sobrino. Habían restaurado el motor, cambiado los frenos y comprado neumáticos nuevos. El sobrino había decidido que no quería el coche, de modo que técnicamente el vendedor era él. El coche ronroneó al arrancar. El cambio era manual. La pareja propietaria había conservado los documentos originales que habían firmado en el momento de comprarlo nuevo, por estrenar. Les ofrecí mil cien dólares y aceptaron. Mia y yo lo bautizamos Perla, el desenlace luminoso de una negra situación.

Perla se hizo cargo razonablemente bien de nuestros desplazamientos diarios y el alivio de poder disponer de él redujo enormemente mi nivel de estrés. Mi agenda de trabajo seguía llena, afortunadamente, y era una buena evasión. Cuando tenía una tarde libre, la ocupaba con un encargo privado. Había empezado a anunciar mis servicios de limpieza en los grupos de madres de Facebook, en vez de en Craigslist, cuando comencé a recibir demasiadas respuestas en las que me pedían que hiciese el trabajo desnuda o con un uniforme sexi. La primera vez que me ocurrió, el hombre lo presentó como si quisiera ayudarme. Como si limpiar casas ajenas no fuese ya suficientemente degradante de por sí.

Una vez deducido el gasto de gasolina para desplazarme hasta el lugar de trabajo, lo que cobraba de Classic Clean era poco más de la mitad de la paga por hora que conseguía por mi cuenta. Después de la anulación sufrida en la Casa de los Fines de Semana, intenté reducir mis desplazamientos a cuarenta y cinco minutos como máximo y dejé de aceptar nuevas casas situadas fuera de ese radio. Pero Lonnie insistió para que aceptase una.

—Te compensará —me dijo—. Son personas muy agradables.

Los nuevos clientes tenían una casa grande, construida especialmente para ellos con detalles de madera trabajada y rocas de río. La limpié solo unas cuantas veces y pensaba en ella como la Casa Afectuosa. Para llegar hasta allí, tenía que subir por una carretera estrecha y sinuosa de un solo carril, flanqueada de altos árboles de hoja perenne. La casa estaba situada en lo alto de una colina y desde allí podía ver las tierras de cultivo que albergaba el valle a sus pies. El matrimonio estaba en casa cuando yo iba a limpiar. La nevera y los estantes estaban llenos de fotos de su hija, ya adulta, y sus criaturas. Junto a la cocina había un dormitorio permanentemente preparado para acoger su visita.

El marido salió a recibirme a la puerta, dispuesto a ayudarme a transportar mi material de trabajo. Un perro golden retriever lanudo me saludó meneando la cola y olfateó mis pies. Me quité los zapatos y le sonreí a la esposa, que me devolvió la sonrisa desde su sillón, que raras veces la vi abandonar. Lonnie, al explicarme cuál era la situación en la Casa Afectuosa, me había dicho que el marido estaba dedicado plenamente a cuidar de su esposa largo tiempo enferma. Pensé que debía de ser cáncer u otra dolencia grave, quizás terminal. El televisor estaba siempre encendido y resonaba con la tertulia del Doctor Oz o algún programa de consejos de bricolaje. Pero cuando ella decía algo, el marido se apresuraba a bajar el volumen. A mí me costaba entenderla; hablaba muy bajito y farfullaba las palabras. El marido le daba el almuerzo y después la acompañaba hasta el cuarto de baño del vestíbulo.

Durante sus años de matrimonio habían viajado mucho juntos y habían optado por tener a su hija más tarde de lo habitual. Los estantes de su sala de estar exhibían hileras de tambores, tallas de madera, figuras de elefantes esculpidos en piedra y libros de montañismo. Siempre que el marido hablaba de su vida, le preguntaba cariñosamente a su esposa si recordaba aquel episodio feliz. Cuando ella respondía afirmativamente, él sonreía con tanta gentileza y afecto que yo les envidiaba un poco su vida.

La primera vez que limpié su casa, estuve más rato de lo esperado. La cocina y el cuarto de baño no se habían limpiado a fondo desde hacía mucho y me llevó más rato fregar las superficies. Al acabar, me puse la chaqueta y me detuve un momento para saludar desde lejos a la mujer, que estaba sentada en su sillón. Ella me indicó que me acercase y alargó el brazo para cogerme una mano. Luego con la otra, puso en ella un billete de diez dólares.

—Esto es más de lo que me pagan por una hora —le dije, asombrada de haber dejado escapar esa información—. Es casi más del doble.

Ella sonrió y yo murmuré unas palabras de agradecimiento mientras me dirigía hacia la puerta. Antes de llegar al umbral, emocionada por lo ocurrido, me volví para decirle:

—¡Esta noche le compraré a Mia una Happy Meal en el McDonald's!

Los dos sonrieron y compartimos unas risas ante mi comentario.

Cuando cogí mis cosas, el marido corrió hacia mí e insistió para que saliera por el garaje para resguardarme de la lluvia, que había empezado a caer más fuerte. Cargamos la bandeja con los productos de limpieza, los trapos limpios y la bolsa con los trapos usados que tendría que lavar ese fin de semana en la parte trasera de mi coche y él me pidió que lo siguiera hasta el fondo del garaje.

—Ya no recibimos visitas a menudo —me dijo y me dio una galleta para que se la ofreciera al perro. Intentando no ruborizarme al oír que me consideraba una visita, me interesé por la moto que estaba aparcada junto a la pared del fondo. Sonrió y me dijo que su hija había pasado una semana allí en verano para que él pudiera hacer su excursión anual en moto con algunos amigos, siguiendo la costa.

Ambos permanecimos en silencio, escuchando las palabras no dichas. Habría querido preguntarle por su esposa, saber cómo era su vida, cómo se las arreglaba él para mantener la alegría y la serenidad en medio de todo. En vez de decírselo, reconocí que yo también desearía poder hacer un viaje.

—Aunque solo fuesen un par de días sería agradable —comenté en un arranque poco habitual en mí. Nunca comentaba con mis clientes el esfuerzo que suponía limpiar sus casas por una paga exigua.

—Ah, ¿en serio? —dijo él con sincero interés—. ¿Y a dónde le gustaría ir?

—A Missoula, en Montana —respondí mientras acariciaba al perro y pensaba cuánto le gustaría a Mia tener uno exactamente igual algún día—. Soy de Alaska y me parece la segunda mejor opción.

—Lo es —dijo él con una sonrisa—. Un paisaje hermoso. Increíblemente despejado. Es cierto lo que dicen de que el cielo es más grande allá.

Yo también sonreí mientras dejaba que me inundase la visión, el sueño de estar allí.

—Espero tener la oportunidad de visitarlo algún día —dije.

Él asintió con la cabeza y después me dijo que me pusiese en camino para ir a buscar a mi hijita. Lo saludé con la mano mientras hacía marcha atrás. Estar en su casa me había hecho sentir testigo del amor más auténtico. Tenían tanto que se derramaba a través de la puerta abierta de su garaje.

Esa casa era una anomalía tan grande que durante el trayecto de regreso a casa ya empecé a suspirar al recordarla. Entre semana, una soledad embotadora llenaba la mayoría de mis días. Estaba continuamente sola, mientras conducía, mientras trabajaba, cuando me quedaba levantada hasta tarde para terminar los trabajos para mis clases. La única excepción eran las dos horas que pasaba cada noche con Mia mientras cenábamos, la bañaba y le contaba un cuento antes de acostarla. Mi tutor en el Centro de Formación Superior del Valle de Skagit me miró asombrado cuando le dije que era madre soltera y trabajaba a jornada completa. «Lo que te propones hacer es prácticamente imposible», me dijo, refiriéndose a los cursos para los que me había matriculado, sumados a todas mis demás responsabilidades. Después de la entrevista, me dirigí al aparcamiento y me quedé un largo rato sentada en el coche sin arrancar el motor.

Pero los trabajos que tenía que hacer en casa no eran difíciles, solo tediosos. Tenía que completar asignaturas troncales, como Matemáticas y Ciencias, que los centros de enseñanza superior exigían y por las que había que pagar la matrícula para obtener un título. Me habían convalidado algunos de los créditos de los cursos que había estudiado con veinte años ya cumplidos, pero me faltaban las asignaturas de Educación Física y Comunicación, que en ambos casos hice telemáticamente, sentada frente a mi ordenador, sola, en condiciones total y absolutamente contradictorias.

Cuando no conseguía acabar los deberes durante la semana, me ponía al día los fines de semana que Mia iba a casa de Jamie. Entonces podía adelantar trabajo. Cada asignatura se confundía con la siguiente. Me había matriculado en un curso de antropología y en otro de meteorología y toda la información se me borraba de la cabeza en cuanto completaba el examen con material de consulta. No parecía razonable dedicar tanto tiempo, dinero y energías a estudiar. Al principio, el final queda muy lejos. Y yo ni siquiera sabía cuál sería ese destino final. Solo sabía que para llegar hasta allí tenía que redactar trabajos sobre la denominación de los diferentes tipos de nubes. Y también mentir sobre mi programa de ejercicio físico.

Esos largos fines de semana que me quedaba en casa sin Mia, sentada frente a la mesa circular de nuestra cocina, rodeada de fichas con mis deberes, no podía evitar pasarme largos ratos ensimismada mirando hacia las ventanas. Cada cristal quedaba cubierto de una fina capa de vaho que, cuando estábamos en casa, limpiaba varias veces al día, mientras me decía que la única diferencia entre el «exterior» y el «interior» eran unos pocos grados de temperatura y un viejo cristal.

Con la llegada del tiempo brumoso, iniciaba una batalla persistente contra el moho negro que nos enfermaba a Mia y a mí. Su nariz parecía gotear constantemente. Yo tosía como si trabajase en una mina de carbón, a veces hasta tener arcadas. Una vez, aterrada después de intentar autodiagnosticarme consultando mis síntomas en Internet, cogí el coche y fui a urgencias. Tenía las amígdalas tan hinchadas que no podía mover la cabeza y temía que fuese meningitis. Pasadas dos semanas, recibí una factura de doscientos dólares por la entrevista de pocos minutos con un médico. Furiosa, llamé al departamento de contabilidad del hospital, dispuesta a no pagar nada, sin importarme las consecuencias para mi solvencia crediticia. Después de rellenar varios formularios, por fin logré convencerles para que me rebajaran la factura, acogiéndome a un programa para pacientes con bajos ingresos que tenía el hospital. Solo había que telefonear y solicitarlo. Siempre me llamó la atención que nadie mencionase la existencia de esos programas. Los departamentos de contabilidad solo ofrecían la posibilidad de telefonear para obtener información sobre facilidades de pago, pero sin indicar que podían reducir hasta en un ochenta por ciento la factura.

Cuando el mal tiempo te obliga a quedarte en casa, también te ves forzada a prestar atención al espacio que consideras tu hogar. Pensaba en mis clientas o clientes que vivían solos. Los imaginaba deambulando por las habitaciones vacías, con las franjas trazadas por la aspiradora sobre la moqueta todavía visibles. No quería acabar viviendo como esas personas. Ya no anhelaba sus vidas, las casas que los obligaban a trabajar tanto para poderlas pagar y mantener. Había dejado de acariciar hacía tiempo ese sueño, pero, aun así, en mis momentos de mayor sinceridad, mientras quitaba el polvo a las habitaciones decoradas de rosa, con flores y muñecas, reconocía que deseaba desesperadamente lo mismo para mi hija. No podía evitar preguntarme si las familias que vivían en las casas que limpiaba podían llegar a perder en cierto modo el contacto mutuo en esas habitaciones llenas de videojuegos, ordenadores y televisores.

El estudio donde vivíamos, a pesar de todos sus inconvenientes, era nuestro hogar. No necesitaba tener dos cuartos de baños completos, un aseo y un garaje. Además, ya sabía cuánto costaba mantenerlos limpios. A pesar de las características del lugar, me despertaba cada mañana rodeada de cariño. Y yo estaba allí. En ese pequeño cuarto. Estaba allí presente observando las piruetas de Mia y sus muecas, disfrutando intensamente cada instante. Nuestro espacio era nuestro hogar porque allí nos queríamos.

22
Vida apacible con Mia

Cuando bajó la temperatura, acostada en mi cama por las noches, contemplaba el techo y me mordía los labios angustiada cada vez que oía ponerse en marcha los radiadores. Mia y yo dormíamos juntas en mi estrecha cama individual para darnos calor. Colgaba mantas y sábanas sobre las ventanas para que no se colase el frío. Cerraba las puertas correderas de la zona del dormitorio y hacíamos vida en el pequeño cuarto que nos servía de sala de estar y cocina, aproximadamente del tamaño de la mayoría de los cuartos de invitados o despachos que solía limpiar. Por las noches desplegaba el sofá de dos plazas y nos acostábamos allí. Mia brincaba encima entusiasmada por lo que llamaba una fiesta de pijamas. Estábamos un poco más anchas, pero de todos modos ella dormía acurrucada contra mi espalda con un brazo sobre mi cuello y el aliento calentándome la piel entre las paletillas. Por las mañanas, cuando sonaba mi despertador y empezaba a parpadear en la oscuridad, me tumbaba de espaldas para estirar el cuerpo y Mia se me abrazaba al cuello y después acercaba una mano a mi mejilla.

Una noche, después de Navidad, la lluvia fría se trocó en copos de nieve del tamaño de monedas de un cuarto de dólar que formaron una capa de varios centímetros sobre el suelo. Mia y yo nos quedamos levantadas para contemplar la nieve hasta mucho después de su hora habitual de acostarse, a sabiendas de que la mañana siguiente no podríamos coger el coche para ir a ninguna parte. Mia se puso su traje de nieve y, bajo la luz de la farola, estuvo modelando ángeles de nieve en el patio, mientras yo medía el grosor de la capa que se había acumulado sobre el capó de Perla:

treinta y cinco centímetros. No había visto una tormenta de nieve como esa desde que vivía en Alaska.

La mañana siguiente, Pam me telefoneó para decirme que me quedara en casa. No quería correr el riesgo de que me quedase atascada durante el trayecto entre una casa y otra. Allí, en el noroeste, casi todo cerraba cuando caían solo unos pocos centímetros de nieve. Incluso la autovía que pasaba por debajo de nuestro apartamento estaba silenciosa, con unos pocos coches dispersos aparcados en los arcenes, abandonados por sus conductores.

Mia se vistió enseguida, sin quejarse porque sus pantalones de nieve todavía estuvieran húmedos de la noche anterior, y me preguntó cuándo podríamos salir. Un antiguo profesor mío que vivía cerca me envió un mensaje a través de Facebook para preguntarme si necesitaba un trineo. Él tenía uno grande, con una cuerda y todo, y podía dejármelo frente a la entrada. Cuando se lo dije a Mia, empezó a dar brincos.

—¿Podemos ir ya? ¿Ahora mismo?

Dudé un instante. Cada fibra de mi cuerpo anhelaba un sofá donde poder desplomarme, infinidad de tazas de té, un par de calcetines de lana y, si me permitía soñar de verdad, un fuego encendido, con libros para leer y un perro acurrucado a mis pies.

—Está lejos. Tendremos que caminar mucho —le dije a Mia, a sabiendas de que no le importaría. Su entusiasmo no habría menguado aunque le hubiera dicho que tendríamos que caminar todo el día.

Era una buena caminata para una niña de tres años: un kilómetro y medio cuesta arriba con la nieve que le llegaba a los muslos. Tuve que cargármela a la espalda la mayor parte del camino. En mitad del recorrido hasta el porche de entrada donde nos estaba esperando nuestro nuevo trineo, tuve que parar un rato. Al volver la mirada atrás, divisé toda la ciudad cubierta por un grueso manto de nieve y de silencio.

Mia y yo pasamos casi toda la mañana fuera. Tuve que cruzar todo el barrio arrastrando el trineo con ella tumbada sobre la barriga, con la boca llena de nieve. No paraba de ver indicios del paso de las máquinas quitanieves por las calles principales y empecé a preguntarme si llegarían hasta la nuestra. Nuestra casa estaba situada en la esquina de una callejuela, en el punto más bajo de la misma. Todos los caminos de salida eran cuesta arriba. Perla era un cochecito minúsculo con ruedas casi del mismo tamaño que las del vagoncito rojo en el que a veces paseaba a Mia. No tenía neumáticos para la nieve y ni siquiera cadenas, y de todos modos tampoco podía permitirme ese gasto.

Después de un día de sol que calentó la nieve, por la noche la temperatura descendió bajo cero y el día siguiente siguió siendo muy baja. Nuestra calle quedó recubierta de una gruesa capa de hielo. Observé el intento fallido de mis vecinos de sacar el coche subiendo la cuesta. Otra jornada de trabajo perdida. Quizás podría dejar de pagar la cuota de la tarjeta de crédito ese mes o retirar dinero a crédito e ingresarlo en mi cuenta para cubrir el pago. Estábamos a mitad de mes, de modo que ya había pagado la mayoría de las facturas, pero no volvería a cobrar hasta dentro de quince días y entonces me tocaría volver a pagarlo todo. Y con el mal tiempo, ingresaría un centenar de dólares menos.

Pasamos la mayor parte de esos días de la nevada en la sala de estar y la cocina. En la zona del dormitorio hacía tanto frío que podíamos ver las ventanas escarchadas a través del cristal de las puertas correderas y Mia se ponía el abrigo cuando quería entrar a buscar algún juguete. Como nuestro televisor solo captaba las cadenas locales, Mia se dedicó a ver una y otra vez sus DVD preferidos. El de Hello Kitty bailarina, con sus voces chillonas, acabó dándome dolor de cabeza. Por fin, pudimos apagarlo y sustituirlo por las acuarelas.

Mia estuvo pintando mientras yo la contemplaba con aprobación o le leía cuentos. No solía tener mucho tiempo libre para pasarlo con ella; de costumbre, solo estábamos juntas un fin de semana cada quince días, cuando no iba a casa de su padre. En ausencia de dinero que poder gastar, tenía que ingeniármelas para mantenerla entretenida, con su cuerpo inquieto y su mente despierta. Cuando llovía, no podíamos permitirnos pagar la entrada del Museo Infantil y ni siquiera ir al rincón de juegos del McDonald's para que pudiera quemar energías. Tampoco disfrutábamos del zoológico o el parque acuático los días soleados.

A veces, el mero hecho de encontrarme caminando por la acera detrás de una familia con dos progenitores actuaba como desencadenante de un sentimiento de vergüenza por estar sola. Tomaba nota de todos los detalles: todos vestidos con ropas que yo jamás podría permitirme comprar, una bolsa con los pañales cuidadosamente cargada en un caro cochecito de *jogging*. Esas madres podían pedir cosas que a mí me estaban vedadas: «¿Puedes llevar esta bolsa, cariño?», o: «¿Puedes coger a la niña en brazos un momento?». La criatura podía pasar de unos brazos a otros. Infinidad de veces había tenido que hacer caminar a Mia porque mis brazos ya no tenían fuerzas para seguir llevándola a cuestas.

El primer día de la nevada, intenté silenciar mis voces interiores culpables y avergonzadas, que no dejaban de preguntarse si Mia no habría tenido una vida mejor al lado de otra persona, si la decisión de traerla al mundo no habría sido un error. Con la barbilla recostada sobre una mano, la observé mientras pintaba otra cara sonriente. Las dos llevábamos sudaderas y dos pares de calcetines. El ambiente olía a escarcha.

Aquellos meses, mi corazón sufrió más que de costumbre por mi hija al ver las dificultades que tenía para efectuar la transición cada vez que iba a casa de su padre. Las tres horas que tenía que conducir esos domingos para ir a buscarla y traerla de regreso a casa se habían convertido en una tarde de tensión contenida y terror para ambas. Durante casi todo el último año, cuando iba a buscarla, dormía la mayor parte del camino, agotada tras un fin de semana de visitas con su padre, empeñado en exhibirla ante sus amigos para demostrar lo buen padre que era. Otras veces lloraba reclamando a Jamie, una reacción que me desgarraba y a la vez me llenaba de indignación. Esas tardes lamentaba más que nunca mi decisión de quedarme en Washington. La pobreza era como un charco de lodo maloliente que se adhería a nuestros pies y se resistía a soltarnos.

El último domingo antes de la tormenta, Mia me había estado gritando durante todo el trayecto de regreso a casa, noventa minutos seguidos desde el embarcadero del ferri hasta nuestro apartamento. Nunca conseguí averiguar qué había ocurrido, qué le había dicho él para que estuviera tan furiosa. Aquella tarde, estuvo chillando con gritos primigenios, animales, casi como el que había emitido tras la operación.

—Te odio —repetía dando puntapiés—. ¡Quiero matarte! ¡Quiero que te mueras!

Su padre aprovechaba cualquier oportunidad para manipularla y hacerle creer que yo la mantenía apartada de él, mientras le decía que estaba muy triste por no poder tenerla a su lado en su casa. Si de verdad hubiera querido tenerla más, habría podido intentarlo. Como mínimo, se habría preocupado de que tuviera su propia habitación allí. Pero eso ella no lo sabía. Lo que él quería era que Mia anhelase estar con él. Le gustaba verla llorar por él. Cuando solo tenía un año, regresaba a mi lado inconsolable y tenía que acunarla durante horas, con el cuerpecito rígido de rabia y angustia, mientras chillaba y lloraba desconsolada hasta quedarse exhausta y sin voz. Y yo solo podía tenerla en brazos, mientras anhelaba más que nadie que pudiera encontrar cobijo en un lugar seguro.

La tarde de la tormenta, varadas en nuestra cápsula nevada, fui feliz bebiendo mi té y mi café y oyendo canturrear a mi hija mientras mojaba el pincel en un nuevo color. Mia era demasiado pequeña para ser capaz de verbalizar sus sentimientos de pérdida, confusión, tristeza, añoranza y enfado, pero saberlo no me hacía más llevaderas las tardes en que ella estallaba furiosa. Mi instinto siempre me impulsaba a abrazarla, pero eso solo la hacía retorcerse y chillar más fuerte. A veces yo también le chillaba. Estoy segura de que mis vecinos debían de oírlo todo con preocupación a través de las delgadas paredes del apartamento. En momentos como ese, no sabía qué hacer. No tenía a quién recurrir, no podía llamar a mis padres, no tenía acceso a ningún servicio de asesoramiento, ni a una terapeuta, ni aunque solo fuese a un grupo de madres. Le había exigido a mi hija que fuese resiliente y aprendiese a capear una vida en la que iba pasando del cuidado de una persona a otra, y ella chillaba angustiada bajo esa carga. ¿Cómo podría entender la rabia de mi hija una madre que no trabajaba fuera y se quedaba en casa con sus criaturas, que tenían pataletas por motivos normales?

Y no es que no hubiera intentado relacionarme con gente. Aquel otoño, en la guardería de Mia habían celebrado un encuentro de madres y padres, algo así como una cena a la que cada uno llevó algo para compartir, y yo me quedé un rato para charlar. La mayoría de los niños y niñas de la edad de Mia que iban al parvulario tenían un padre y una madre. Todos se arremolinaban alrededor de la abuela Judy dejándose empapar por su jovialidad. Me había quedado sola mientras Mia correteaba, entrando y saliendo con un grupo de críos, y desde donde estaba alcancé a oír los comentarios de un par de mujeres que tenía cerca, que se quejaban de sus maridos. No pude evitar volverme a mirarlas y ellas no pudieron evitar darse por enteradas de que las había oído.

—¡Es tan duro estar sola! —me dijo la que había estado escuchando las quejas de su amiga. Asentí con la cabeza mientras extendía forzadamente las comisuras de los labios para esbozar algo parecido a una sonrisa.

—Tú eres madre soltera, ¿verdad, Stephanie? —dijo la otra—. Mi amiga acaba de vivir un divorcio espantoso y está pasando un mal momento. ¿Conoces alguna organización que pueda ayudarla?

—Hum, sí, claro —respondí mientras lanzaba una mirada nerviosa a mi alrededor.

Tres mujeres estaban de pie en torno a la mesa contigua, con pequeños platitos con bastoncitos de zanahoria y trocitos de brócoli aderezados con salsa ranchera en la mano. Todas se habían vuelto a mirarme. La única madre soltera. Balbuceé el nombre de un par de programas de apoyo a la nutrición y de atención a la infancia.

Una de las madres, una mujer bajita con una media melena castaña y la cara redonda, irguió la cabeza y tomó aire por la nariz.

—Cuando Jack perdió el empleo, el invierno pasado, los tres tuvimos que irnos a vivir a casa de mis padres, ¿recuerdas? —dijo y le dio un ligero codazo a la mujer que tenía a su lado—. ¿Ese cuartito minúsculo con la camita de Jill pegada a la pared? Me sentí como si nos hubiésemos quedado en la calle. ¡Nos habíamos quedado en la calle! —La amiga a quien había dado el codazo asintió con cara de pena—. Pero gracias a Dios habíamos ahorrado para posibles emergencias.

Otra mamá hizo un gesto de asentimiento. Todas volvieron a mirarme esperando un comentario. Bajé la vista hacia el plato de patatas fritas con una salchicha fláccida, ya olvidado, que guardaba para Mia. Por mi parte, había decidido no comer nada, puesto que tampoco había llevado nada. No tenía la menor idea de qué podría decirles. ¿Cuál sería su reacción si les describiese la habitación donde vivíamos Mia y yo? Si supiesen que no podía proporcionarle un hogar ni alimentos y aceptaba limosnas para poder mantener el pequeño espacio que ocupábamos. Lo más frustrante de depender del sistema era la forma en que parecía penalizarme cuando conseguía mejorar un poco mi vida. En un par de ocasiones, mis ingresos habían superado en unos pocos dólares el límite establecido y había perdido varios cientos en prestaciones. Al trabajar como autónoma, estaba obligada a declarar mis ingresos cada pocos meses. Si ganaba cincuenta dólares adicionales, mi copago de la guardería aumentaba en la misma cantidad. A veces eso podía suponer perder por completo la beca de guardería. El sistema me tenía atrapada en el fondo del pozo, sin un plan para poder salir de él.

Una de las mamás del grupo preguntó quién se acababa de divorciar y volvieron a refugiarse en su cómodo chismorreo, lo cual me brindó una oportunidad para marcharme discretamente.

A lo mejor también se sentían un poco como yo. Quizás se sentían más solas en su matrimonio de lo que yo suponía. A lo mejor todas anhelábamos algo que ya no esperábamos poder alcanzar algún día.

Pensé en las rabietas de Mia, en el accidente de coche en el que casi la había perdido, en el frío que nos obligaba a llevar abrigo en casa porque no podíamos permitirnos poner la calefacción más alta. En los fines de semana completos que pasaba sin ella, limpiando váteres y fregando suelos.

Aquel invierno, tomé otra decisión y comencé a escribir mi diario virtual con un nuevo propósito. Hasta aquel momento, mi blog había estado dedicado a narrar mis dificultades y esfuerzos que no sabía a quién confiar. De vez en cuando, describía algún momento hermoso, sereno, de admiración por la vida que llevábamos Mia y yo. Decidí que, en adelante, me centraría exclusivamente en ese aspecto y cambiaría el tema de fondo de nuestra vida. Lo titulé *Still Life with Mia* (Vida apacible con Mia). Quería captar esos momentos —como el que estaba viviendo justo entonces, sentada frente a nuestra mesa, absorta en mis pensamientos mientras la observaba pintar— para mantenerlos vivos en mi memoria.

El diario virtual se convirtió en el balón de oxígeno que tanta falta me hacía, un lugar donde depositar palabras e imágenes, un recurso para superar el estrés y el temor que acosaban mi vida y centrar la atención en lo que más amaba: mi hija y la escritura. Fotografié la expresión maravillada de la cara de Mia. Esos breves segundos eran los que me hacían sentir que había estado a su lado, apoyándola, más incluso de lo que en realidad lo había hecho.

No era esa la vida que deseaba para nosotras, pero de momento era la que teníamos. «No siempre será igual». Tenía que repetírmelo continuamente o de lo contrario me habría carcomido el sentimiento de culpa por llamar hogar a ese cuarto, por decirle a mi hija que eso era lo que había, ya fuese un espacio o la comida. Deseaba tanto que ella pudiera tener una casa con un jardín trasero vallado y un patio o un sendero hormigonados para jugar a la rayuela. Siempre que jugaba con ella a «imaginar la casa de nuestros sueños», Mia decía que quería tener un cajón de arena y columpios como los que había en la escuela. Visualizar nuestro destino, el lugar donde viviríamos y lo que haríamos parecía ser tan importante para ella como para mí.

Esa era la primera etapa de nuestro viaje. El inicio. Sentada frente a esa mesa, sentí detenerse el tiempo un instante, lo que ella tardó en trazar una pincelada. Un momento cálido para ambas. Nos teníamos la una a la otra, teníamos un hogar y nos unía la forma más intensa, más profunda de amor. Pasábamos tanto tiempo afanándonos para completar una tarea y pasar a la siguiente, para seguir adelante y salir a flote y luego volver a empezar, que no quería olvidarme de inhalar profundamente los minúsculos instantes de belleza y serenidad.

Pam me llamó esa tarde y cogí el teléfono en el lugar donde estaba, sentada frente a la mesa de la cocina, contemplando la nieve al otro lado de la ventana.

—¿Puedes salir? —me preguntó con un dejo de inquietud o de tenue esperanza en la voz.

—Hace un rato intenté mover el coche —le dije poniéndome de pie para abrir las puertas cerradas de nuestro dormitorio y mirar por la ventana—. Rodó desde el lugar donde estaba aparcado hasta la calle y a partir de ahí las ruedas empezaron a patinar sin moverse de sitio. —Meneé la cabeza como buena antigua alaskeña en todos los sentidos de la palabra—. Mi vecino tuvo que salir a ayudarme para intentar volver a empujarlo hasta donde lo tenía aparcado, pero no lo conseguimos.

Rasqué la escarcha del cristal. Había tenido que dejar a Perla donde estaba, con el parachoques rozando la calzada. No se esperaba que la ola de frío se disipase hasta dentro de otro par de días. Aunque la mayoría de las carreteras principales estaban transitables, muchas de las personas para quienes trabajaba vivían en lugares apartados en medio de los bosques o en las colinas. Si me quedaba atascada, corría el riesgo de no poder llegar a tiempo para recoger a Mia y no tenía a nadie a quien poder recurrir en caso de apuro.

Por un instante, me pregunté si Pam me despediría por no poder ir a trabajar. Nunca había perdido tantos días de trabajo y esos antecedentes eran, al menos, un punto a mi favor. Pero durante unos segundos, me fue indiferente. Detestaba ese trabajo casi tanto como detestaba tener que depender de él. Detestaba necesitarlo. Detestaba tener que dar gracias por tenerlo.

—Recuperaré las horas —le dije a Pam.

—Sé que lo harás, Steph —me respondió y después colgamos.

Rasqué un poquito más la escarcha del cristal. Mia había vuelto a encender el televisor. Mi aliento formaba pequeñas nubecitas. Cuando alargué la mano para apartar de la ventana algunos de los animalitos de peluche de Mia, trocitos congelados de su falso pelaje quedaron adheridos al cristal.

Afuera, el cielo comenzaba a oscurecer por el horizonte. Decidí hacerle a Mia tortitas para cenar esa noche, con una pequeña cucharadita de helado con pepitas de chocolate a la menta. Para mi cena, escogí un paquete de fideos *ramen* con un par de huevos duros y el resto del brócoli congelado. Mia se bañó y, mientras tanto, yo estuve escribiendo en mi diario virtual bajo el nuevo título y colgué varias fotos de nuestra caminata entre la nieve para ir a buscar el trineo. Mia tenía las mejillas encendidas y el pelo le asomaba por debajo del gorro justo lo suficiente para formar una orla de rizos mientras lamía con cuidado la nieve que había quedado adherida en la punta de su manopla rosa. Todo estaba sumamente quieto y callado. Solo se oían nuestras pisadas aplastando la nieve.

Mia había alineado alrededor de la bañera su colección de Pequeños Ponis, una herencia de segunda mano, regalo de una amiga.

—Ya estoy, mamá —me llamó y la cogí en brazos, todavía cubierta de burbujas de jabón, su piel sonrosada tras el contacto con el agua caliente, para dejarla de pie sobre la toalla que había extendido encima de la tapa del váter. Ya empezaba a pesar bastante. Había transcurrido mucho tiempo desde que era un pequeño bebé en mis brazos.

Aquella noche, dormimos en el sofá cama por segunda semana consecutiva. Mia empezó a dar brincos excitada ante la perspectiva de otra fiesta de pijamas conmigo y otro visionado de *Buscando a Nemo*.

Se durmió en mitad de la película. Me levanté para bajar la calefacción. Todavía tardaría otras tres horas en dormirme y comencé a desear una copita de vino o incluso una taza de café descafeinado, algo que me hiciera entrar en calor. Como alternativa, volví a acostarme junto al cuerpo cálido de Mia, me quedé allí sintiéndola respirar y palpitar en sueños hasta que, por fin, también caí dormida.

PARTE III

PARTE III

23

Hazlo mejor

—¿E-mi-liaaa? —dijo la enfermera.

Desplacé el hombro bajo la cabeza de Mia para despertarla.

—Es ella —dije, mientras me incorporaba y cogía a mi hija en brazos—. La llamamos Mia.

La mujer no manifestó haber oído lo que acababa de decirle ni reaccionó de ningún modo ante el hecho de que yo hubiese optado por llevar en brazos a mi hija de tres años. Se limitó a indicarnos que la siguiésemos. Tras una breve parada para pesar a Mia en una báscula, volvimos a sentarnos en otra silla.

—¿Qué le pasa a la niña? —preguntó la enfermera sin mirarme, con toda la atención concentrada en la ficha.

—Mi hija ha estado tosiendo mucho por las noches desde hace ya una semana —empecé a explicarle mientras intentaba recordar cuánto tiempo hacía que estaba enferma, cuántas veces la había llevado a la guardería cuando debería haberse quedado en casa—. Creo que puede ser sinusitis o una alergia, tal vez. A veces se le enrojecen mucho los ojos y se queja de un fuerte dolor de oídos.

La enfermera, una mujer corpulenta de modales bruscos, continuó ignorándome a su manera, pero se volvió a mirar con lástima a Mia, que estaba sentada en mi falda.

—Oh, bonita, ¿te duelen los oídos? —le preguntó con voz aniñada.

Mia asintió con la cabeza, demasiado exhausta para manifestar timidez o resistencia. Dejó que la mujer le tomara la temperatura y le colocara un objeto de plástico sobre un dedo para medir sus pulsaciones y el nivel de oxígeno en la sangre. Después nos quedamos esperando. Recosté la cabeza contra la pared y cerré los ojos intentando no pensar en las horas de trabajo que estaba perdiendo. De nuevo me tocaba ir a la Casa de las Plantas, cuya dueña, según me dijo luego Lonnie, se había molestado tanto con el último cambio que había estado a punto de anular el servicio. Mia volvió a toser con un gañido gutural. Era demasiado pequeña para darle jarabe para la tos, que además, en cualquier caso, seguramente tampoco hubiera podido pagar. Cada noche se despertaba un par de veces llorando y lamentándose, con la mano apretada contra la cabeza, e incluso dormida, tosía.

La pediatra que abrió la puerta no era la que nos atendía habitualmente porque era una visita de urgencia que había pedido esa misma mañana. Era una mujer más bajita, de aspecto juvenil y un poco masculino, con el pelo negro peinado en una melenita corta como la de Mia.

—Muy bien —consultó la ficha entornando los ojos—. Hola, Mia.

«O sea, que la enfermera sí que ha prestado oídos a lo que le he dicho», pensé y Mia levantó la cabeza al oír su nombre.

—Puede sentarla aquí —dijo la doctora y me indicó la camilla forrada de papel. Estuvo observando la cara de Mia mientras yo hablaba y después le miró los ojos.

—¿Su vivienda reúne condiciones? —me preguntó. La pregunta me incomodó y tuve que hacer un esfuerzo para no sentirme increíblemente dolida y ofendida. La doctora podría haber preguntado: «¿Están bien instaladas en el lugar donde viven?», o «¿Hay algún motivo que pueda explicar las frecuentes enfermedades de la niña?», o «¿Viven con algún animal de compañía?», o lo que fuera, sin necesidad de inquirir directamente sobre nuestras condiciones de vida. Como si viviéramos en un… y entonces pensé en el lugar donde vivíamos y bajé la cabeza.

—Vivimos en un estudio —dije quedamente, como confesando un secreto, temerosa en parte de que la doctora pudiera avisar a los servicios de protección a la infancia si reconocía cuáles eran las verdaderas condiciones del lugar donde vivíamos—. En los alféizares de las ventanas se forma mucho moho negro, que reaparece continuamente. Creo que viene del sótano. Hay una chimenea de ventilación que llega hasta la altura de nuestro dormitorio y a través de ella se puede ver la suciedad del suelo.

La doctora había dejado de examinar a Mia y permanecía de pie frente a mí con las manos cruzadas delante. Llevaba un reloj de pulsera pequeñísimo con una correa negra.

—Hay muchas ventanas. —Bajé la vista al suelo—. Me cuesta mucho mantener caliente y seco ese espacio.

—El propietario está obligado legalmente a hacer todo lo posible para eliminar el moho —dijo la doctora—. Su hija tiene una infección en el oído —murmuró meneando la cabeza, casi como si fuese culpa mía.

—El dueño mandó a limpiar las alfombras —recordé entonces—. Y pintó todo el estudio antes de que entrásemos a vivir allí. No creo que esté dispuesto a hacer nada más.

—Entonces tendrá que cambiar de casa.

—No puedo —repliqué y posé una mano sobre la pierna de Mia—. No puedo pagar otro sitio.

—Pues ella necesita que mejore su situación —sentenció la doctora, con el mentón apuntando hacia Mia.

Incliné la cabeza en señal de asentimiento, sin saber qué responder.

Miré las manitas de Mia que reposaban sobre su regazo con los dedos entrelazados, todavía regordetas, con hoyuelos en vez de nudillos. Cada vez que abría la puerta de nuestro apartamento sentía el peso de mis insuficiencias como madre, pero este era nimio comparado con la vergüenza que me quemó por dentro en aquel momento.

Llevé a Mia en brazos hasta el coche. Necesitaba sentir el peso de su cabeza sobre mi hombro y el cosquilleo de su pelo bajo la nariz. La pediatra nos había dado una receta para otra tanda de antibióticos y un volante para acudir al especialista que le había puesto los tubos de ventilación en los oídos hacía ya casi un año.

Cuando fuimos a la consulta del especialista al cabo de un par de días, nos hicieron pasar a una sala con una larga mesa marrón acolchada. Tras varios minutos de espera, el especialista entró presuroso, de nuevo sin apenas saludarnos, y dijo:

—Puede dejarla aquí, en esta mesa.

Me levanté con Mia, que había estado sentada en mi regazo, todavía en brazos y la senté encima de la mesa.

—No, acuéstela —dijo él, volviéndonos la espalda para hurgar en sus cajas de instrumentos—. Necesito que la cabeza esté bajo el foco.

Mia me miró con los ojos muy abiertos.

—No te preocupes, Mia —le dije—, solo te examinará el oído.

Era difícil hablarle con sinceridad con el especialista afanándose a mi lado.

Este llamó a una enfermera para que lo ayudase y después se volvió hacia mí con un suspiro forzado. Se sentó junto a la mesa en un taburete con ruedas e introdujo rápidamente un instrumento en el oído de Mia. Mi hija, que no podía dormir sin una dosis de ibuprofeno y se tapaba cautelosa la oreja con la mano cuando salía al aire libre, abrió la boca en un grito mudo de dolor. El especialista trabajaba deprisa; le examinó el oído y a continuación cortó un rectángulo de algodón rígido del tamaño del conducto auditivo de la niña, lo introdujo dentro y luego vertió unas gotas de un líquido.

—Ya está —me dijo—. Tendrá que ponerle las gotas de antibiótico en el oído tal como acabo de hacer yo.

—Ya está tomando antibióticos —lo interrumpí.

—¿Quiere que su hija se cure o no?

No supe cómo responderle.

—Cuando le puse esas gotas la otra vez, se mareó y se tambaleó. Tuve que sujetarla para poder ponérselas.

—Usted es su madre y tiene que hacer lo que sea necesario —replicó él, ya de pie junto a la puerta, lanzando una mirada hacia el lugar donde yo estaba sentada con la niña en brazos.

Dicho esto, abrió la puerta, salió y volvió a cerrarla tan rápido que noté la corriente de aire. Sus palabras, como las de la pediatra, se me quedaron grabadas a fuego: no le estaba dando a Mia lo que ella necesitaba.

* * *

En el valle de Skagit, la primavera recibe el nombre de estación de los tulipanes. Al principio, los campos se llenan de narcisos amarillos, iris morados y algún crocus disperso. Con el paso de las semanas comienzan a brotar tulipanes de todos los colores, que acaban alfombrando el suelo. La gente del lugar suele decir que hay más tulipanes en el valle de Skagit que en Holanda. Decenas de miles de turistas acuden a la zona, se agolpan en las carreteras secundarias, provocan atascos en las salidas de las autovías, llenan los restaurantes e invaden los parques. Sin embargo, aunque los campos de tulipanes son imponentes con sus franjas rojas, moradas, blancas y anaranjadas, nunca me gustaron demasiado esas flores.

La estación de los tulipanes marca la salida del largo invierno, pero también trae consigo humedad, lluvias y moho. Al llegar el mes de abril, los deshumidificadores de la Casa de las Plantas estaban constantemente conectados al nivel máximo y en el dormitorio apareció otro filtro de aire. Yo limpiaba con un trapo las minúsculas formaciones de moho negro que proliferaban sobre los alféizares como pequeñas arañas, consciente de que tendría que volver a hacer lo mismo en mi casa.

Mia tosía sin parar todas las noches. Algunos días, al regresar al apartamento por la tarde, se le enrojecían intensamente los ojos y se le llenaban de secreciones pringosas. Parecía evidente que el origen de nuestras dolencias era esa vivienda, el lugar que yo había escogido para vivir, con esa chimenea de ventilación que conducía hasta allí el aire de un sótano con un siglo de moho acumulado.

Más allá del continuo malestar, mis propios síntomas no me causaban mayores molestias mientras pudiera pagar algún medicamento antialérgico que no requiriera receta. Me habían hecho una prueba de sensibilidad a diversos alérgenos un año antes, cuando mi bajo nivel de ingresos todavía me permitía acceder a la cobertura de Medicaid. La prueba reveló una reacción alérgica a los perros, los gatos, ciertas hierbas y algunos árboles, los ácaros y los mohos. «Alérgenos de interior», dictaminó el médico. Acababa de empezar a trabajar para Jenny y hacía semanas que no me abandonaba la bronquitis. Me habían recetado el uso de inhaladores y pulverizadores nasales con una solución de agua con sal. Dejar el remolque de Travis —con las paredes manchadas de moho negro y gatos asilvestrados instalados debajo— había sido un gran alivio, pero todavía tenía síntomas alérgicos debido a las horas que pasaba limpiando de ácaros, caspa de gato, pelos de perro y esporas de moho las casas del otro lado del valle.

La Casa de la Amante de los Gatos me provocaba escozor en los ojos, mucosidad nasal y una tos que no paraba hasta que podía ducharme y cambiarme de ropa. Nada más llegar por la mañana, lo primero que hacía era limpiar el cuarto de baño principal. El dormitorio estaba alfombrado con una moqueta rosa y allí había dos bandejas sanitarias con arena para gatos y tres postes donde podían ejercitar sus garras. Cuatro gatos me observaban desde sus trasportines de plástico, instalados encima de la cama, mientras retiraba las bandejas sanitarias y pasaba el aspirador por el lugar que ocupaban habitualmente. Mi presencia era una molestia para ellos, pues significaba que estarían enjaulados durante todo el día. Gruñían si me acercaba demasiado.

Los días que me tocaba limpiar esa casa, tomaba una dosis doble del antialérgico que podía adquirir sin receta. Pero si se me habían acabado las pastillas, entonces me sentía como si acabara de inhalar pimentón picante. Aquellos días, entreabría las ventanas, buscando desesperadamente un alivio. Pero nunca les dije nada ni a Lonnie ni a Pam.

Aquella primavera, al hacer mi declaración de impuestos por Internet con el programa oficial de ayuda TurboTax, casi me caigo de espaldas. Una vez deducidas la desgravación por rentas del trabajo y la desgravación por una criatura a cargo, me correspondía una devolución de casi cuatro mil dólares.

—Es más de lo que gano en tres meses —murmuré entre dientes dirigiéndome a las sombras que poblaban nuestro apartamento. Me parecía imposible poder recibir tamaña cantidad. Esperé ansiosa la aceptación de mi borrador, con la sensación de estar consiguiendo algo inmerecido. Escribí en una libreta una lista de las cosas que podría hacer con ese dinero: una puesta a punto, un cambio de aceite y la sustitución de las juntas homocinéticas de mi Honda; saldar la deuda acumulada en mi tarjeta de crédito; comprar por fin estropajos y detergente para la cocina, cepillos de dientes, champú y suavizante para el pelo, espuma de burbujas para el baño, vitaminas y antialérgicos. O quizás podríamos hacer un viaje en coche.

Como mucha gente, casi todo lo que sabía sobre Missoula lo había leído en *El río de la vida*, de Norman Maclean. Quienes visitan la localidad en busca de buenos rincones para practicar la pesca con mosca pueden dar fe del interés que despierta ese relato o la película basada en el mismo. Sin embargo, en mi caso, dejé Alaska y me puse en camino rumbo a Montana, la tierra de los grandes cielos, inspirada por las descripciones de John Steinbeck en *Viajes con Charley*. Y no escogí Missoula inspirada por Maclean, sino por David James Duncan, autor de *The River Why* (El río del porqué), quien, durante una lectura en Seattle, reconoció haber vivido allí y dado algunas clases en la universidad. Lo que me impulsó a soñar con la posibilidad de despertarme una mañana de verano, coger el coche y conducir rumbo al este durante nueve horas fue, pura y simplemente, una corazonada. Un presentimiento que había acabado resonando con un zumbido constante en mis oídos. Un anhelo que albergaba desde hacía ya más de un lustro.

En Missoula, los salarios son bajos y el coste de la vivienda, elevado. Eso, al menos, ya lo sabía por las conversaciones que había tenido con gente que había estado viviendo allí pero ya no podía permitírselo. No es fácil encontrar trabajo y este no está bien pagado en una ciudad universitaria pequeña con casi setenta mil habitantes. Las familias de los chicos y chicas que allí estudian alquilan apartamentos para ellos y esto presiona al alza los alquileres en las zonas más apreciadas de la ciudad, donde incluso un apartamento de un solo dormitorio en un semisótano cuesta ochocientos dólares como mínimo. Este problema ocupaba el primer lugar en mis pensamientos cuando me planteaba la posibilidad de irme a vivir allí. Pero cuando hablaba con gente que vivía en Missoula, sus palabras denotaban un profundo aprecio por su ciudad. Quienes se habían trasladado allí decían que, a pesar de haber renunciado a un buen sueldo o a cobrar un salario comparable al que tenían, la oportunidad de vivir en Missoula había merecido la pena.

Quería saber por qué Steinbeck había descrito ese lugar con tanto cariño. Por qué Maclean afirmaba que el número de bastardos iba rápidamente en aumento a medida que uno se alejaba de

Missoula (Montana). La gente hablaba de ese lugar como de un helado sensacional que una ha saboreado solo una vez durante unas vacaciones y jamás ha vuelto a encontrar, sin saber ya con certeza si fue un sueño o una realidad.

La noche que recibí en mi cuenta la devolución de Hacienda, fuimos a cenar al Red Robin y dejé que Mia pidiera un batido de chocolate. Fuimos al supermercado y llené el carrito de cosas que habitualmente no podíamos permitirnos comprar: aguacates, tomates, frutas del bosque congeladas para las tortitas. También me llevé una botella de vino. La semana siguiente, compré un somier y un colchón de tamaño estándar y una esterilla eléctrica para no tener que calentar toda la habitación por las noches. Encontré unas cortinas aislantes de liquidación y barras baratas para colgarlas. Le compré a Mia un trampolín infantil donde podría saltar en vez de hacerlo sobre la cama y el sofá. Y me regalé algo que deseaba desde hacía varios años: un anillo de titanio con un brillante engastado a presión que me costó doscientos dólares. Ya me había cansado de esperar a que llegara a mi vida un hombre dispuesto a regalármelo. Era mucho más de lo que había gastado en años en algo innecesario. Fue una decisión difícil que me exigió como contrapartida un compromiso. Me prometí que confiaría en mi fortaleza interna. Había podido llegar hasta allí perfectamente y lo había conseguido todo yo sola. El anillo que deslicé en el dedo medio de mi mano izquierda me serviría como un recordatorio permanente de ese logro.

Con dinero, aunque solo fuese de manera transitoria, la vida parecía prácticamente libre de preocupaciones. Llenaba el depósito de gasolina sin restar mentalmente su coste del saldo de mi cuenta corriente. En la tienda, no realizaba un cálculo mental previo —en qué día del mes estábamos, qué facturas había pagado ya, cuáles estaban por llegar, cuánto dinero me quedaba, cuánto tendría que pagar o qué tarjetas de crédito todavía tenían saldo— antes de decidir si podía permitirme comprar toallitas de papel. Dormía sin necesidad de ponerme el doble de ropa para calentarme, sin un nudo en el estómago, sin demasiadas preocupaciones. Pero Mia seguía dando vueltas y removiéndose en la cama, tosía y moqueaba y se despertaba quejándose de dolor de garganta y en los oídos. Y aunque momentáneamente podía permitirme tomarme un tiempo libre para llevarla al médico, no conseguía impedir que la sinusitis y la otitis siguiesen torturándola.

Entrada la noche, cuando necesitaba tomarme un descanso de los deberes, repasaba en Internet los anuncios por palabras y contemplaba con ansia las fotografías de casas y apartamentos de dos dormitorios, con precios siempre muy por encima de mis posibilidades. Mis ingresos apenas me alcanzaban para cubrir el alquiler del estudio, aproximadamente la mitad de lo que costarían esos otros sitios. Aunque en aquel momento disponía de algo más de dinero, no era un ingreso continuado, sino un colchón de seguridad para hacer frente a un contratiempo. Y si algo había aprendido por experiencia era que justo cuando estás a punto de levantar cabeza, siempre acabas perdiendo el equilibrio y vuelves a caer. Cerraba la página de los anuncios meneando la cabeza y volvía a concentrarme en mis deberes. Incluso esas ensoñaciones parecían fuera de mi alcance.

La voz de la pediatra resonó durante días en mi cabeza: «Ella necesita que mejore su situación». ¿Cómo podría mejorarla? No me parecía posible esforzarme más de lo que ya lo hacía, obligada a salvar continuamente obstáculos que a veces me retenían atrapada y me impedían avanzar.

Aquella semana había presentado una copia de un recibo de Classic Clean escrito a mano donde constaba mi paga, con objeto de renovar la beca de guardería, y una mujer de la oficina del Departamento de Salud y Servicios Sociales me había mandado llamar para reclamarme que presentase un documento auténtico. Cuando intenté explicarle que era un recibo oficial, escrito del puño y letra de mi jefa, ante mi insistencia, me amenazó con retirarme la beca e interrumpir de inmediato la ayuda que recibía. Me eché a llorar. La mujer me dijo que acudiera a la oficina local al día siguiente para aclarar el asunto.

Por la mañana, la gente empezaba a hacer cola frente a la oficina del Departamento de Salud y Servicios Sociales mucho antes de que abrieran. Yo no lo sabía y el primer día llegué treinta minutos después de la hora de apertura. Todas las sillas de la sala de espera estaban ocupadas. Cogí mi número y, mientras esperaba de pie, recostada contra una pared, estuve observando las interacciones entre las madres y sus criaturas y entre las trabajadoras sociales y unas usuarias que no entendían por qué las habían citado, por qué les denegaban la ayuda, por qué tenían que volver para presentar más papeles.

Quedó libre una silla, pero se la cedí a una mujer mayor con una falda larga y una criaturita sumisa cogida de la mano. Consulté el reloj. Ya había pasado una hora. Cuando volví a mirarlo, ya había transcurrido otra más. Empecé a inquietarme por si no llamaban a mi número antes de que tuviera que marcharme para ir a buscar a Mia a la guardería. De haberla llevado conmigo, no habría parado de moverse y reclamar mi atención. No como los niños y niñas que veía a mi alrededor, sentados muy quietos y callados, que apenas susurraban para pedir permiso para ir al baño. La mayor parte de los estereotipos sobre la gente que vive en condiciones de pobreza no se veían en esa sala. En la expresión de las caras lo que veía era frustración, la prisa por salir pronto de allí y poder ir a comprar comida, poder volver al trabajo. Esas personas, como yo, miraban al suelo, agotadas ya sus expectativas, aguardando una respuesta a la petición de algo que honestamente necesitaban. Necesitábamos ayuda. Habíamos acudido allí en busca de ayuda para poder sobrevivir.

Cuando en el recuadro negro apareció mi número, corrí hacia la ventanilla, temerosa de que llamasen al número siguiente si no me daba prisa. Dejé mi carpeta morada sobre el mostrador y saqué las copias de todos los cheques que había recibido de mis clientes, junto con el recibo escrito a mano. La mujer cogió un par de papeles mientras me escuchaba y después examinó el recibo.

—Tendrá que pedirle a su jefa que le dé un recibo oficial impreso —me dijo y se me quedó mirando fijamente. Parpadeé y ella siguió manteniendo la misma expresión.

Le expliqué que llevaba toda la mañana allí esperando, que el despacho de mi jefa estaba a cuarenta minutos de distancia y no podía volver a pasarme otro día allí esperando.

—Es lo que tendrá que hacer si quiere conservar la beca de guardería —me dijo y dio por acabada la entrevista. Ya era casi la una.

Lonnie meneó la cabeza mientras me imprimía un recibo, correspondiente a la paga de varias semanas antes. Todos los ingresos que obtenía como autónoma los percibía mediante cheques rellenados a mano por mis clientes. No entendía el sentido de esa exigencia. No obstante, la mañana siguiente esperé frente a la oficina hasta que abrieron y luego seguí esperando varias horas más para presentar una relación de mis ingresos de los tres últimos meses, un cuadro con mi horario actual de trabajo y cartas de varias de mis clientas, donde certificaban formalmente que yo trabajaba en sus casa las horas que había declarado.

Sin los cupones para alimentos, habríamos tenido que acudir a un banco de alimentos o a uno de los comedores de las iglesias que ofrecían comidas gratis. Sin la ayuda para la guardería, yo no habría podido trabajar. La gente que tenía la suerte de poder vivir fuera del sistema asistencial o en los márgenes del mismo no tenía idea de lo difícil que era conseguir esos recursos. No veía cuán desesperadamente los necesitábamos, a pesar de todos los obstáculos que nos obligaban a salvar.

Aquel viernes, cuando fui a limpiar la casa de Henry, él notó que estaba baja de ánimo. Todavía me quedaba alrededor de una cuarta parte de la devolución de Hacienda. De momento, la guardaba para cuando se estropeara el coche o Mia se pusiera enferma o alguna clienta anulara una limpieza, o todo eso ocurriera a la vez. Aunque seguía fantaseando con Missoula antes de dormir —cómo me sentiría al cruzar el puente sobre el río Clark Fork o tumbada en un prado contemplando ese amplio cielo—, hacer una excursión hasta allí me parecía un proyecto imposible en aquel momento.

—Creo que no puedo permitirme hacer un viaje a Montana —le dije a Henry cuando me preguntó qué me preocupaba.

Él hizo ademán de apartar mis palabras como si olieran mal. Llevaba ya un año oyéndome hablar de Missoula, pero solo en frases del tipo «me gustaría visitar ese lugar algún día». Debí decirlo con expresión tan apenada que él captó la importancia de esa declaración. Tanto le impactó que se levantó de su escritorio, se dirigió a la librería y empezó a rebuscar entre sus guías de viajes y mapas. Después me alargó un libro sobre el Parque Nacional de los Glaciares y un gran mapa plegable del estado de Montana.

Desplegó el mapa encima de su escritorio y comenzó a señalarme los lugares que tenía que visitar. Se negó a aceptar que el viaje a Missoula fuese un proyecto imposible. Agradecí su gesto y sus palabras de ánimo y apoyo, pero mi sonrisa no era sincera. Una parte muy grande de mí tenía miedo. No me asustaba el viaje —aunque me preocupaba que pudiera averiarse el coche—, sino quedar prendada de Missoula y tener que regresar luego al valle de Skagit, al moho de mi estudio junto a la autovía. Sería como despedirme de la perspectiva de una vida mejor, que nunca podría llegar a tener.

    Embargada por el deseo de alcanzar esa vida, de seguir adelante y progresar, mi trabajo en Classic Clean empezó a tener poco sentido para mí. Una tercera parte de lo que ganaba se me iba en gasolina. Si bien es cierto que, cuando se lo hice notar, Pam me ofreció una pequeña bonificación por los gastos de desplazamiento, era apenas una cuarta parte de lo que gastaba solo para trasladarme de un lugar de trabajo al siguiente. Además, el anonimato empezaba a pesarme. Entre el trabajo a solas y los estudios a distancia, mi vida transcurría en soledad. Estaba hambrienta de contacto humano, aunque fuese en el contexto de una relación contractual para hacer un trabajo para alguien. Necesitaba que mi trabajo tuviese un objeto, un sentido, o poder tener al menos la impresión de haber ayudado a alguien.

24

La Casa de la Bahía

Una tarde, entré en la oficina de ayuda económica del Centro de Formación Superior del Valle de Skagit y les dije que quería solicitar préstamos para estudios por el importe máximo. No me había sido fácil decidirlo y esperé temblando a que la persona que estaba detrás del mostrador pudiera atenderme. Suscribir esos préstamos significaba renunciar a un trabajo disponible para contraer una deuda. Pero mi agotamiento había alcanzado un nivel que lo hacía insostenible. Tan temeraria decisión no tenía otra explicación. Mia parecía estar continuamente enferma y yo pasaba solo tres horas diarias con ella. La espalda, dolorida durante el día, se quedaba anquilosada cuando estaba en la cama durmiendo y el dolor me despertaba a las cuatro de la madrugada. El dinero de los préstamos me permitiría concentrarme en la búsqueda de clientela privada para realizar tareas de limpieza y jardinería, en vez de trabajar para Classic Clean. Y eso significaba que podría pasar más tiempo con Mia.

También me brindó la oportunidad de realizar un trabajo voluntario como recepcionista en el Servicio de Atención en Situaciones de Violencia Doméstica y Agresiones Sexuales. Me lo planteé como unas prácticas que los préstamos me permitirían financiar. A cambio adquiriría experiencia, diversificaría mi currículo y obtendría cartas de recomendación. Los cursos que seguía en el centro de formación me permitirían acceder a un diploma de Asistente Jurídico. Los únicos empleos a los que osaba aspirar eran ocupaciones que me dieran derecho a un seguro de salud y a un plan de jubilación.

«Señoría, el padre tiene un empleo a jornada completa», había dicho el abogado de Jamie tres años antes, para revelar a continuación que en aquel momento yo era una persona sin hogar y estaba en el paro. Encontrarme allí frente al juez y tener que escuchar palabras de respeto y admiración hacia Jamie, por tener un empleo y vivir en la residencia estable de la que nos había expulsado, había sido una experiencia descorazonadora. Como secuela me había quedado un temor profundamente arraigado. Pese a desear mejorar nuestras condiciones de vida, si nos mudábamos sería la novena vez que Mia y yo cambiábamos de casa desde su nacimiento.

En la mayoría de nuestras viviendas, la niña no tenía una habitación propia. Si bien, según las malas lenguas, algún juez había llegado a decir: «¡Aunque tengan que dormir en el suelo de cemento, las criaturas pasarán la noche con su padre como parte del derecho de visita!», las madres que luchaban para obtener la custodia exclusiva —sobre todo si habían huido de situaciones de malos tratos— tenían que ofrecer a sus criaturas un tipo de vida que les era sencillamente imposible conseguir. En el juzgado, el abogado de Jamie me describió como una persona psicológicamente inestable, incapaz de cuidar de manera permanente de mi propia hija. Tuve que luchar para poder cuidar de mi criatura de pecho, la misma que Jamie me había exigido a gritos que abortara. Ese juez me dejó hecha polvo. Como si hubiese obrado mal al dejar al hombre que me amenazaba. Sabía que había infinidad de mujeres en la misma situación por la que había pasado yo.

A lo mejor podría estudiar Derecho y trabajar como abogada especializada en Derecho Civil. Así podría ayudar a personas que habían pasado por la misma situación de violencia que había vivido yo con Jamie y hablar en su defensa. Pero en mi interior también sonaba con insistencia otra voz, una voz que clamaba con más fuerza y se resistía a ser ignorada. Una parte de mí me exigía que me dedicase a escribir. Intentaba apaciguar esa voz insistente diciéndome que sería solo un intervalo, mientras Mia todavía era pequeña, y más adelante ya me dedicaría a la escritura. Hacerme esa promesa era como tirar cubos de agua sobre el único rescoldo que todavía ardía en mí, la única parte de mi ser que se atrevía a soñar.

Durante una de mis búsquedas nocturnas para encontrar un lugar mejor donde vivir, di con un apartamento de dos dormitorios construido encima de un garaje. La puerta de entrada estaba orientada de cara a las montañas y al mar. El precio estaba muy por encima de mis posibilidades. El anuncio explicaba que los propietarios vivían en la casa principal, con sus tres hijas pequeñas, tres perros y un gato que solía pasar la mayor parte del tiempo en el garaje, siempre a la caza de ratones. En vez de cerrar la pestaña del navegador, reconcomida por el familiar anhelo de otra vida, les escribí un mensaje en el que les preguntaba si estarían dispuestos a cobrar parte del alquiler en forma de servicios de limpieza y jardinería.

La tarde siguiente me adentré con el coche por su largo camino de acceso, dejando atrás un extenso terreno del que habían talado toda la vegetación, excepto los árboles más altos, para dejar al descubierto la vista de la bahía y las colinas que se extendían detrás. Tras un giro a la izquierda, las copas de los grandes árboles cubrieron prácticamente el camino, flanqueado por matorrales de zarzamoras a lado y lado. La casa estaba situada en una población vecina, a mayor distancia de la zona donde vivían la mayoría de las personas para quienes trabajaba como limpiadora. Sabía que si me iba a vivir allí no podría seguir trabajando para Classic Clean. Quizás, pensé, mientras descendía por el camino, si encontraba un lugar mejor donde vivir y también más alejado, tendría un buen motivo para despedirme.

Cuando por fin pude ver la casa, casi tuve que cerrar los ojos, deslumbrada por la belleza del cuadro que tenía ante mí. El sol empezaba a ponerse detrás de las montañas y todo el cielo se había teñido de un rosa intenso. Aparqué frente al cercado de las cabras, entre el apartamento y una casa con una hilera de ventanas en la fachada.

Una niñita de corta edad daba vueltas en un triciclo de madera sobre una zona hormigonada, frente al garaje. Un hombre alto y delgado con una sudadera gris con capucha, ya desgastada, y pantalones tejanos se volvió a observarme mientras bajaba del coche. Por los mensajes que había intercambiado con Alice, su mujer, sabía que se llamaba Kurt. Nos estrechamos la mano y yo me presenté y le expliqué que mi hija estaba en casa de su padre. Él se pasó la mano por la mata desordenada de pelo castaño intentando alisarlo.

—Ven conmigo —me dijo mientras daba alcance a su hijita y la cogía en brazos—. Te mostraré el lugar.

Cuando echamos a andar sentí una intensa atracción hacia esa propiedad; si creyera en esas cosas, habría dicho que era como si el universo me empujase, indicándome la dirección que debía seguir, como si lo que vendría luego ya estuviera decidido y yo solo tuviera que dejarme llevar. Seguí a Kurt a lo largo de una de las paredes laterales del garaje y me encontré frente a un jardín más grande que todo nuestro estudio. Él me señaló las matas de frambuesas y arándanos y la amplia extensión de césped contigua.

—Segar el césped forma parte del trato con nuestros inquilinos —me explicó y cruzó los brazos—. Los últimos no estaban a gusto con este trato.

Viendo a su hijita avanzar con paso vacilante hacia el césped, me imaginé a Mia caminando a su lado.

—¿Además del intercambio? —pregunté.

—¿Intercambio? —repitió él y miró al cielo como si la palabra le sonase sin saber exactamente por qué.

Hice un gesto de asentimiento y me expliqué:

—Se lo pregunté a Alice en mi mensaje y ella me respondió que podría pagar parte del alquiler realizando algún trabajo en vuestro jardín y limpiando la casa.

Su cara fue cambiando de expresión, desde el desconcierto inicial hasta recordar vagamente que ella le había comentado algo en ese sentido, para asentir finalmente en señal de conformidad. Aunque probablemente no era así, parecía estar un poco colocado, como si se hubiera fumado un porro, como solían estarlo la mayoría de mis amigos de Fairbanks a cualquier hora del día. Mi tipo de persona, me dije. Me cayó simpático en el acto.

Él bajó la vista y me sonrió.

—Espera hasta que lo hayas visto. —Y me indicó con la cabeza el apartamento situado encima del garaje.

Kurt subió la escalera primero, con la pequeña sentada sobre su cadera. Me explicó que él y Alice y sus niñas habían vivido en ese apartamento mientras construían la casa. Cuando alcanzamos el final del primer tramo de la escalera antes de doblar, dejé de seguirlo. Él se volvió y sonrió al ver mi cara de admiración.

Los últimos rayos del sol lo habían teñido todo de un rojo anaranjado. En aquel momento no podía recordar haber visto jamás una puesta de sol tan hermosa.

—¿Todas las noches es así? —pregunté susurrando apenas.

Kurt se rio.

—Bueno, cuando llega a salir el sol —respondió en son de broma, pues en el noroeste del estado de Washington había inviernos, casi la mitad del año, con menos de una docena de días de sol—. Por suerte ya casi estamos en verano.

El apartamento tenía dos dormitorios, separados por un cuarto de baño con bañera, un pequeño armario debajo del lavabo y estantes para las toallas. La cocina tenía una encimera de propano, un lavavajillas, una nevera de tamaño estándar y una ventana que daba al patio trasero, donde la familia tenía un gallinero.

Todos los suelos eran de madera. La sala de estar y la cocina tenían dos claraboyas y en el cuarto de baño también había una. Un par de puertas correderas con cristales daban paso al porche cubierto. La pared de la sala de estar, orientada al oeste, tenía varias ventanas con cristales dobles.

—La televisión por cable está incluida —dijo Kurt apuntando con la cabeza hacia el cable que asomaba de la pared—. No sé si es un detalle importante para ti. Yo soy bastante aficionado al fútbol americano.

—No he tenido televisión por cable durante la mayor parte de mi vida adulta —respondí, y estuve a punto de echarme a reír histéricamente. Quería pellizcarme para comprobar que no lo estaba soñando.

—La verdad es que es bastante pequeño, así que añadí mucho espacio para guardar cosas —dijo mientras abría las puertas del armario del dormitorio—. Esos armarios que ves encima, empotrados en la pared, tienen el interior completamente vacío y son inmensos. Creo que Alice guardaba allí las mantas o cosas por el estilo.

—¡Uauuh! —exclamé—. ¡Qué maravilla!

—Bueno, yo no lo describiría así —replicó él.

—No, en serio. En estos momentos, mi ropero es un armario para las escobas embellecido. La superficie completa del lugar donde vivimos no es ni la mitad de la que tiene en conjunto este apartamento.

—Ah —dijo él para sortear un momento incómodo. Después pareció recordar algo y se dirigió a la cocina—. Puedes quedarte los huevos cuando nosotros estemos fuera —dijo señalando el gallinero que había abajo—. Si te trasladas a vivir aquí, quiero decir.

Sonreí y le pregunté adónde irían.

—Ah —respondió y chasqueó los dedos como si se le hubiera olvidado decírmelo—, cada verano vamos a Missoula para pasar algunas semanas con unos amigos. Es un lugar estupendo para criar una familia. ¿Has estado alguna vez allí?

Se me cortó la respiración. No sabía cómo responderle, cómo decirle que llevaba seis años anhelando esa ciudad, que lo único que lamentaba era no haber ido a estudiar allí tal como tenía previsto y haber tenido mi bebé a solas, sin decirle a Jamie que estaba embarazada. De pronto sentí un apremiante deseo de contarle todo eso a Kurt, pero me mordí la lengua.

—No, no he estado nunca —respondí, meneando la cabeza, mientras intentaba mantener la calma—. Pero me gustaría ir.

Seguí a Kurt a la casa principal para reunirnos con Alice, que estaba atareada en la cocina preparando la cena. Las dos niñas mayores estaban jugando en el suelo con un tambor lleno de muñequitos de la colección de los Pequeños Ponis. Nunca había visto tantos juntos y pensé en Mia, que llevaba a todas partes una solitaria ranita de la colección. Ya me la imaginaba jugando en el suelo con las niñas, como también podía verme a mí misma riendo con Alice y compartiendo unas copas de vino sentadas a su mesa. Tal vez no solo había encontrado una nueva vivienda, sino también nuevas amistades.

Alice llamó a las niñas para que se aseasen antes de cenar.

—¿Querrás acompañarnos? —me preguntó y se me quedó mirando. Era varios centímetros más baja que yo y apenas le llegaba a la altura del pecho a Kurt. Llevaba el pelo castaño recogido en una cola de caballo que dejaba al descubierto las orejas un poco salidas. Por su aspecto, parecía haber sido una de las chicas monas del instituto; una a la que yo habría envidiado.

—Encantada —respondí sonriente, procurando evitar que mis ojos se inundaran de lágrimas de alegría—. Me alegra haberos conocido.

Aunque lo dije sinceramente, Alice me intimidaba un poco. Sin ni siquiera conocerla aún, daba por supuesto que sería como las madres de la guardería de Mia, que controlaban los minutos de pantalla, programaban manualidades, limitaban el consumo de chucherías y servían las cantidades adecuadas de fruta y verduras en cada comida. Una madre con el privilegio, el tiempo y la energía suficientes para cuidar debidamente de sus hijas y que tal vez me juzgaría negativamente por no hacer lo mismo.

Alice me puso un plato en la mesa, frente a las dos hijas mayores, que comieron obedientemente sus bastoncitos de zanahoria para empezar. Kurt me ofreció una cerveza, que acepté. Era la misma de marca blanca de la cadena Costco que solía comprar Travis y el sabor me transportó de inmediato a su casa. Cuando me preguntaron en qué trabajaba, les dije que limpiaba casas pero quería ser escritora. Kurt dijo que había leído algunas entradas de mi blog, lo cual en un primer momento me desconcertó, pero luego recordé que la firma de mis mensajes electrónicos incluía un enlace con el blog.

—No entiendo cómo te las arreglas para salir adelante sola —dijo, y se me quedó mirando unos instantes más de la cuenta. Su mirada me abochornó y capté un tono de asombro en su voz. De reojo pude ver que Alice fruncía el ceño con la mirada posada en su plato.

Aquella noche me sentí como si mis pies no tocaran el suelo. Alice y Kurt comentaron que tenían una piscina inflable y que en verano las niñas pasaban la mayor parte del día jugando fuera. Alice trabajaba a jornada completa en un banco, pero Kurt, que era maestro, tenía vacaciones todo el verano. Dijo que estarían encantados de que Mia les acompañara a la playa o jugara en el patio con las niñas. Incluso tenían un espacio para encender una fogata, donde solían asar malvaviscos.

Cuando llegué a casa, Alice ya me había enviado un mensaje para preguntarme formalmente si quería instalarme en el apartamento. Le respondí entusiasmada que sí y ella volvió a escribirme de inmediato para decirme que podía empezar a llevar mis cosas cuando quisiera. Mientras cenábamos, habíamos concretado el acuerdo de intercambio, gracias al cual la parte del alquiler que tendría que pagar en efectivo sería nada menos que cincuenta dólares inferior a lo que pagaba por el estudio.

Estábamos a mediados de marzo. Disponía de dos semanas para hacer la mudanza y evitar tener que pagar alquiler en dos sitios. Había recibido hacía pocos días la carta en la que me concedían la ayuda económica para mis estudios. Todo parecía empezar a encajar; tanto que comencé a tener recelos. ¿Tan buena fortuna no sería tal vez demasiado para nosotras? Quizás no la merecíamos.

25

La más trabajadora

Cuando le dije a Pam que me mudaba de casa, enseguida entendió lo que eso significaba. No me despidió y yo no rescindí el contrato. Ambas reconocimos simplemente sin decírnoslo que ya no podría seguir trabajando en la empresa. Lonnie y ella me dijeron, cada una por su lado, que sentían mucho que me fuera. Yo era su empleada pivote, con quien sabían que podían contar. Aquel año, por Navidad, había recibido la cantidad más alta de aguinaldos que podían recordar. Una de mis clientas había telefoneado hacía poco a Pam para decirle que yo era insustituible.

Yo ya sabía que era una buena trabajadora, como me había dicho Henry, pero también sabía que podrían sustituirme. Tenía que cuidar de mi hija. La atracción de poder vivir en un entorno más adecuado era demasiado potente, aunque implicase renunciar a ese trabajo. Continuar en el estudio significaba que Mia seguiría sufriendo una dolencia por la que ya la habían tenido que operar. Endeudarme y perder un empleo parecían un riesgo enorme, pero también había empezado a comprender otra cosa: que me resultaría sumamente difícil vislumbrar un futuro distinto si solo podía pensar en cómo sobrevivir hasta la próxima paga.

En mi condición de persona pobre, no estaba acostumbrada a mirar más allá del mes, la semana o a veces la hora siguiente. Compartimentaba mi vida siguiendo el mismo método que aplicaba al limpiar cada una de las habitaciones de una casa: de izquierda a derecha, de arriba hacia abajo. Por escrito o mentalmente, situaba en el ángulo superior izquierdo los problemas que tenía que resolver en primer lugar: la reparación del coche, la comparecencia en el juzgado, los estantes vacíos. El siguiente asunto más apremiante ocupaba el lugar contiguo, a la derecha del anterior. Me concentraba en un solo problema a la vez, avanzando de izquierda a derecha y de arriba abajo.

Esa mirada corta me evitaba sentirme abrumada, pero también me impedía soñar. «Hacer planes para dentro de cinco años» nunca llegaba a ocupar el primer lugar de la lista. Ahorrar para la jubilación o para la carrera universitaria de Mia no aparecían nunca en la pantalla de mi radar. Tenía que apoyarme en una confianza subyacente de que, con el tiempo, las cosas me irían mejor. Que la vida no sería siempre una lucha. Mamá, la primera persona de nuestra familia que había ido a la universidad, había construido toda su vida sobre el esfuerzo por romper ese ciclo. Un máster le había permitido intentar hacer realidad sus sueños, aunque fuese a costa de perder su relación conmigo. Pero ella se había criado en una casa en ruinas, mientras que yo había crecido en un barrio residencial; un privilegio que era tal vez el origen de mi confianza en que las cosas mejorarían. Me preguntaba cómo debían de sentirse las personas que hacían cola junto a mí para solicitar prestaciones sin contar con el recuerdo de un pasado como el mío. ¿Compartían algo de esa confianza? Cuando una persona está demasiado hundida en la pobreza sistémica, para ella no existe ningún camino ascendente. La vida es una lucha y nada más. En mi caso, en cambio, muchas de mis decisiones partían de la presunción de que, algún día, las cosas empezarían a mejorar.

Dejé la empresa sin grandes alharacas. La mayoría de las personas para quienes trabajaba ni siquiera sabrían que me había ido y me había sustituido otra limpiadora. Quizás la nueva pasaría la aspiradora o colocaría los cojines de un modo distinto. Tal vez un día, al regresar a casa, encontrarían los botes de champú alineados de diferente manera, pero la mayoría probablemente no notarían en absoluto el cambio. Al pensar que una nueva limpiadora se encargaría de mi trabajo, volví a preguntarme qué impresión debía de causar saber que una persona desconocida ha estado en tu casa, ha fregado todas las superficies, ha vaciado la basura del cuarto de baño con tus compresas manchadas de sangre. ¿No se sentirían vulnerables de algún modo? Tras un par de años, mis clientas y clientes habían llegado a confiar en nuestra relación invisible. Ahora otro ser humano invisible trazaría mágicamente las franjas sobre la moqueta.

Pam me animó a darme de alta como autónoma y asegurarme, ya que solo contaría con los ingresos que obtuviera por mi cuenta. Pero esa sugerencia llevaba implícita una connotación de permanencia, de estar iniciando una carrera profesional para toda la vida. Necesitaría un nombre comercial, me dijo, algo que sonase oficial. Pam había empezado así. Pero aun agradeciendo mucho sus consejos, no quería que aquel momento marcase un inicio, sino que me lo planteaba como un medio para alcanzar un fin y ese fin era obtener un título. Un billete para no tener que fregar nunca más ningún váter excepto el mío.

No le dije a la amante de los gatos que aquel era mi último día en su casa, pero sí le di un abrazo a Beth en la casa de Lori. Echaría de menos sus cafés y su conversación.

Cuando salí de la Casa del Chef, sonreí y le dije adiós con la mano, y después la borré de mi memoria. Estoy casi segura de que el dueño nunca se cuidaba de apuntar bien al mear. Salí de la Casa de la Señora que Fumaba Cigarrillos a hurtadillas, tal como solía husmear entre sus cosas. Echaría de menos su chaqueta de cachemira con capucha con sus largas mangas que llegaban a cubrir mis manos y me acariciaban las mejillas cuando me la ponía. Echaría de menos mis conjeturas para intentar hacerme una idea de cómo era su vida y averiguar si era feliz o estaba triste mientras comía lechuga con un aliño bajo en grasas y fumaba cigarrillos, sentada frente al tablero de la cocina, mirando el pequeño televisor suspendido del armario superior. Dejé la Casa Porno con una risita sarcástica, hasta que divisé la Casa Triste y caí en la cuenta de que hacía ya un mes que no iba allí. Me pregunté cuánto tiempo más seguiría sufriendo ese hombre. Cuánto tendría que esperar hasta que su vida llegara a su fin.

Antes de marcharme de casa de Henry, estuvimos charlando un largo rato. Me costó decirle que no podía permitirme seguir trabajando para la empresa que él tenía contratada desde hacía ya muchos años para limpiar su casa. Levantó las manos con las palmas abiertas y se encogió ligeramente de hombros para enseguida sugerirme que quizás podría ayudarle en el jardín, hasta que recordó que ya tenía una cuadrilla de hombres ahí fuera, que en aquel momento estaban segando la hierba y podando los arbustos. Sentí necesidad de consolarlo y le sugerí la posibilidad de citarlo como referencia en mi currículo. Esto lo animó de nuevo y comenzó a enumerar todas las cualidades que estaría encantado de mencionarle a quienquiera que se lo pidiese.

—Eres muy trabajadora —me dijo, golpeando ligeramente el pie contra el suelo mientras cerraba un puño para enfatizar su declaración—. Eres una de las personas más trabajadoras que he conocido.

—Necesitaba mucho oírlo —susurré bajito y le sonreí.

Habría querido explicarle cuán difícil había sido tomar esa decisión, cuán incierto era mi futuro. Para subsistir hasta el otoño, contaba solo con un puñado de clientas que había contactado por mi cuenta y los préstamos para estudios. Habría querido decirle que estaba asustada. Anhelar por un instante el consuelo de una persona desconocida fue una rara vivencia, pero Henry había llegado a parecerme casi una figura paterna.

La mujer que vivía en la Casa-Granja estaba casualmente allí el último día que fui a limpiarla. Había llegado a tenerle aprecio. Una vez había telefoneado a la oficina para decirles lo encantada que estaba con lo limpio que le dejaba el cuarto de baño principal y tuve que reconocer que yo también estaba orgullosa del resultado, aunque me costaba sudor y lágrimas dejar impecables las paredes acristaladas de la ducha. Cuando iba a su casa, siempre llevaba mis pinzas para depilarme las cejas frente a su espejo de aumento con luz. Al marcharme, me ayudó a llevar mi bandeja con los productos de limpieza hasta el coche y después me pidió que echara un vistazo a una caja llena de cosas que tenía en su coche deportivo para donarlas a Goodwill. Me llevé una sartén antiadherente que sería perfecta para las tortitas de Mia. Antes de subir al coche, hizo ademán de querer abrazarme, pero finalmente me tendió la mano. Aunque manteníamos una relación de confianza, seguía existiendo una línea divisoria. Ella seguía siendo la dueña y yo seguía siendo la asistenta.

En nuestra nueva casa teníamos una lavadora y una secadora instaladas abajo, en el garaje, y podía lavar los animalitos de peluche de Mia cuando su tos empeoraba. Había un sistema de calefacción con bomba de calor, filtros de aire y suelos de madera, y dudaba mucho que el moho se atreviese a asomarse siquiera.

Al dueño del estudio no le gustó que lo avisara con quince días de antelación en vez de treinta y dijo que restaría de la fianza la cantidad que iba a perder al no tener un inquilino para el mes siguiente.

—He renovado muchas cosas —alegué en un mensaje electrónico—. El estudio tiene un aspecto cien veces mejor que cuando entré.

Le adjunté fotos de las cortinas nuevas en la zona de estar y de los estantes y toalleros del baño y añadí que haría una limpieza final a fondo. Pero, a pesar de que cuando me marché ya había encontrado un nuevo inquilino, aun así se quedó con una parte de la fianza.

Comencé a hacer viajes al nuevo apartamento cuando tenía un rato disponible, con el coche cargado con la mayor cantidad posible de libros, ropa, toallas y plantas. Kurt y Alice nos invitaron a cenar un día para que las niñas se conocieran. Las tres estuvieron correteando por el patio con algún ladrido ocasional de Beau, el enorme perro negro, mientras que los dos perros más viejos las miraban con indiferencia. Con casi cuatro años, Mia congenió enseguida con las dos niñas mayores, que le llevaban dos y cuatro años. Kurt y Alice parecieron acoger entusiasmados y con un cierto alivio la personalidad alegre y cariñosa de mi hija.

Después de cenar, Alice sacó varios formularios legales para formalizar el acuerdo de alquiler, el inventario y un documento que ella misma había redactado para concretar los detalles del intercambio de parte del alquiler por servicios. Las horas de trabajo en el jardín resultaron ser unas cinco semanales, dedicadas a arrancar malas hierbas de los espacios ajardinados. Y un jueves cada quince días, desde las nueve y media hasta las dos y media, lo dedicaría a limpiar la casa. Esperaba que no me faltase tiempo. La casa era enorme, pero ella dijo que la empresa de limpieza la completaba en solo dos o tres horas.

—¿Cuántas personas venían? —pregunté, segura de que la respuesta sería que más de una.

—No estoy segura —dijo ella y miró a Kurt.
—Probablemente dos o tres —respondió él.
—Es posible que al principio tarde seis horas o más —dije, y vi que me miraban dubitativos—. Iré más deprisa cuando vaya conociendo la casa. Siempre trabajo sin interrupción, aunque probablemente soy un poco más lenta que tres personas trabajando juntas.

Parecieron entenderlo o al menos lo fingieron. Yo sabía que Alice se había encargado ella misma de todo el trabajo doméstico hasta el nacimiento de su hija pequeña. A partir de entonces, entre su empleo a jornada completa y las niñas, no había podido con la casa y el patio, y no me quedó claro en qué la ayudaba Kurt.

Quedamos en que yo llevaría la cuenta de las horas dedicadas al jardín y le haría llegar un cuadro por correo electrónico a Alice. Parecía un trato fantástico para las dos, pero Alice aún parecía tener dudas, a juzgar por la pequeña pila de documentos jurídicos que tenía previsto registrar notarialmente. Me aseguró que lo hacía para protegernos a ambas en caso de que ocurriera algo, pero me siguió pareciendo raro. A esas alturas había hecho gran cantidad de tratos y la mayoría de la gente parecía más confiada.

Kurt reconoció que había leído más entradas de mi blog y comentó que escribía muy bien. Me ruboricé al oírlo y le di las gracias. Había pasado un par de años duros desde que había empezado a escribir en Internet. Casi nada de lo que decía allí habría deseado comentarlo personalmente con nadie, pero una vez publicado y a la vista de cualquiera, daba por supuesto que los demás ya lo sabían todo de mí y eso me evitaba tener que dar explicaciones. Kurt lo describió como un texto inspirador. Sonreí, pero la palabra me desagradó. Otras personas me lo habían dicho antes. ¿Cómo puede ser inspirador lograr sobrevivir a duras penas?, había empezado a preguntarles.

«Si puedes salir adelante tú sola con una niña de tres años, en un espacio diminuto, con tan poco dinero, entonces yo también he de poder hacerlo», había escrito alguien en un comentario.

El blog era un espacio donde expresar la belleza de la vida, pero también mis frustraciones. La vida había sido sumamente implacable, plantando ante mí un obstáculo tras otro antes de que pudiera acabar de salvar el anterior.

No conseguía avanzar. Mi experiencia vital parecía muy distinta de la de mi grupo de pares, y no solo de la de las madres de la guardería. Muchas veces, evitaba posibles interacciones u oportunidades potenciales de hacer amistad con personas que en realidad me gustaban porque sentía que solo sería un agobio para ellas. Succionaba lo que la gente podía ofrecer a sus amistades sin tener la posibilidad de darles nada a cambio. Quizás podría haber hecho algún intercambio y quedarme a su hija una tarde, pero me angustiaba no poder ofrecerles un tentempié o algo de comer. La visita de una criatura hambrienta una tarde de fin de semana significaba diez dólares de gasto en el supermercado y a veces más. Y siempre parecían querer beber grandes vasos de leche. No podía permitirme ese gasto.

El apartamento sobre el garaje me daba la impresión de haber salvado la brecha. Sentía como un logro haber podido encontrar una vivienda en mejores condiciones, aunque el cambio supusiese perder mis ingresos fijos. Aquella misma semana había conseguido un par de nuevas clientas. Mi solicitud de una beca de guardería para poder realizar trabajo voluntario en la Oficina de Atención en Situaciones de Violencia Doméstica y Agresiones Sexuales había sido aprobada. Había conseguido encontrar un nicho en el sistema de asistencia pública que me permitiría disponer de un poquitín de tiempo y de espacio para seguir adelante.

Pero no podía desprenderme de la sensación de que todo parecía demasiado ideal, como si fuera un sueño. Una tarde, mientras hacía mis deberes, Mia y las niñas estuvieron dibujando arcoíris con tiza sobre el cemento, frente al garaje. Sus risas me llegaban a través de la ventana abierta. Hacía sol y todo parecía encajar perfectamente.

Cuando Alice llamó a sus hijas mayores para comer, lloriquearon suplicando que Mia las acompañase. Subieron hasta mi porche, Mia entre las otras dos, y jadeantes me pidieron permiso todas a la vez. Cuando sonreí y dije que podía ir con ellas, acogieron con gritos de alegría mi respuesta. Me las quedé mirando mientras bajaban la escalera corriendo, riendo a coro, para cruzar luego el patio hasta la casa principal. Después volví a sentarme frente a mi escritorio. Saber que Mia estaba jugando al aire libre en un lugar seguro en vez de mirar los mismos dibujos animados una y otra vez mitigaba la culpa que solía sentir por tenerla enjaulada mientras yo trabajaba. Los días en que vivíamos en un estudio mohoso de una sola habitación parecían quedar muy lejos.

26

La Casa Abarrotada

Cuando llegué para hacer mi primera limpieza en la que acabaría llamando la Casa Abarrotada, la mujer entreabrió la puerta solo unos pocos centímetros. Vi pasar sus ojos de una expresión de alarma a otra dubitativa y luego de nuevo a la primera.

—Hola —dije, y sonreí—. He venido a limpiar su casa. Rachel, del grupo de Facebook, nos puso en contacto.

Asintió, bajó la vista y abrió la puerta lo suficiente para dejar ver su gran barriga de embarazada y a un niñito aferrado a su pierna. Yo seguía de pie en el pequeño recuadro hormigonado de su porche de entrada. Un pájaro gorjeó en el interior de la casa. Más criaturas se asomaron a observarme desde una gran ventana situada a mi derecha. Cuando volví a fijar los ojos en ella, la mujer miró de reojo, inquieta, hacia el interior de la casa.

—Es mi pequeño secreto —me dijo antes de abrir la puerta lo suficiente para que yo pudiera entrar.

Di un paso y me detuve vacilante. El recorrido de la puerta había dejado un espacio despejado, el único que había en toda la habitación. Lo primero que pensé fue que no debía reaccionar. En nuestra conversación inicial, ella me había comentado que necesitaba ayuda para deshacerse de trastos y ponerse al día con el lavado de la ropa. Pero eso era mucho más de lo que esperaba. Prendas de ropa, platos, papeles, mochilas, zapatos, libros: todo estaba tirado por el suelo, donde iba acumulando pelos y polvo.

La familia había dejado de pagar los plazos de la hipoteca, me explicó mientras permanecíamos de pie en ese único espacio libre de la sala de estar. La escuché con la mayor atención posible, procurando no dejarme desanimar por el estado de la casa. Hablaba deprisa y en un tono exasperado. Habían conseguido un lugar de alquiler al que iban a mudarse, el marido, la esposa, cinco niños y niñas y, dentro de poco, también un bebé recién nacido.

—En realidad, no podemos permitirnos este gasto —me dijo con la vista posada en las manos que descansaban sobre el vientre—. Pero me estoy volviendo loca. En la casa nueva podremos empezar de cero. No quiero llevarme todo esto.

Le respondí con un gesto de asentimiento mientras miraba a mi alrededor. En todas las superficies disponibles de la sala de estar y la cocina había pilas de platos sucios. En los rincones de la sala se veían montones de lo que parecían libros y papeles escolares, mezclados con prendas de ropa, juguetes y más platos. Frente a una de las paredes se habían desprendido los estantes de una librería adosada y los libros habían quedado desperdigados por el suelo tal como habían caído.

Dijo que no podían pagar las facturas. Mencionó los cupones para alimentos. Me sentí fatal por cobrarle algo, pero no podía trabajar gratis. Aunque no me había pedido que le rebajara el precio, insistí para que solo me pagase la mitad de lo que cobraba habitualmente por hora.

—¿Y qué le parecen otros cinco dólares por cada bolsa de basura llena de ropa para lavar? —le propuse mientras buscaba un sitio donde poder dejar mis cosas—. Puedo llevármela a mi casa y lavarla allí.

No me respondió enseguida. La mano que tenía libre, la que no acariciaba la coronilla del niñito, subió hasta restregar su mejilla, se detuvo un instante bajo la nariz y su cabeza hizo entonces un gesto de aceptación. Cerró con fuerza los ojos intentando contener las lágrimas.

—Empezaré por la cocina —anuncié.

Cuando comencé a sacar los productos del cubo, el niño que se ocultaba detrás de sus piernas se acercó a ayudarme.

—Todavía no habla —me dijo la mujer—. Hasta el momento no ha dicho ni una sola palabra.

Le sonreí y cogí de sus manitas los guantes de goma amarillos que me ofrecía.

Aquel primer día, estuve cuatro horas fregando platos, mis dedos se arrugaron como ciruelas pasas bajo los guantes de goma. Cuando se acabó el agua caliente, empecé a limpiar las superficies. Puse a secar sobre toallas los platos limpios, que ocuparon toda la mesa, la encimera y los tableros que había limpiado. ¿Cómo había podido cocinar para siete personas en ese espacio minúsculo con el niñito aferrado a ella? No conseguí averiguar qué comían. Buena parte de la comida envasada y enlatada que había en los armarios estaba caducada, en algún caso desde hacía hasta diez años. Un vistazo a la nevera reveló estantes llenos de alimentos rezumantes, ya pasados.

En el vestíbulo había un armario empotrado con una lavadora y una secadora. Pilas de ropa de varios centímetros de espesor flanqueaban un estrecho corredor que conducía hasta el garaje, reconvertido en dormitorio de matrimonio. Comencé a meterla en bolsas para llevármela a casa y tuve que detenerme varias veces para tomar aire. Debía de ser una reacción a los ácaros acumulados en el polvo. Siempre me provocaban tos, como si tuviera un ataque de asma, y entre un acceso de tos y el siguiente, se me cortaba la respiración. Al coger un último puñado de ropa para acabar de llenar la segunda bolsa, dejé al descubierto el suelo que había debajo y también una araña grande, cagaditas de ratón y algo que juraría que parecía una piel de culebra. Me mordí los labios para contener un grito y decidí dar por concluido mi trabajo por ese día.

Al salir, la mujer me dio las gracias con los ojos llenos de lágrimas y se excusó por el estado de la casa.

—No se excuse —le dije, ya cargada con mis productos de limpieza y las bolsas de ropa sucia—. Volveré mañana a la misma hora.

Muchas de mis clientas particulares decían que mi presencia en su casa las estimulaba a encargarse ellas mismas de parte de la limpieza. Eran las que solo me contrataban por un día o dos. Mis clientas habituales —las limpiezas quincenales, semanales o mensuales— ya sabían lo que tenían que hacer: dejarme sola para que pudiera hacer con tranquilidad mi trabajo. Nunca presupuestaba más horas de las necesarias para así disponer de un mayor margen de tiempo. Si algún día no alcanzaba a terminar, me quedaba un rato más. Tratándose de clientas particulares, estaba en juego mi buena reputación. Confiaba en que hablasen elogiosamente de mí a sus amigas. Y si necesitaban a alguien con quien charlar y que escuchase sus cuitas mientras poníamos orden en un gran caos, también estaba dispuesta a hacerlo.

El segundo día en la Casa Abarrotada, limpiamos el dormitorio de la hija pequeña. Llenamos doce bolsas de basura, las arrastramos fuera y las dejamos junto al resto de desechos. Debajo de la acumulación variopinta de papeles, manualidades, una gran cantidad de restos de comida olvidados, globos desinflados, ramitas y piedras diversas y ropas demasiado gastadas o demasiado pequeñas para seguir usándolas, apareció una habitación de niña. Encontré unas cuantas figuritas de una casa de muñecas y las instalé con cuidado en el saloncito a su medida. Volvimos a colocar los libros y las cajas de Pequeños Ponis en un estante pintado de rosa y púrpura. Guardamos la ropa en el armario y los zapatos en el zapatero. Colgué en el armario un vestido rojo con una chaqueta a juego. Encontré un par de merceditas de charol negro brillante.

Me dio satisfacción limpiar ese cuarto. Me acordé de cuando ponía orden en el batiburrillo del espacio de Mia los días que estaba en casa de su padre. Ella detestaba tirar nada y solo podía convencerla para que se desprendiera de sus juguetes si los llevábamos juntas a un refugio para mujeres o a una tienda de segunda mano donde podría obtener crédito a cambio. Pero todos los muñequitos del McDonald's, los dibujos, los lápices de cera rotos tenían que ir a la basura. Al cabo de varias horas de selección y organización, cuando Mia regresaba a casa sonreía al entrar en ese espacio perfectamente limpio y ordenado, como si todo volviera a ser nuevo. Esperaba que esa niña, no mucho mayor que la mía, sintiese lo mismo.

Antes de marcharme llené otro par de bolsas de ropa sucia, una vez devueltas las dos anteriores, con todas las prendas lavadas y dobladas. Ya en casa, aquella noche, Mia me ayudó a doblar las camisas, los calcetines y los vestidos. Cogió una falda y la sostuvo a la altura de su cintura, comentó qué bonita era e hizo unas piruetas con ella en la mano.

—¿Puedo quedármela? —me preguntó. Negué con la cabeza y le expliqué que esa ropa era de otra familia.

—¿Y por qué la lavas tú?

—Porque les estoy ayudando, Mia. Ese es mi trabajo. Ayudar a la gente.

Solo entonces, cuando me oí decirlo, supe que era cierto. Recordé a la mujer que me había dado las gracias por limpiar su casa y me había puesto varios billetes en la mano, reteniéndola un instante entre las suyas, para decirme luego que sería mejor que me marchase antes de que llegara su marido. Un par de personas para quienes hacía trabajos de jardinería me describían como su secreto más preciado.

Seguía llevando conmigo una agenda con los nombres de mis clientas garabateados en los diferentes recuadros y procuraba memorizarla por si alguien me llamaba para preguntar si estaría disponible a una hora o un día determinados. No tenía que vestir uniforme ni estaba obligada a reunirme con mi jefa y nadie inspeccionaba mi bandeja de material de limpieza. No tenía que acudir a una oficina a muchos kilómetros de distancia para reponer los productos. Los días que me tocaba limpiar cinco váteres seguían dejándome molida, pero de algún modo lo hacía un poco menos a disgusto.

Después de cada sesión de cuatro horas, la Casa Abarrotada iba empezando a asemejarse progresivamente a una vivienda corriente. Recoloqué los estantes de la sala de estar, barrí todos los restos de alpiste y encontré montones de DVD debajo del sofá. Aunque procuré no dejarlo traslucir, agradecí secretamente que no me pidiera que limpiase el cuarto de baño. No sé cuánto duraría la limpieza: dejaba la cocina limpia y ordenada una tarde y al día siguiente encontraba los tableros y la encimera llenos de ollas y platos con restos de salsa roja reseca. Esperaba que su familia estuviera satisfecha y ella pudiera sentirse más serena hasta la llegada de su bebé. Pero sobre todo me alegré de haber terminado.

* * *

El local de la organización no lucrativa dedicada a la atención en situaciones de violencia doméstica donde trabajaba como voluntaria estaba en Mount Vernon, en un rincón de una zona desangelada de edificios de oficinas, junto a las vías del tren. No estaba allí solo en calidad de recepcionista voluntaria llena de expectativas, sino también como usuaria. El cuarto trasero donde me reunía con mi asesora especializada en violencia doméstica tenía unas ventanas altas, muy cerca del techo, que apenas dejaban entrar la luz solar suficiente para mantener con vida una colección de plantas de interior dispersas. Christy, mi asesora, se había mudado a la ciudad procedente de Missoula el año anterior y comentaba que echaba mucho de menos ese lugar, sobre todo después de que yo le dijera que esa localidad me seducía desde hacía ya varios años.

—Bueno, ¿por qué no vas allí algún día? —me preguntó.

Le había estado hablando de los folletos de la Universidad de Montana que aparecían en mi buzón cada pocos meses, como un antiguo novio persistente que quisiera recuperarme, las postales y cuadernillos del programa de Escritura Creativa con barbudos sonrientes que practicaban la pesca con mosca vestidos con ropas de trabajo Carhartt.

Christy hizo un gesto de asentimiento y sonrió. Dejó encima de la mesa el formulario para solicitar una beca que le había pedido que me ayudase a rellenar y se me quedó mirando.

—Tendrías que hacer un viaje, a ver qué te parece —me dijo. Siempre hablaba en un tono reposado y sereno—. Mis críos estaban encantados de vivir allí. Missoula es un lugar maravilloso para criar una familia.

—¿Para qué someterme a ese suplicio? —pregunté casi con un bufido—. Es decir, ¿de qué me servirá descubrir que en verdad me gusta? Solo me sentiré peor.

Pellizqué el barro que manchaba mis pantalones, sucios después de haber estado arrancando hierbas en el jardín de una clienta por la mañana.

—¿Y por qué no podrías ir a vivir allí? —me replicó ella, recostándose en su silla.

—Él no me dejaría —respondí.

—¿El padre de Mia?

—Sí, Jamie —dije cruzándome de brazos. En nuestra primera sesión, le había recitado mi guion, el que había repetido infinidad de veces a mis terapeutas o a cualquiera que se interesase por mi historia. Empezaba por el refugio para personas sin hogar e incluía las órdenes de alejamiento, el juicio y mis ataques de pánico.

Y que Jamie vivía a tres horas de distancia y Mia lo veía los fines de semana alternos. Aquel día añadí que me preguntaba si Mia a lo mejor deseaba vivir con él.

Christy bajó un poco la voz.

—No le corresponde a él decidir si te trasladas a Missoula o no.

—Pero aun así tendré que pedir permiso para mudarme.

—No tienes que pedir permiso. Lo que tendrás que hacer es comunicar el cambio de domicilio y él tendrá la posibilidad de oponerse —me aclaró como si fuese muy sencillo—. Si lo hace, ambos presentaréis vuestros argumentos y una jueza o un juez tendrá la última palabra.

Volvió a concentrar la mirada en mi solicitud y yo guardé silencio, dejando calar sus palabras.

—Es realmente muy poco frecuente que no permitan que una madre cambie de lugar de residencia —añadió—. Sobre todo si puede demostrar que tendrá mejores oportunidades para formarse y estudiar.

Apreté la mandíbula y me quedé mirando al suelo. Solo de pensar en volver a un juzgado me entraban palpitaciones.

—No lo veas como que tienes que pedir permiso —recalcó ella—. Es una notificación.

—Ya —dije yo mientras concentraba la atención en las fibras del tapizado de la silla.

—Bueno, ahora explícame cómo funciona esto —dijo, cogiendo el pliego de varias hojas de la solicitud.

Otra asesora, la de Port Townsend que me había ayudado cuando no teníamos donde vivir, me había dado a conocer una beca para supervivientes de violencia, a la cual se refirió como un programa de The Sunshine Ladies, las «Damas del Rayo de Sol», pero en aquel momento yo no reunía los requisitos. De no haber sido por el nombre, jamás lo habría recordado. Aunque el nombre oficial era Programa de Becas de Apoyo a la Autonomía de las Mujeres, una búsqueda de «Sunshine Ladies» me había permitido llegar al sitio adecuado.

Una beca destinada específicamente a mujeres supervivientes de situaciones de violencia doméstica tampoco estaba libre de la exigencia de una cantidad abrumadora de papeles y una larga lista de requisitos. La otra vez no había podido acceder a ella por un motivo de peso: las beneficiarias debían llevar al menos un año viviendo fuera de la relación abusiva. Pero, además, también necesitaba que alguien me avalase, preferiblemente a través de un programa de atención en situaciones de violencia doméstica, y administrase el dinero en mi nombre. El programa enviaría el dinero de la beca a la organización en cuestión, que decidiría conmigo la manera más adecuada de invertirlo. Supongo que era una forma de estar mínimamente informadas sobre el destino del dinero, pero todo el procedimiento resultaba desalentador.

—Pide cinco mil dólares —me sugirió Christy mientras acabábamos de rellenar los impresos—. Lo peor que puede pasar es que te den menos.

—Me pregunto si seré capaz de llegar a la gente con mis textos —dije, más como una reflexión en voz alta que dirigiéndome a ella.

Asintió y sonrió como para darme ánimos.

—¡La Universidad de Montana tiene un magnífico departamento de Escritura Creativa! —exclamó mientras se volvía para abrir la página de inicio—. Tengo entendido que es uno de los mejores del país.

—Ya lo sé —dije—. Ese era mi proyecto, antes de quedar embarazada.

Intenté no dejar traslucir demasiada decepción. Pero eso había sido antes de tener una hija a mi cargo. Cuando no necesitaba unos ingresos regulares y un seguro de salud. Cuando no tenía que pensar en el futuro de una criatura y ya no solo en el mío.

—Un título de Letras es poco práctico —declaré, y Christy casi se echó a reír, pero vio que yo tenía lágrimas en los ojos.

No quería que me animase a verlo de otro modo. Como tampoco quería que me animase a visitar Missoula. Me parecían aspiraciones demasiado ambiciosas. Anhelarlas me causaba una sensación parecida a la que tenía cuando me sentaba a la mesa de la cocina para contemplar cómo comía Mia, mientras yo tomaba un café en vez de alimentarme. Mi hambre de Missoula era tan grande que incluso soñar con esa posibilidad me resultaba demasiado doloroso.

—Imagina cuánto valorará Mia haberte visto intentarlo —dijo Christy en un tono cargado de estímulo.

Missoula no me soltaba. Su nombre aparecía en las conversaciones con cualquier persona con la que sintiera una mínima afinidad. Venía ocurriéndome desde hacía años, pero en aquel momento comencé a estar atenta a la llamada. Me permití sentir sus tirones y empujoncitos.

Lamentablemente, otras cosas también parecían no querer soltarme, se resistían a mejorar, continuaban rondándome incansables cuando tanto anhelaba un respiro. Mi nueva casera, Alice, resultó ser mi clienta más difícil. Durante semanas, pasé docenas de horas en su casa intentando limpiarla de manera que no suscitara quejas. Después ella recorría conmigo la cocina y me iba señalando los rincones que me había pasado por alto. Ella me proporcionaba los trapos y productos de limpieza, pero se molestó cuando dejé los trapos usados en su lavadora.

—Tendrás que lavarlos tú —me dijo después de llamarme por teléfono para que fuera a su casa, con objeto de poder mostrármelos personalmente.

—Eso solo me dará más trabajo.

Quería decirle cuán fuera de lugar y sorprendente habría sido esa exigencia por parte de una clienta en circunstancias normales. No obstante, en vez de replicarle, saqué los trapos de la máquina y me los llevé al garaje para lavarlos, secarlos y doblarlos antes de dejarlos cuidadosamente apilados en su porche.

Alice también había empezado a acusarme de engañarla sobre el tiempo que dedicaba a arrancar malas hierbas. Nunca me había ocurrido nada igual. No desde que había limpiado la casa prefabricada junto a la casa del Bandido Descalzo.

Una tarde, Alice volvió a llamarme para pedirme que fuera a su casa porque quería hablar conmigo. A esas alturas, ya sabía lo que me esperaba. Me dijo que no estaba cumpliendo con mi parte del intercambio pactado, que no limpiaba suficientemente bien, y que daba por cancelado el contrato.

Asentí, di media vuelta y me fui. De vuelta en mi apartamento, miré a mi alrededor. Me parecía imposible que el alquiler acabara de duplicarse. Me asomé a la ventana y, anonadada, contemplé en silencio la bahía. Algo pareció tensarse y contraerse dentro de mi pecho.

—Oye, ¿estás bien? —me preguntó Kurt después, cuando ya entrada la tarde coincidimos frente a la zona de juegos del patio—. Alice me ha dicho que parecías a punto de llorar después de que ella hablara contigo.

—Acababa de recibir una mala noticia —le dije mirando al suelo.

Hizo un gesto de asentimiento.

—Claro, ya lo entiendo —respondió mientras empujaba el columpio de su hija pequeña—. Alice está estresada porque se va a quedar sin trabajo.

Empezaron a zumbarme los oídos con un pitido como el de la electricidad estática de un televisor. Ahora entendía por qué me había despedido. No había sido por incompetencia mía, sino porque ya no podía permitirse seguir con el trato o quería hacer el trabajo ella misma para ahorrar dinero, y de rebote me había dejado hecha trizas. Alice llegó en aquel momento en el coche con las dos niñas mayores, que enseguida corrieron al encuentro de Mia. Las vi salir corriendo juntas las tres a buscar las bicicletas, entre risas y chillidos. Pensé en todos los documentos legales. Si intentaba pleitear para mantener el trato, el resultado sería posiblemente una batalla judicial que no podía costear. Y perdería lo que aún quedaba de una relación de amistad que a mi hija le era necesaria para poder seguir jugando con sus amigas. No podía permitirme de ningún modo dar batalla.

—No podré pagar el apartamento si no me dan la beca —le dije a Christy en nuestra siguiente sesión, después de explicarle lo ocurrido.

—La recibirás —me aseguró, como si ya se lo hubieran comunicado y lo guardara como un secreto. El pliego de documentos que acompañaba la solicitud sumaba casi cincuenta páginas y aún esperaba recibir unas cuantas cartas de recomendación más—. ¿Has pensado algo más con respecto a Missoula?

Sí, había estado pensando. Bastante. El comportamiento de Jamie se estaba volviendo cada vez más imprevisible y me hacía temer por el bienestar de Mia. La niña había pasado una semana en su casa mientras yo terminaba los cursos del trimestre de primavera y al volver pesaba casi un kilo menos. Antes de irse la había llevado al médico porque tenía sinusitis y había tenido que llevarla de nuevo al volver porque había empeorado. Casi un kilo era una pérdida de peso importante para su cuerpo menudo. Había vuelto a hacérselo encima y no podía entender el motivo. Hacía meses que no le ocurría.

Jamie estaba viviendo en su pequeño velero y cuando Mia iba a verlo se quedaba allí con él. Ni ella ni Jamie sabían nadar. Temía que la niña se cayera del barco, o del muelle, en mitad de la noche sin llevar salvavidas. Cuando ella volvía de pasar unos días con él, me angustiaba pensar con qué niña me encontraría. Siempre que telefoneaba, escuchaba el sonido de fondo de varias voces masculinas. Cuando le preguntaba, Mia no sabía el nombre de ninguno ni dónde estaba su padre, solo sabía decirme que estaba en el barco. Ir a buscarla empezaba a parecer casi una operación de rescate.

Le conté todo eso a Christy y también le hablé de mi casera, de la atracción de Missoula. En otoño tendría que estudiar mucho, pero aquel verano solo seguiría dos cursos. Continuaba solicitando préstamos para estudios por el importe máximo posible con el fin de poder pagar el coste de la vivienda, que casi se había duplicado. Mia iba a la guardería mientras yo trabajaba y hacía tareas de voluntariado los ratos que podía.

Cuando Alice me despidió, me pasé los dos días siguientes buscando recursos, consciente de que el dinero no me alcanzaría para pagar las facturas del mes de junio mientras esperaba recibir los préstamos para estudios correspondientes al semestre de verano. Descubrí que en mi centro de formación concedían una ayuda poco frecuente, para «amas de casa», destinada específicamente a cubrir parte de los costes de la vivienda en el caso de mujeres con hijos. Incluso los cupones de veinte dólares para el gas del departamento encargado de las ayudas para suministros serían un apoyo.

Cada vez que revisaba mi correspondencia contenía la respiración. Día tras día encontraba facturas y publicidad, pero ninguna carta del comité de la beca. El mes parecía avanzar ominosamente. Si no recibía la beca, tendríamos que dejar el apartamento. Pero si me la concedían, tendríamos dinero suficiente para quedarnos. Para dejar de pensar en ello, comencé a llevar a Mia a la playa y a los parques. Pasábamos muchos ratos con Kurt y las niñas mayores y bajábamos paseando hasta la bahía, donde ellas se revolcaban en el lodo. Cuando Mia estaba en casa de su padre, me refugiaba en mi apartamento y leía o estudiaba y hacía mis trabajos con las puertas abiertas al sol del estío.

Un fin de semana, cogí del estante *El alquimista* para leerlo. Tardé los dos días completos en terminar ese corto relato, pues casi en cada página subrayaba alguna línea, la volvía a releer y después tenía que asomarme a la ventana para meditar un rato. Mamá me había regalado el libro cuando me marché de Alaska para regresar al estado de Washington. Me explicó que narraba el periplo del personaje principal en busca de su destino, solo para acabar descubriendo que este estaba desde el principio en su hogar natal. Hice una mueca al pensarlo. El noroeste del estado de Washington parecía sin duda un lugar mágico cuando lucía el sol y hay trechos de la autovía 20 que serpentea a lo largo de Deception Pass cuyos árboles conocía como si fuesen viejos amigos. Pero la sensación de estar en casa se acababa ahí, no me sentía parte de ese lugar. Y dudaba si lo había sido nunca.

El argumento de *El alquimista*, esa leyenda personal, me atraía. Ya hacía casi veinte años que quería ser escritora.

—Creo que estoy preparada para hacer el viaje —le anuncié a Christy en la siguiente sesión.

En el trayecto de regreso a casa desde la guardería, Mia y yo cantamos a coro siguiendo el compás de *Diamonds on the Soles of Her Shoes* (Diamantes en las suelas de sus zapatos), de Paul Simon. Mia me hacía sonreír cada vez que decía «*empty as a pumpkin*» (vacío como una calabaza) siguiendo los acordes de «*empty as a pocket*» (vacío como un bolsillo). Llevábamos unas semanas escuchando sin cesar ese álbum durante los trayectos de ida y vuelta entre nuestra casa y la guardería y mientras viajábamos rumbo a nuestras aventuras de fin de semana. Sonreír y cantar al compás de la misma canción también podía ser equivalente a compartir el mismo helado de chocolate con nata.

Cuando el coche enfiló nuestro camino de acceso, Mia empezó a preguntarme si podría jugar con las niñas.

—Espera un momento —dije mientras aminoraba la marcha frente al buzón. Había estado intentando no mirarlo tan a menudo. La decepción que sentía al encontrarlo vacío era demasiado grande.

—¡Mia! —exclamé desde allí, exhibiendo un gran sobre de WISSP, Inc., el Programa de Becas de Apoyo a la Autonomía de las Mujeres. Uno de esos sobres con el franqueo pagado que se usan para enviar documentos. Lo abrí y eché una mirada a la carta.

En el sobre había confeti dorado que quedó esparcido por el suelo del apartamento. ¡Me habían aceptado como beneficiaria de su programa de becas! Mia empezó a recoger el confeti con los dedos. No solo me habían concedido dos mil dólares para el otoño, sino también otros mil para ese verano. No solamente no tendríamos que volver a mudarnos, sino que dispondría de suficiente dinero extra para tomarme unas vacaciones entre los trimestres de verano y otoño. Podría ir a Missoula.

Una frase de *El alquimista* me cruzó velozmente por la cabeza como un teletipo. «Cuando quieres algo, todo el universo conspira para ayudarte a conseguirlo». Con el dinero de la beca, podría economizar lo que cobraba por mi trabajo, reparar el coche y cruzar dos puertos de montaña para conocer una ciudad sobre la cual muchos de mis autores preferidos escribían relatos enamorados.

27
Nuestro hogar

En algún punto cercano a Spokane, mientras avanzaba rumbo al este por la interestatal 90, la carretera desembocó en un espacio abierto, llano, sin nada por delante, nada por detrás, ni a uno y otro lado. La hierba, amarronada y quemada por el sol, se estremecía bajo el viento, luchando por su supervivencia. Los agricultores desplazaban grandes aspersores metálicos sobre sus campos en un intento de mantenerlos verdes para el ganado. Una chica en un Subaru verde me adelantó por la izquierda en la autovía de dos carriles. Pude ver que llevaba el coche cargado de cajas, cestos para la ropa y bolsas de basura sobre el asiento trasero y en la parte de atrás. Yo, en cambio, llevaba un par de viejas mochilas militares llenas de camisetas de tirantes nuevas junto con mis pocos pares de *shorts*.

Ambas, esa chica del Subaru y yo, teníamos todas nuestras vidas por delante. Quizás ella se estaba mudando a Montana para estudiar en la universidad como habría hecho yo si no hubiese rasgado mi solicitud de inscripción tanto tiempo atrás, pero las similitudes entre las dos probablemente acababan ahí. Me la imaginé como era yo casi cinco años antes, cantando al compás de la música que en aquel momento estuviera sonando en su estéreo. Pensé que esa tendría que haber sido yo.

Apartando esos pensamientos, pisé el acelerador y corrí tras ella, persiguiendo al fantasma de mi antiguo yo. No viajaba a Missoula solo en pos de mis sueños, sino también en busca de un lugar que pudiésemos considerar nuestro hogar.

Cuando llegué, sola y ya de noche, el centro de Missoula todavía parecía palpitar con las últimas reminiscencias de una cálida jornada estival. Bajé del coche y, de pie en la acera, miré a derecha e izquierda escudriñando toda la extensión de la calle. Dos chicas que debían rondar los veinte años pasaron por mi lado, me saludaron con una inclinación de cabeza y sonrieron. Una iba cantando, la otra tocaba un ukelele y ambas llevaban anchas faldas largas y sandalias. Me recordaron a algunas de las jóvenes que había conocido en Fairbanks en alguna fiesta. *Hippies* totalmente ignorantes en materia de maquillaje, que sabían encender un fuego y no temían ensuciarse las manos en el huerto. Había echado de menos la presencia de gente como ellas. Mi gente.

Mi primera mañana allí, estuve paseando sin rumbo, con el sol de primera hora cosquilleando ya sobre mi piel. La hierba se notaba seca al tacto e invitaba a sentarse, tan distinta de la humedad que reinaba en Washington. Me quedé leyendo un libro a la sombra de un enorme arce, cerca del campus universitario. Tumbada de espaldas, contemplé el sol entre el temblor de las hojas. Seguí allí durante la mayor parte del día, contemplando las colinas y montañas circundantes, observando correr el río bajo un puente peatonal. Por la noche, descubrí un parque en el corazón del centro urbano. Quioscos de comida rodeaban una plaza entoldada. Había gente paseando por el césped o sentada en los bancos del parque. Una orquesta tocaba sobre un escenario. Ya no recordaba cuál había sido la última vez que me había sentido tan feliz como entonces, la última vez que había podido relajarme y dejar que la música inundara mi pecho. Estuve deambulando por el parque con una sonrisa asombrada y de repente constaté que, curiosamente, todas las demás personas también sonreían.

Después de vivir durante varios años en un entorno poco acogedor, tras la experiencia de la relación tóxica con mi familia, de la pérdida de mis amistades, de las viviendas precarias y el moho negro, de mi invisibilidad como asistenta, estaba hambrienta de un trato amable, de encontrar gente que me viera, que entablase conversación conmigo, que me aceptase. Lo anhelaba como nunca antes en mi vida. Missoula hizo aflorar a la superficie ese anhelo. De repente deseé formar parte de una comunidad. Deseé tener amigas y amigos. Y ese deseo me pareció aceptable porque, por lo que pude ver mientras paseaba por la ciudad, la posibilidad de conseguirlo estaba latente a mi alrededor. La mayoría de los lugareños me sonreían bajo sus sombreros con el contorno del estado de Montana o el número 406, su código telefónico, estampados. Por la mañana, en una pequeña cafetería donde había entrado a desayunar, todas las mesas se llenaron y pude contar dieciséis pares de sandalias Chaco, incluidas las mías. Vi a mujeres sin depilar y la mayoría de la gente lucía tatuajes. Los hombres llevaban bebés en mochilas de tela o envueltos en una pañoleta. Me topé con antiguas amistades de Fairbanks. Nunca me había sentido tan instantáneamente acogida por un lugar. Y solo llevaba un día allí.

Sin saberlo, había escogido uno de los mejores fines de semana del verano para visitar la ciudad, transformada por obra del River City Roots Festival mientras yo la exploraba. La calle principal quedó cerrada al tráfico y se llenó de puestos de venta ambulantes que ofrecían camisas teñidas a mano, cerámica, pinturas y dibujos, y osos de madera tallados con motosierra. Un pequeño mar de gente se había instalado en sillas de *camping* frente a un escenario, dispuesta a pasar buena parte del día allí escuchando la música. Los *food trucks* ocupaban las calles adyacentes, con un puesto de cervezas en el centro. Missoula adora una buena fiesta.

Y así fue transcurriendo mi visita. Dediqué cada día de mi estancia allí a explorar la ciudad. Escalé montañas. Recorrí senderos, escuchando el sonido gutural de los ciervos entre la espesura. Caminé junto a los arroyos y las piedras desiguales me ensangrentaron los dedos de los pies. Estuve perdida unos minutos en la ladera de una montaña, en las profundidades de un valle alejado de la ciudad, sudorosa y deshidratada, sin saber encontrar el camino. Tenía hambre y sed, pero sentirme perdida, aunque fuese momentáneamente, en el territorio salvaje de Montana también me llenó de emoción.

Me había enamorado de Montana. Como Steinbeck. Como Duncan.

—Voy a mudarme a Missoula —le escribí a Jamie en un mensaje de texto—. Tengo que venir a vivir aquí. Es un lugar asombroso.

Aguardé su respuesta con el corazón palpitante, pero no contestó. Me pregunté cómo intentaría manipular a Mia para que no quisiera acompañarme y si me amenazaría con denunciarme o tal vez intentaría quitarme la custodia. Eran las preocupaciones que me habían frenado hasta entonces, impidiéndome intentar siquiera hacer ese viaje. Pero ahora ya no le pedía permiso; solo le había dicho lo que me proponía hacer. Aunque pueda sonar pretencioso, de algún modo pensaba que el cariño que sentía por Missoula y mi deseo de una vida mejor para Mia nos sostendrían y nos conducirían hasta allí.

Jamie hizo telefonear a Mia el día siguiente. Era media mañana y el teléfono sonó cuando estaba sentada sobre la hierba en la ladera de una colina junto al río Clark Fork. Un carrusel giraba lentamente en círculos a mi espalda, junto a la estructura de madera de un parque infantil lleno de niños y niñas. Había estado leyendo un libro y tomando notas en un dietario.

—Hola, mamá —dijo Mia. Pude oír la voz de Jamie en segundo plano, luego la de su abuela, incitándola a que dijera algo—. No quiero ir a Montana —soltó por fin.

—Oh, cariño —intenté modular mis palabras como un abrazo. Me imaginé la escena: Mia de pie en la sala de estar de su abuela y Jamie acercándole el teléfono a la oreja, con las cejas arqueadas, esperando que repitiera la frase que habían ensayado—. Mia, siento muchísimo que tengas que pasar este mal rato —le dije. Después, Jamie le quitó el teléfono.

—Le diré que te la vas a llevar lejos y ya no me verá nunca más. —Su voz oscilaba entre un gruñido y un susurro—. Espero que lo tengas claro. Le diré que eres tan egoísta que no te importa que no pueda volver a verme. Ella lo entenderá y te odiará por hacerle eso.

Intenté visualizar los grandes ojos oscuros de Mia mirándolo mientras me hablaba. Sabía cómo se ponía cuando estaba irritado y gotitas blancas de saliva se acumulaban sobre sus labios, frente a sus dientes torcidos.

—Quiero decirle algo más a Mia —lo interrumpí.

Cuando Mia volvió a ponerse al teléfono, habló con voz alegre.

—¿Me has comprado las botitas rosa de *cowboy*? —me preguntó, con su entusiasmo habitual.

Sonreí.

—Sí —le dije—, he cumplido mi promesa. —Y le conté cómo era la tienda, con todo un corredor lleno de botas de color rosa, y allí había encontrado un par para ella y también un caballito de peluche—. ¡Y una fiambrera metálica con un *cowboy* estampado!

Cuando volvimos a hablar al cabo de un par de días, su voz sonaba desorientada. No supo decirme con seguridad dónde estaba su padre, a pesar de que yo había llamado a su número. Pude oír voces masculinas adultas en el fondo, pero Mia no sabía quiénes eran esos hombres. Lamenté no habérmela llevado conmigo, pero si lo hubiera hecho, tal vez ya no hubiésemos regresado. Imaginé que encontrábamos un lugar donde dormir provisionalmente y me vi en las oficinas del juzgado rellenando el formulario para comunicar el cambio de domicilio. Imaginé que pasábamos los últimos días del verano sesteando sobre la hierba, explorando las montañas y los ríos.

Pero todavía me quedaban unos pocos días de las primeras vacaciones que me había tomado en cinco años y procuré aprovecharlos lo mejor posible. Aquel sábado estuve paseando por el mercado campesino local. Había muchísimas niñas de la edad de Mia, muchas con ajados tutús de bailarina y desordenadas matas de pelo. Podría haber estado paseando por allí con ella, con una camiseta sin tirantes y mis tatuajes a la vista, ella con sus zapatitos de tacón de plástico y un disfraz de hada. No habríamos desentonado entre el resto de la gente. Nadie se habría vuelto a mirarnos de reojo como hacían en Washington. Mia habría jugado con la pandilla de niños y niñas que se habían encaramado sobre la escultura del pez. Allí podríamos tener un hogar. Esa gente podría ser nuestra familia. Estaba segura de que sería así.

Durante el trayecto de regreso a casa, conduje abstraída, inmersa en el silencio del coche y los sonidos de la carretera. Cada kilómetro que me acercaba a Washington, era una punzada en el corazón, como si me estuviese moviendo en la dirección equivocada. El trayecto recorrido durante los últimos años se fue proyectando en mi cabeza a lo largo de los ochocientos kilómetros, como una película. Vi a Mia dando sus primeros pasitos hacia mí en el refugio para personas sin hogar. Volví a sentir la tensión y la desesperación con que me esforzaba por ofrecerle un hogar adecuado. La cantidad de viajes en coche que habíamos hecho. El accidente. Las noches frías en nuestro sillón extensible en el estudio. Tal vez *El alquimista* tenía razón y si daba el primer paso en dirección a mis sueños, el universo se abriría y me indicaría el camino. Tal vez para encontrar un verdadero hogar, era necesario que mi corazón se abriese para ser capaz de amar un lugar. Había dejado de creer que un hogar era una casa lujosa en lo alto de una colina. Un hogar era un lugar que nos acogiera, una comunidad, una complicidad.

* * *

Varios meses más tarde, pocos días después de Navidad, volví a cruzar en coche las extensiones montañosas camino de Missoula, con Mia en el asiento trasero.

—¿Ves esas luces? —le pregunté señalando los destellos que parpadeaban en el valle y bajé el sonido de la radio. Miré por el retrovisor y pude ver que meneaba la cabeza desde su asiento.

—¿Dónde estamos? —preguntó y se quedó mirando por la ventana los montes nevados que íbamos dejando atrás.

Inspiré profundamente.

—Estamos en casa. Este es nuestro hogar —declaré.

Después de años de constantes mudanzas, Mia y yo nos fuimos aposentando poco a poco. Su padre desapareció durante los primeros meses de nuestra estancia allí. No cogía el teléfono, no se presentó para celebrar las videollamadas cuya programación como parte del nuevo plan de custodia compartida había sido objeto de tan penosas discusiones. Y yo no sabía cómo explicar el motivo.

Mia empezó a huir de mí: en casa, en la tienda, caminando por la acera, corriendo por la calle. Tenía que llevarla en brazos, mientras se retorcía chillando, con paradas para recoger sus botas de goma rosas cuando se le caían en medio de la pataleta. Sabía que era una reacción natural a los cambios, al hecho de haber perdido a su padre y verse trasplantada a un sitio donde el invierno nos había mantenido recluidas dentro de casa desde el día que llegamos. Sus estallidos eran de una intensidad desconocida para mí y no sabía cómo reaccionar. Empezó a parecerme demasiado arriesgado, demasiado tumultuoso y agotador llevarla a ninguna parte. Una mañana que tenía que ir a correos y a la tienda para comprar tampones, Mia se negó a vestirse y a ponerse los zapatos. Se resistió durante dos horas, dando patadas, chillando y luchando para zafarse de mí como si hubiese estado intentando retenerla bajo el agua. El ataque de pánico que me sobrecogió fue intenso y acabé acurrucada en el suelo procurando recuperar el aliento mientras Mia se iba muy contenta a su habitación para jugar con sus juguetes, satisfecha de haber ganado otra batalla.

Como suele suceder, todo fue encajando poco a poco. Encontré trabajo limpiando un gran edificio de oficinas, además de un par de clientas que me encargaron la limpieza de sus casas. Un fin de semana encontré en la sala de espera del edificio una revista llamada *Mamalode* y les presenté un pequeño escrito. Lo publicaron y me quedé embelesada al ver mi nombre en letra impresa.

En la misma revista había un anuncio de un parvulario que realizaba actividades basadas en el movimiento en un gimnasio local. Tras una entrevista con los propietarios, aceptaron que me ocupase de limpiar las instalaciones a cambio de la cuota. Una de sus empleadas fue a vivir con nosotras pagando un pequeño alquiler, con la ventaja adicional de que estaría allí mientras yo trabajaba de madrugada, antes de que Mia se despertase.

Un día de finales de primavera, tras el traslado a Missoula, Mia me anunció después de contemplar el cielo azul a través de la ventana:

—Mamá, tendríamos que ir de excursión a la montaña.

Estaba sentada a la mesa de la cocina de nuestro apartamento del centro de la ciudad, esperando a que ella terminase de desayunar. Mis ojos parpadearon exhaustos. Me gustaba disfrutar con calma de los fines de semana, cuando podía remolonear en la cama y saborear sin prisas el café antes de repasar mis apuntes de clase.

Por eso, me costó un poco decidirme. Estaba demasiado cansada para lidiar con Mia y, aunque desde que había empezado a ir al parvulario ya no huía tan a menudo de mí, mi nivel de confianza todavía era bajo. Sin embargo, me miraba muy ansiosa y sus ojos brillaban con un entusiasmo que jamás le había visto desde nuestra llegada allí. Era el primer fin de semana soleado y cálido que teníamos y me recordó la magia que había experimentado yo durante mi primera visita a la ciudad en agosto. Me levanté de la mesa y empecé a llenar una mochila con barritas de proteínas y botellas de agua.

—En marcha —le dije. Jamás la había visto calzarse tan deprisa.

La Universidad de Montana está situada al pie de una montaña denominada oficialmente monte Sentinel, pero que la población local designa como «la Eme» por el sendero bien visible que sube zigzagueando hasta una gran M mayúscula de cemento, pintada de blanco. La había estado contemplando durante meses cuando me dirigía andando a mis clases, observando el ascenso de los caminantes convertidos en pequeños puntitos sobre la ladera. Los envidiaba, pero siempre parecía encontrar una excusa para no intentarlo también yo.

Fuimos en coche hasta el aparcamiento situado al pie de la montaña. En la escalera que conduce hasta el sendero había varias personas. Todas con calzado adecuado para correr o caminar, bebían agua de sus botellas y parecían listas para iniciar el ascenso por la ladera siguiendo el sendero.

—Muy bien —dije, alisando mis *shorts* con grandes bolsillos mientras me preguntaba si habría estado acertada al decidir ponerme sandalias—, ¿hasta dónde quieres que subamos?

—Hasta la Eme —dijo Mia, como si no fuese nada especial. Como si no fuese una meta que yo me había propuesto alcanzar algún día la primera vez que estuve en la ciudad. Como si caminar hasta la Eme no supusiera un ascenso hasta la mitad de la ladera de una montaña de mil quinientos metros.

Cuando enfilamos el sendero, calculé que podríamos llegar a cubrir la mitad del recorrido hasta la Eme antes de que Mia se cansase y que acabaría cargándola a la espalda para regresar hasta el coche. Pero ella fue salvando cada curva dando brincos, dejando atrás a los caminantes que contemplaban la vista sentados en los bancos.

Observé incrédula a mi hijita de casi cinco años, con su faldita y sus zapatillas de Spider Man, correteando montaña arriba por el sendero con una jirafa de peluche abrazada al cuello. Iba tan rápida que adelantaba a otros caminantes, para detenerse luego a esperar a que le diera alcance. Yo, en cambio, jadeaba sudando a chorros. Seguramente era la caminata más dura que había hecho en varios años. Le gritaba a Mia que parase, inquieta por el temor a que pudiera llegar hasta la Eme y deslizarse por su superficie o seguir simplemente adelante y resbalar. La pendiente era demasiado inclinada para poder ver el sendero que continuaba subiendo pasado ese punto. En algún momento la vi asomarse sobre el borde del sendero con los puños cerrados en un gesto de determinación. Yo también los tenía apretados.

Cuando llegamos al final del camino, nos sentamos encima de la Eme y nos quedamos unos minutos allí, contemplando la vista, hasta que Mia se levantó y declaró que tendríamos que seguir adelante. Asombrada de que quisiera continuar andando, la seguí. Parecía perfectamente satisfecha con la idea de seguir subiendo hasta la cima. De vez en cuando se detenía a observar unas hormigas o la entrada de la madriguera de un roedor. Le insistí para que bebiera agua y comiera una barrita energética con arándanos. Y continuamos nuestro ascenso montaña arriba.

Hay varias alternativas para llegar hasta la cumbre del monte Sentinel, pero nosotras seguimos la ruta que lo circunda. Aunque tiene menos pendiente que los demás senderos, la subida hasta la cima por detrás sigue siendo exigente. Tenía que pararme a descansar aproximadamente cada diez pasos. Mia se detuvo un par de veces conmigo. Puede que fuesen las endorfinas o el calor de sol, pero me sentía efervescente, rebosante de felicidad. Noté que esos últimos pasos exigían un gran esfuerzo a las piernecitas de Mia. Vi lo cansada que estaba.

Al llegar a la cumbre, levantó las manos sobre la cabeza riendo. Le hice varias fotos allí, bailando en la cima de la montaña, a tanta altura sobre la ciudad. Nuestro hogar. Nos sentamos al borde de la pendiente, con Missoula a nuestros pies. Desde donde estábamos sentadas, los edificios parecían casitas de muñecas y los coches, puntos brillantes. Ahí sentada, dibujé mentalmente un mapa de la ciudad; Missoula era algo tan grande para mí, había ocupado tanto espacio en mis pensamientos y en mi corazón, que me parecía raro poder verla desde lo alto en toda su extensión.

Justo debajo teníamos el campus donde yo iba a clase y el auditorio donde, dentro de dos años, Mia me vería cruzar el escenario para recoger mi diploma de graduación en Inglés y Escritura Creativa. Desde la montaña, podía divisar el césped y los árboles bajo los que me había tumbado durante mi visita, el verano anterior, donde había soñado con la posibilidad de estudiar allí. También podía ver nuestro apartamento, los parques donde jugábamos, las calles del centro donde Mia y yo habíamos lidiado con las aceras resbaladizas en invierno. Y vi el río que surcaba el conjunto como una serpiente perezosa.

Mia hizo todo el camino de regreso hasta el coche a pie. La luz del sol poniente se reflejaba con profundas tonalidades anaranjadas sobre su piel. Varias veces se volvió a mirarme muy segura de sí. «Lo conseguimos», parecía decirme con los ojos. No solo habíamos logrado alcanzar la cima de una montaña, sino también una vida mejor.

Diría que en el fondo el significado es el mismo.

Agradecimientos

Este libro creció bajo el cuidado de madres solas. Me encanta poder decir esto. Porque las madres solas son luchadoras y animosas y resilientes y valientes y fuertes en su modo de vivir y sobre todo en su modo de amar. Estaré eternamente agradecida a las madres solas que fueron las *doulas* de mi libro y lo amaron desde sus inicios:

Debbie Weingarten, el paradigma mismo de la amistad, que leyó tantos borradores horribles de este texto (¡y la propuesta inicial!) y de inmediato respondió con incontables escritos ansiosos y elogiosos. Kelly Sundberg, cuya voz serena me ayudó a superar momentos de absoluto pánico ante la intensidad que iba alcanzando mi relato interior. Becky Margolis, la mejor vecina, oyente y compañera de cenas sofisticadas que jamás ha existido y que brindó a Mia el regalo de poder tenerla como «segunda madre». Andrea Guevara, cuya capacidad para ver el corazón y la esencia pura de las personas me asombra. Y finalmente, Krishan Trotman, mi increíble editora en Hachette. Sin sus cuidadosas, meditadas y magníficamente intensas revisiones, este libro habría sido sin duda una amalgama inconexa de «y entonces pasó lo siguiente...». Gracias por poner tanto de tu espíritu en este libro. No podría haber contado con nadie mejor para guiarlo en su salida al mundo.

A Jeff Kleinman, el *summum* de los agentes de ensueño. No tienes idea de cuánto he disfrutado con todos tus correos electrónicos y tus SMS llenos de signos de exclamación.

A mis maestros y maestras: el señor Birdsall, mi profesor de cuarto curso en la escuela elemental Scenic Park de Anchorage (Alaska), por sacar a la luz la escritora que había en mí. Debra

Magpie Earling, por decir que mi ensayo «Confessions of the Housekeeper» (Confesiones de la chica de la limpieza) llegaría a ser un libro, con tanta convicción que sus palabras se convirtieron en una profecía que debía hacer realidad. Gracias por sacar a la luz la narradora que había en mí. Y también a Barbara Ehrenreich, Marisol Bello, Lisa Drew, Collin Smith, Judy Blunt, David Gates, Sherwin Bitsui, Katie Kane, Walter Kirn, Robert Stubblefield, Erin Saldin, Chris Dombrowski, Elke Govertsen, por acompañar y guiar pacientemente mi escritura, ayudándola a alcanzar coherencia con su apoyo extremadamente alentador y empoderador. Muchas gracias.

A mis hijas, que son la razón de todo: Coraline, tus inteligentes sonrisas y suaves abrazos me sostuvieron durante muchas largas jornadas dedicadas a escribir y corregir. Mia, mi dulce niña, Emilia Story. Gracias por hacerme mamá. Gracias por vivir este viaje conmigo. Gracias por creer en mí. Gracias, sobre todo, por darme siempre una lección de humildad con tu capacidad para ser exactamente quien eres y nadie más. El afecto y la adoración que siento por vosotras dos hinchan mi pecho y cada día os quiero más y más.

A mis lectores y a quienes últimamente me han apoyado a lo largo de los años. A las y los aglutinadores. A las personas acogidas al sistema fallido de asistencia pública, que viven sus días inmersas en la destructiva desesperanza de la pobreza. A las personas que fueron criadas por madres solas y a quienes ahora están criando hijas e hijos a solas. Gracias por continuar recordándome la importancia de compartir este relato, su vitalidad. Gracias por tener este libro en sus manos.

Gracias por acompañarme en este viaje. Gracias por caminar a mi lado.

Este libro se terminó de imprimir
el 22 de octubre de 2021

«*Todo es coherente: el contrato basura,
el trabajo de mierda y
la porquería de sueldo*».

El Roto